chenland fährt und sehende Augen und denkenden Verstand besitzt, von einem geistigen Sieg zum anderen in unzerstörbarer, zauberhafter Einheit. Der Geist ist – das stellt man hier in Griechenland fest – Fortsetzung und Blüte der Materie, und der Mythos der einfache zusammenfassende Ausdruck der positivsten Wirklichkeit. Jahrelang ist der Geist über die griechischen Steine gewandelt, und wohin du auch gehst, wirst du seine göttlichen Spuren erkennen."
Nichts anderes will dieser Urlaubsberater als: ein wenig sehen helfen. Damit aus der Theorie die Anschauung werde.

Zum Gebrauch

Dieser Urlaubsberater richtet sich nach den praktischen Bedürfnissen des Touristen. Einem einleitenden Teil mit allgemeinen Informationen folgen die Beschreibungen der einzelnen Regionen und Orte. Diese Beschreibung ist in Rundreisen gegliedert, die uns in (relativ) kurzer Zeit durch die schönsten Landschaften zu den bemerkenswertesten Stätten auf dem südlichen Festland, der Peloponnes-Halbinsel, nach West- und Mittelgriechenland und schließlich nach Nordgriechenland mit der Chalkidike-Halbinsel führen. Ein Vorschlag also für diejenigen, die mit dem eigenen Wagen nach Griechenland kommen oder sich am Urlaubsort für einige Tage einen Wagen mieten und sich auf die eigenen Räder stellen.
Die Routen entsprechen im wesentlichen den Besichtigungsreisen wie sie – in dieser oder jener Form – von den großen Reiseagenturen angeboten werden. Wer sich also einer solchen Besichtigungsreise anschließt, wird keinerlei Orientierungsschwierigkeiten haben. All denjenigen, die sich für einzelne Orte interessieren oder die Strecken anders kombinieren wollen (was selbstverständlich möglich ist), hilft das Register am Schluß des Bandes.
Vollständigkeit ist weder möglich, noch angestrebt. Sie würde bei dem gegebenen Umfang nur zur puren Aufzählung führen. Hingegen wird versucht, über die reine Sachinformation hinaus auch den „Hintergrund" sichtbar zu machen, dem Wesen der Landschaft, der Geschichte, der Kunstwerke ein wenig auf die Spur zu kommen. Den Hauptsehenswürdigkeiten, die jeder Tourist besucht, ist natürlich der meiste Raum gewidmet. Liebhaber und Kenner finden weitere Tips: Griechenland für Fortgeschrittene. Wer Lust, Geld und – vor allem – Zeit hat, wird eigene Entdeckungen machen. Nichts schöner als das. In Griechenland gibt es reichlich Gelegenheit dazu.
Für spezielle Auskünfte stehen die Reiseleitung, die Hotelrezeption, die örtlichen Reisebüros, die EOT (Nationale griechische Fremdenverkehrsorganisation, gekennzeichnet durch Hinweisschilder mit dem Buchstaben i), die sehr entgegenkommende Touristenpolizei, jeder Bürgermeister, Dorfpolizist, Wirt zur Verfügung. Genau genommen, jeder, den man überhaupt anspricht. *Xenos* heißt im Griechischen der Fremde und zugleich der Gast. Der Fremde ist der Gast. Jeder Grieche ist bemüht ihm zu helfen. Darum ist in Griechenland zu reisen kein Problem, sondern ein Vergnügen. Und nun: *Kalo taxidi* – glückliche Reise!

Die wichtigsten Götter der griechischen Mythologie

Zeus

Gaia (Terra mater):
Die Erdgöttin erzeugte aus sich selbst – neben vielen anderen – den Uranos.

Titanen:
Mit ihrem Sohn und Gatten Uranos erzeugte Gaia die Titanen, u.a. Kronos, Okeanos, Japetos, Rhea und Hyperion (den Vater des Helios).

Götter:
Kronos und seine Schwester Rhea erzeugten Zeus (Jupiter), Poseidon (Neptun), Hades (Pluton), Hera (Juno), Hestia (Vesta), Demeter (Ceres).
Die drei Brüder teilten sich die Welt, wobei Zeus den Olymp und die Vorherrschaft, Poseidon das Meer und Hades die Unterwelt erhielt.
Zeus erzeugte mit seiner Schwester und Gattin Hera die Götter Ares (Mars), Hephaistos (Vulcan), Hebe, Eileithya; aus sich selbst Pallas Athene (Minerva); mit Leto Apollon und die Artemis (Diana); mit Maia den Hermes (Merkur), mit Dione die Aphrodite (Venus).

Aphrodite

Athene

Poseidon

Hera

Heroen:
Während Zeus mit den Göttinnen (oder Nymphen) eine neue Göttergeneration ins Leben rief, entstanden aus seinen unzähligen Liebschaften mit schönen Erdbewohnerinnen die Halbgötter (Heroen), die Mittler zwischen Götter- und Menschenwelt.

Besonders wichtige Verbindungen:

Die phönizische Prinzessin Europa (die er in Gestalt eines Stieres nach Kreta brachte) gebar ihm Minos, den ersten König von Kreta; Danae, auf die er als Goldregen herabfiel, Perseus; Leda, der er sich als Schwan nahte, Kastor, Pollux und Helena; Alkmene, die er in Gestalt ihres Gatten Amphitryon besuchte, den Herakles.

Apollon

Hermes

Geschichte tabellarisch

7.–5. Jahrtausend v. Chr. (Steinzeit): Ablösung der Urbevölkerung von immer neuen Einwanderern.
Ca. 2500–1400 v. Chr.: Kretisch-minoische Kultur.
Ca. 2000 v. Chr.: Einwanderung von indogermanischen Stämmen aus dem Donauland in mehreren Schüben, zunächst der Pelasger.
Ca. 1600 v. Chr.: Einwanderung der Achäer, Ionier, Äolier und Dorier.
Ca. 1400 v. Chr.: Höhepunkt der mykenischen Macht.
Ca. 1200 v. Chr.: „Trojanischer Krieg".
Ca. 1200–1000 v. Chr.: Mit der „Großen Wanderung" setzen sich neue dorische Stämme fest. Vernichtung der mykenischen Kultur.
9. Jh. v. Chr.: Attika wird vom Fürsten von Athen regiert.
8. Jh.–ca. 550 v. Chr.: Herausbildung der griechischen Stadtstaaten.
776 v. Chr.: Beginn der Zählung der Olympischen Spiele.
683 v. Chr.: Abschaffung des Königtums.
594 v. Chr.: Neue demokratische Verfassung durch Solon.
560 v. Chr.: Peisistratos macht sich zum Alleinherrscher.
499–494: Aufstand der ionischen Griechen gegen die persische Oberhoheit.
490 v. Chr.: Schlacht bei Marathon. Miltiades besiegt die Perser.
480 v. Chr.: Der Perser Xerxes durchbricht die Thermopylensperre, doch wird die persische Flotte bei Salamis geschlagen.
479 v. Chr.: In der Schlacht bei Platää wird auch das persische Landheer besiegt. Gründung des attisch-delischen Seebundes, der zu Spannungen mit Sparta führt.
431–404: Peloponnesischer Krieg: Athen und Sparta kämpfen um die Vormacht, Athen unterliegt.
333 v. Chr.: Schlacht bei Issos; Alexander der Große erobert Persien und Ägypten und dringt bis nach Indien vor.
323 v. Chr.: Tod Alexanders des Großen.
146 v. Chr.: Makedonien und Griechenland werden römische Provinzen.
86 v. Chr.: Athen wird von dem Römer Sulla zerstört.
27 v. Chr.: Griechenland wird eigene römische Provinz *Achaia.*
49–54 n. Chr.: Apostel Paulus in Griechenland.
267: Die Heruler erobern Athen.
330: Gründung der neuen Reichshauptstadt Konstantinopel durch Konstantin den Großen.
395: Teilung des Römischen Reiches. Griechenland gehört zu Ostrom.
396: Plünderung Athens durch die Westgoten.
1054: Die griechisch-orthodoxe Kirche trennt sich von der römisch-lateinischen. Beginn der Kreuzzüge.
1204: Konstantinopel wird von den Kreuzrittern erobert, die das „Lateinische Kaisertum" ausrufen.
1453: Die Türken erobern Konstantinopel und den Balkan.
1821: Beginn des griechischen Freiheitskampfes.
1830: Griechenland wird zum souveränen Königreich erklärt.
1911–1913: Balkankriege.
1917: Griechenland tritt an der Seite der Westmächte in den Krieg ein.
1924–1935: Griechenland ist unter der Führung Venizelos Republik.
1940: Mussolini greift Griechenland an.
1941: Mit Hitlers Unterstützung wird Griechenland von deutschen und italienischen Truppen besetzt.
1944: Invasion der alliierten Truppen, Rückkehr der griechischen Exilregierung.
1964: Konstantin II. besteigt den Thron.
1967: Militärbefehlshaber übernehmen die Macht, Konstantin geht ins Exil.
1974: Rückkehr zur Demokratie.

Die Frühzeit (7.–5. Jahrtausend v. Chr.)

Während der Steinzeit sind Griechenland und die ägäischen Inseln von einer Urbevölkerung bewohnt mit eigener Kultur und eigenen religiösen Vorstellungen. Zahlreiche Ortsnamen weisen auf diese vorgriechische Bevölkerung zurück, die von immer neuen Einwanderern immer aufs neue unterjocht wurde. Eine ganze Reihe von mythischen Erzählungen sind wohl Umschreibungen dieser Auseinandersetzung. Die Urbevölkerung wird nicht ausgerottet, ihre Vorstellungen werden später in die griechische Kultur integriert.

Kretisch-minoische Kultur (ca. 2500–1400 v. Chr.)

Um 2000 v. Chr. wandern indogermanische Stämme aus dem Donaugebiet nach Griechenland ein, unterwerfen die Vorbevölkerung und errichten an strategisch wichtigen Punkten starke Königs- bzw. Adelsburgen (z. B. Mykene, Tiryns, Akropolis). Die Einwanderung erfolgt in mehreren Schüben. Zunächst kommen die sagenhaften Pelasger („pelasgische Mauern"), ihnen folgen um 1600 v. Chr. die Achäer, Ionier, Äolier und Dorier. Der Höhepunkt der mykenischen Macht ist etwa 1400 v. Chr. Die mykenischen Griechen besetzen wahrscheinlich um diese Zeit die großen Paläste auf Kreta; doch auch schon vorher steht ihre Kultur unter kretisch-minoischem Einfluß.

Trojanischer Krieg, „Große Wanderung" und griechische Kolonisation (13.–8. Jh. v. Chr.)

Um 1200 v. Chr. findet der „Trojanische Krieg" statt, wahrscheinlich eine dichterische Umschreibung der griechischen Kolonisation in Kleinasien. Diese Kolonisation steht im Zusammenhang mit der um die gleiche Zeit einsetzenden „Großen Wanderung", früher auch Dorische Wanderung genannt, weil sich nun neue dorische Stämme in Griechenland und auf dem Peloponnes festsetzen und die mykenische Kultur vernichten. Die überlebenden Ionier und Dorier flüchten auf die ägäischen Inseln und nach Kleinasien und gründen dort um 1000 v. Chr. erste Kolonien.
Athen bleibt von dieser „Wanderung" mit ihren verheerenden Folgen verschont. Daher zeichnet sich hier im 9. Jh. v. Chr. eine staatliche Verfestigung ab, der „Synoikismos": Attika wird vom Fürsten von Athen regiert, der attische Landadel siedelt sich in Athen an.
Im 8. Jh. v. Chr. beginnt die große griechische Kolonisation, die bis etwa 550 v. Chr. andauert. Die griechischen Stadtstaaten bilden sich, die Macht des Königtums wird eingeschränkt zugunsten einer Adelsherrschaft. 776 fängt die Zählung der Olympischen Spiele an. Die Epen Homers entstehen.

Von der Adelsherrschaft zur Demokratie (7.–4. Jh. v. Chr.)

In Athen wird das Königtum abgeschafft (683). Auf der benachbarten Insel Ägina werden die ersten Münzen geprägt. 624 wird durch Drakon ein überaus strenges Schuldrecht aufgezeichnet („drakonische Gesetze").
Die Verschuldung der Kleinbauern führt zu einer Krise. Diese wird durch Solons neue demokratische Verfassung und die Abschaffung der Schuldsklaverei (594) zunächst gemeistert. 560 bricht jedoch Peisistratos die Adelsherrschaft und macht sich – gestützt auf das Volk – zum Alleinherrscher (Tyrannen). Er und seine beiden Söhne (Peisistratiden) schmücken Athen mit großen Bauten (Olympieion, Tempelbauten auf der Akropolis) und legen den Grund zu ihrer Großmachtstellung. 510 werden die Peisistratiden gestürzt.
Das 5. Jh. v. Chr. steht ganz im Zeichen der Perserkriege. Der Aufstand der ionischen Griechen gegen die persische Oberhoheit (499/94) wird von Athen unterstützt, daher greifen 490 die Perser das griechische Mutterland an. Den Athenern gelingt es unter Miltiades, die Perser bei Marathon zu schlagen.
480 greift Xerxes die Griechen erneut an, durchbricht die an den Thermopylen errichtete griechische Abwehrfront (unter dem Spartanerkönig Leonidas), zerstört Athen und die Akropolis, doch wird die persische Flotte bei Salamis durch die Griechen (unter Themistokles) vernichtend geschlagen. 479 wird in der Schlacht von Platäa auch das persische Landheer besiegt (durch Pausanias).
Zur Abwehr gegen befürchtete persische Feldzüge gründet Athen den attisch-delischen Seebund, der ihm die Vorherrschaft über den Ägäisraum bringt, gleichzeitig aber zu Spannungen mit Sparta führt. Perikles schließt einen 30jährigen Waffenstillstand mit Sparta ab, es beginnt das „Perikleische Zeitalter" Athens.
Die großen Bauten auf der Akropolis entstehen. Die ständige Ausweitung der Macht Athens führt 431 zum Peloponnesischen Krieg, in dem Athen und Sparta um die Vorherrschaft kämpfen, und endet 404 mit der Niederlage Athens.
Infolge weiterer innergriechischer Auseinandersetzungen wird Makedonien die führende griechische Macht. 338 vernichtet Philipp II. in der Schlacht von Chaironaia die Heere Athens und Thebens; 336 festigt sein Sohn Alexander der Große die makedonische Vorherrschaft über Griechenland (Zerstörung Thebens), schlägt die Perser, dringt nach Ägypten und Indien vor und schafft dadurch ein Weltreich, in dem die griechische Sprache und Kultur dominierend wird. 323 stirbt Alexander der Große. Griechenland bleibt unter makedonischer Vorherrschaft.

Römische Herrschaft in Griechenland bis zur Teilung des Römischen Reiches (2. Jh. v. Chr.–4. Jh. n. Chr.)

Im 2. Jh. v. Chr. werden Makedonien und Griechenland römische Provinz. Athen erlebt eine kulturelle und wirtschaftliche Blüte: zahlreiche

Bauten werden von den Römern und hellenistischen Herrschern errichtet (Agora, Attalos-Stoa, Eumeneshalle). Im 1. Jh. v. Chr. unterstützt Athen Mithridates VI. gegen Rom und wird deswegen 86 v. Chr. von Sulla zerstört. 27 v. Chr. wird Griechenland eigene römische Provinz „Achaia".
Im 1. Jh. n. Chr. erfolgt durch die Pax Augusta („Kaiserfriede") eine Beruhigung des Römischen Weltreichs und der langsame Wiederaufstieg Griechenlands. Von 49–54 predigt der Apostel Paulus in Griechenland (Athen, Korinth und Thessaloniki), das zu einem Zentrum des Christentums wird.
Unter den folgenden römischen Kaisern, besonders unter dem griechenfreundlichen Hadrian (117–138) entstehen großartige Bauten in Athen (Olympieion vollendet, Hadriansbogen, Hadriansbibliothek).
Im 3. Jh. erfolgt der Niedergang des Römischen Reiches durch die Völkerwanderung. 267 erobern die Heruler Athen. Ein rapider Bevölkerungsschwund setzt ein.
Kaiser Konstantin der Große erlaubt die Ausübung des Christentums und gründet (330) die neue Reichshauptstadt Konstantinopel (Byzanz), die schnell zum neuen Mittelpunkt der griechischen Welt wird, wodurch das alte Griechenland zur Provinz absinkt.
395 wird das Römische Reich geteilt, Griechenland gehört zu Ostrom. 396 plündern Westgoten (unter Alarich) Athen, lassen aber die Akropolis unzerstört.

Byzantinische und türkische Herrschaft in Griechenland (5.–18. Jh.)

Im 5. Jh. verbietet Kaiser Theodosios II. die Mysterien, wodurch Eleusis und Olympia verfallen. Im 6. Jh. schließt Kaiser Justinian die heidnischen Philosophenschulen Athens. Die griechischen Tempel werden entweder zerstört oder in Kirchen umgewandelt (Parthenon, Erechtheion, Hephaisteion). Slawische Stämme beginnen nach Griechenland vorzudringen, teils durch kriegerische Einfälle, teils durch Unterwanderung, was zu allgemeinem Niedergang führt. Seeräuber suchen die Küstengebiete heim.
Im 10. Jh. gelingt es den byzantinischen Kaisern, vor allem dem „Bulgarentöter" Basileios II. (976–1025), die Slawen zurückzudrängen und die Reichsgewalt wieder zu festigen. Es folgt die Blütezeit der mittelbyzantinischen Epoche (Klöster Daphni, Hosios Loukas, Nea Moni auf Chios). 1054 trennt sich die griechisch-orthodoxe Kirche von der römisch-lateinischen (Schisma). Beginn der Kreuzzüge und zunehmende west-östliche Spannungen.
Im 4. Kreuzzug erobern die fränkischen Kreuzritter Konstantinopel, rufen dort ein „Lateinisches Kaisertum" aus und besetzen Griechenland. Byzantinische Teilreiche entstehen (Trapezunt, Epirus, Mistra). Athen steht nacheinander unter fränkischer (1204/1311), katalanischer (1311/1387) und florentinischer Herrschaft (1387/1458).
1453 erobern die Türken Konstantinopel, anschließend den ganzen Balkan. 1456 wird Athen, 1458 die Akropolis türkisch. In den folgenden Jahrhunderten lassen die ständigen venezianisch-türkischen Auseinander-

setzungen um die Vorherrschaft im ägäischen Raum Griechenland veröden.
Bei der Belagerung Athens durch Morosini wird 1687 der Parthenon durch eine Pulverexplosion schwer beschädigt.

Griechischer Freiheitskampf und Rückkehr zur Demokratie (19.–20. Jh.)

1821 beginnt der griechische Freiheitskampf, unterstützt durch Philhellenen aus aller Welt (u.a. Lord Byron, Ludwig I. von Bayern). 1830 erklären die Großmächte Griechenland zum souveränen Königreich und setzen 1832 den bayerischen Prinzen Otto zum ersten griechischen König ein. Griechenland umfaßt weniger als die Hälfte des heutigen griechischen Staatsgebietes (nur Peloponnes, Attika, Euböa, Kykladeninseln). Erste Hauptstadt wird Nauplia. 1835 wird Athen zur Hauptstadt erklärt und in klassizistischem Stil wieder aufgebaut. Gleichzeitig erfolgt die Rekonstruktion der antiken Bauten auf der Akropolis, 1862 wird Otto abgesetzt, ihm folgt 1863 der Dänenprinz Wilhelm, der als Georg I. den griechischen Thron besteigt. Die Ionischen Inseln (bisher britisch) kommen zu Griechenland.
In den Balkankriegen (1911/13) gewinnt Griechenland Epirus, Mazedonien, Kreta und Samos. 1913 wird Georg I. in Thessaloniki ermordet, ihm folgt sein Sohn Konstantin I. 1917 muß Konstantin zurücktreten, ihm folgt sein (zweiter) Sohn Alexander (1917/20). Griechenland tritt an der Seite der Westmächte in den Krieg ein und erhält Westthrakien. Konstantin kehrt zurück und erhält Ost-Thrakien. 1921 versuchen die Griechen mit alliierter Duldung auch noch die griechischen Gebiete Kleinasien zu erobern, werden aber von den Türken (unter Atatürk) zurückgeschlagen (Katastrophe von Smyrna), müssen einen Teil der gewonnenen Gebiete zurückgeben und 1,5 Millionen Flüchtlinge aufnehmen. Konstantin tritt zugunsten seines (ersten) Sohnes Georg zurück. Von 1924–35 ist Griechenland Republik, hauptsächlich unter der Führung von Venizelos (der die Politik Griechenlands schon seit 1910 maßgebend bestimmt hatte). Ständige innenpolitische Auseinandersetzungen führen dazu, daß Georg II. 1935 wieder zurückgerufen wird, doch führt in Wirklichkeit General Metaxas die Regierung. Während des 2. Weltkrieges greift Mussolini Griechenland an (1940), wird im Frühjahr 1941 von Hitler unterstützt, so daß Griechenland von italienischen und deutschen Truppen besetzt wird. 1944 rücken die alliierten Truppen ein, mit ihnen kehrt die griechische Exilregierung zurück. Der Bürgerkrieg zwischen Royalisten und Kommunisten beginnt. 1946/47 ist wieder Georg II. griechischer König, nach seinem Tode 1947 folgt ihm sein Bruder Paul, der bis 1964 regiert. Nach seinem Tode besteigt sein junger Sohn Konstantin II. den Thron. Nach heftigen, innenpolitischen Kämpfen übernehmen 1967 Militärbefehlshaber die Macht. Konstantin geht nach Rom ins Exil. 1974 Rückkehr zur Demokratie; durch Volksentscheid wird die Monarchie abgeschafft, Griechenland zur Republik erklärt. Seit 1975 hat Griechenland eine neue Verfassung.

Der Steckbrief: Das Wichtigste in Kürze

Name:	Hellas (neugriech. *Ellas*); amtlich: Griechische Demokratie
Staatsform:	Parlamentarisch-demokratische Republik nach der Verfassung vom Juni 1975 mit einem Staatspräsidenten.
Volksvertretung:	Parlament mit 300 Abgeordneten, Legislaturperiode 4 Jahre.
Verwaltungsgliederung:	10 Regionen, unterteilt in Bezirke (Nomoi, Einz. Nomos). Die Agglomeration Athen hat Sonderregelung. Die Mönchsrepublik Athos verwaltet sich seit 1920 selbst und steht unter griechischer Oberhoheit.
Parteien:	Seit der Wahl vom Juni 1985: Panhellenische Sozialistische Bewegung/PASOK (45,8%), Neue Demokratie/ND (40,8%), Kommunistische Partei Ausland/KKE-Ausland (moskautreu, 9,9%). Verteilung der Sitze im Parlament: PASOK 161 (1981: 172), ND 125 (1981: 115), KKE-Ausland 13 (1981: 13).
Bodenfläche:	131 944 qkm, davon 25 100 qkm Inseln. (Im Vergleich: BR Deutschland 248 587 qkm.)
Höchste Erhebung:	Olymp (2917 m)
Einwohner:	Ca. 9,3 Millionen, davon 1,4 Millionen auf den Inseln. Zunehmende Verstädterung (derzeit 65% städtische Bevölkerung).
Geburtenüberschuß:	Jährlich 9‰, die Bevölkerungszunahme bis 1990 wird auf über 10 Millionen geschätzt.
Bevölkerungszusammensetzung:	98,5% Griechen, 0,9% Türken, 0,3% Bulgaren, 0,2% Armenier.
Auswanderungswellen:	Von 1900–1925 in die USA, nach 1950 in die BR Deutschland. Zur Zeit befinden sich etwa 1,5 Millionen Griechen in der BR Deutschland.
Staatssprache:	Griechisch (Neugriechisch)
Religion:	96% Angehörige der griechisch-orthodoxen Staatskirche; daneben 130 000 Muslime, 35 000 Katholiken, 16 000 Protestanten, 6 000 Juden und 6 000 Armenier als religiöse Minderheiten.
Export:	Industrieprodukte bis zu 50%, chemische Erzeugnisse, Erze und Metalle; Textilien; landwirtschaftliche Erzeugnisse wie Tabak, Korinthen, Sultaninen, Baumwolle, Wein, Olivenöl, Zitrusfrüchte.
Import:	Maschinen, Fahrzeuge, Rohöl, Kohle, Roheisen, Stahl, Düngemittel.
Wichtige Handelspartner:	BR Deutschland, Italien, Frankreich, Benelux-Staaten, USA, Großbritannien, Sowjetunion, Jugoslawien, Japan, Libyen.

Wie leben die Griechen heute?

Jedenfalls anders, als sich das die Bildungsenthusiasten des 19. Jahrhunderts vorgestellt haben – und in ihrem Gefolge viele Touristen sich auch noch heute vorstellen, die wie Iphigenie mit ihrer schönen Seele ein Griechenland suchen, das es so nicht gibt und wohl auch nie gegeben hat. Die Folge war und ist nur allzu oft eine (zumindest anfängliche) Enttäuschung.

Die Schlagworte, die einem bei Griechenland fast unwillkürlich einfallen: Wiege des Abendlandes, Mutterland der Demokratie, der Philosophie usw. usw., sind ja gar nicht falsch: nämlich soweit sie sich auf die abendländische Bildungstradition beziehen. Mit dem Leben der heutigen Griechen haben sie allerdings wenig zu tun. Und selbst in der Blütezeit der (alt)griechischen Kultur, dem 5. und 4. Jahrhundert v.Chr., mit der wir Griechenland allzu leicht und allzu einseitig identifizieren, hatte die Masse der Bevölkerung (von den Sklaven gar nicht zu reden) mit diesen hehren Ideen und Idealen wohl weniger zu tun, als wir uns das oft einbilden.

Davon ganz abgesehen: inzwischen sind 2500 Jahre vergangen – eine Geschichte voll Blut und Tränen. Seit 2000 Jahren ist Griechenland christlich, mehr als 1200 Jahre stand es unter der Herrschaft von Konstantinopel/Byzanz, eine Tradition, die auch in der 400jährigen Türkenherrschaft nicht abriß, hat doch die orthodoxe byzantinische Kirche Griechenland während der islamischen Fremdherrschaft überhaupt am Leben erhalten! Niemand kann es wundern, daß diese Tradition die heutigen Griechen unendlich viel stärker geprägt hat als die in Westeuropa so geschätzte antike Überlieferung.

Die klassischen Überreste, zu denen heute Millionen pilgern (und zu denen auch dieser Urlaubsberater die Wege weist), waren noch vor 150 Jahren zum größten Teil verschollen und vergessen, und als Schliemann Homer wörtlich nahm (und so Troja, Mykene und Tiryns ans Licht brachte), betrachtete man ihn allgemein als einen Phantasten.

Noch einige Punkte, die hierzulande gerne vergessen werden: in seiner ganzen vieltausendjährigen Geschichte war Griechenland niemals ein Nationalstaat, sondern ein Ineinander, Durcheinander und Gegeneinander von Stadtstaaten und Regionen, soweit nicht eine fremde Macht (das Makedonische, Römische, Byzantinische, Osmanische Reich) von außen her für Ordnung sorgte, die oft genug eine Friedhofsruhe war. Erst 1832 entstand das „Königreich" Griechenland, ein fast lächerlicher Rumpfstaat, der noch nicht einmal die Hälfte des heutigen Staatsgebietes umfaßte und von der Gnade oder Ungnade der europäischen Großmächte abhing. Wenn man nach den Ursachen des griechischen Partikularismus sucht, braucht man nicht lange zu fahnden. Der außerordentlich starke griechische Familiensinn (und die damit verbundene Vetternwirtschaft) ist wesentlich darauf zurückzuführen, daß über Jahrtausende hinweg die Familie die einzige funktionierende Ordnung überhaupt war.

Zweitens: die Griechen sind kein rassisch einheitliches Volk, sondern ein fast abenteuerliches Völkergemisch. Wahrscheinlich einer der Gründe für ihre Begabung. Schon die Griechen der klassischen Zeit hatten – nach 1000 Jahren! – mit den „blonden Achäern“, von denen Homer spricht, wohl kaum mehr etwas gemein. Während des ganzen Mittelalters drangen starke slawische (vor allem albanische) Scharen in Griechenland ein. Erstaunlicherweise wurden sie alle integriert, und sie sind heute Griechen, weil sie sich als Griechen fühlen! Integriert wurden sie durch die griechische Sprache und die durch sie vermittelte Kultur und durch das Band der gemeinsamen orthodoxen Religion. Trotzdem bildeten sich starke regionale Unterschiede heraus. So ist z.B. das Temperament der aufgeschlossenen Inselgriechen höchst verschieden von dem der verschlossenen Bewohner des Pindus oder auch der abgelegenen Bergregionen Kretas.

Drittens: Griechenland war und ist ein armes Land, das seine Bevölkerung nie richtig ernähren konnte. Schon die vielbewunderte griechische Kolonisation des ersten Jahrtausends v.Chr. (von der Krim bis nach Marseille) hatte ihren Grund nicht nur in Kühnheit und Unternehmungsgeist, sondern auch ganz schlicht in der Not, die zur Auswanderung zwang. Im Mittelalter und bis in die Neuzeit hinein lebten ganze Inseln nicht nur vom Seehandel, sondern eben auch vom Seeraub – es blieb ihnen gar nichts anderes übrig. Als im 19. und 20. Jahrhundert die Bevölkerung gewaltig zunahm, führte dies zu starken Auswanderungsbewegungen, vor allem nach Australien und in die USA. Nach dem 2. Weltkrieg auch in die Bundesrepublik, in der z.Zt. fast 2 Millionen Griechen leben – gegenüber 9,5 Millionen im Mutterland.

Gleich stark (aber viel problematischer) ist die Binnenwanderung. Die Dörfer veröden (vor allem in den Bergregionen und auf den Inseln), zwei Drittel der Bevölkerung drängen sich in den Städten, vor allem in Athen und Saloniki, in denen über die Hälfte der Bevölkerung wohnt. (Allein in Athen/Piräus etwa 4 Millionen!) Der freundliche Fischer, der still seine Netze flickt, und der alte Mann auf dem Esel, der seinem Dorf zuzockelt, sind also keineswegs mehr repräsentativ für die Gesamtbevölkerung, und wer einmal gesehen hat, welch kümmerlichen Fang besagter Fischer nach einer arbeitsamen Nacht ans Land bringt und mit welch unsäglicher Mühe der Bauer seinen kargen Acker bearbeitet, wird den Drang in die Großstadt mit ihren (oft nur vermeintlich) größeren Chancen leicht verstehen. Etwas überspitzt und rüde gesagt: der Tourist, der sich nur auf den Inseln oder in den Küstendörfern (von den Hotelghettos noch gar nicht zu reden) aufhält, sieht eine höchst photogene scheinbare Idylle, die mit der harten griechischen Realität nur wenig zu tun hat.

Griechenland ist in den letzten Jahren zu einem ausgesprochenen Ferienland geworden, wozu es aus vielen Gründen auch prädestiniert ist. Trotzdem ist diese Entwicklung nicht unproblematisch. Der wahre Griechenfreund wird nicht nur Sonne, Meer und Säulen tanken, sondern auch die Griechen, seine Gastgeber, kennenlernen wollen. Sie sind sehr dankbar dafür, wenn sie das merken. Und der Tourist, der sich zum Gast gemausert hat, wird reichlich belohnt. Denn eines ist wirklich seit der Antike gleichgeblieben: in Griechenland ist der Mensch das Maß aller Dinge.

Feste, Veranstaltungen, Folklore

Natürlich hat sich die Touristik – wie überall – auch in Griechenland der Folklore bemächtigt: unentbehrliches Stimulans. Natürlich sind nicht alle Sirtakis, die einem ununterbrochen aus Radios und Kasettenrekordern entgegenschallen gleich gut. Natürlich gibt es in allen Touristenorten (und nicht nur dort) inzwischen Diskotheken, die dem Bildungsreisenden ein Greuel sind. Aber ebenso glaubhaft kann versichert werden, daß sich in Griechenland auch ganz unverfälschte Folklore erhalten hat. Und die Gruppen, die in den Hotels auftreten, zeigen nur die Tänze, die sie zu Hause auch tanzen. Tanzen ist für die Griechen ein ganz unentbehrlicher Lebensausdruck. Die Tänze haben oft sehr komplizierte Schrittkombinationen, und die dazugehörigen Sprünge verlangen vom Tänzer Kraft, Geschicklichkeit und Anmut. Als guter Tänzer zu gelten, gar als Vortänzer des Dorfes, ist eine höchst erstrebenswerte Ehre. Vor allem in den früher schwer zugänglichen Bergbezirken erhielten sich lokale Tänze, die nur in dieser Region getanzt werden. Sie gehen zum Teil bis in die Antike zurück, haben also charakteristische Merkmale über drei Jahrtausende bewahrt.

Die Griechen versäumen keine Gelegenheit, ein Fest zu feiern. Nicht nur die hohen Kirchenfeste werden gefeiert (vor allem natürlich Ostern, der Höhepunkt des Kirchenjahres), sondern auch der Jahrestag des Ortsheiligen, dem die Kirche geweiht ist. Aber auch jede Hochzeit und jede Taufe ist ein großes Ereignis, das nicht nur mit Essen und Trinken gefeiert wird, sondern auch mit Musik, die so unabdingbar zum griechischen Leben gehört. Aus den reif gewordenen Takten (um Rilkes unübertreffliche Worte zu gebrauchen) entspringt dann der Tanz, zu dem auch der Fremde, der Gast, gern eingeladen wird. Er braucht keine Scheu zu haben, sich dazuzusetzen – und nur ein bißchen Mut, mitzutanzen. Man hilft ihm gern.

Das sind unvergeßliche Erlebnisse jenseits aller Besichtigungstouren. Kirchenfeste beginnen prinzipiell am Abend vor dem Feiertag. (Wie ja auch bei uns früher der Brauch; Sonnabend: Abend vor dem Sonntag, Feierabend: Abend vor dem Feiertag.) Auf besondere Veranstaltungen (z. B. Athener Festival, Theaterfestspiele Epidauros) wird jeweils bei der Ortsbeschreibung hingewiesen.

Sport und Spiel

In Glyfada (bei Athen) und auf der Chalkidike (Porto Carras) kann man Golf spielen. Auf dem Parnass (über Delphi) und im Pindusgebirge kann man Skilaufen. In Athen und Thessaloniki gibt es Reitclubs. Die meisten Anlagen der EOT und viele Hotels haben Tennisplätze. Bergsteigen kann man und (mit Erlaubnis) auch jagen. Wandern kann man überall und auf Esel ist man nicht selten angewiesen. Aber Griechenland mit seinen endlosen Küstenlinien ist natürlich in erster Linie ein Land (und manchmal auch ein Paradies) für Wassersport.
Sandstrände, Kiesstrände, Felsstrände laden zum Plantschen, Schnorcheln, Tauchen ein; an den Touristenorten kann man Motorbootfahren und Wasserskilaufen. Surfen ist ebenfalls in Mode gekommen.
Nacktbaden ist in Griechenland prinzipiell verboten und kann zu Verhaftung und empfindlichen Geldstrafen führen. Daß es an einigen abgelegenen oder besonders dafür zugelassenen Stränden stillschweigend geduldet wird, ist nur die Ausnahme von dieser streng gehandhabten Regel!
Haifische wurden seit Menschengedenken nicht gesichtet. Trotzdem ist ihre Existenz nicht auszuschließen. Langstreckenschwimmer schwimmen also besser parallel zur Küste in seichten Gewässern und nicht zu weit in die offene See. Mit einem Kaiki die Küste entlangzutuckern oder noch besser zu segeln, erfreut die Augen und das Herz.

Kleiner Einkaufsbummel

Bevor man kauft, versuche man erst, sich einen Überblick über das gesamte Angebot zu verschaffen und Vergleiche zu ziehen. Die größe Auswahl bieten natürlich die Großstädte und die großen Touristenorte. Daß man in Hotelshops am teuersten kauft, dürfte sich herumgesprochen haben. Kitsch jeder Sorte gibt es natürlich überall.

Als gute (und meist auch sehr preiswerte) Souvenirs bieten sich diejenigen Erzeugnisse an, die seit alters im Lande hergestellt werden: Web-, Strick- und Stickarbeiten, Pelze *(Kastoria)*, Schmuck und Keramik. Gegen Kopien antiker Schmuckstücke ist – wenn sie gut sind – nichts einzuwenden. Das Gleiche gilt für Repliken antiker Vasen. Hier wird eine uralte Tradition fortgeführt.

Echte Antiken – auch Ikonen! – dürfen nur mit einer speziellen Erlaubnis ausgeführt werden! Der Nachweis rechtmäßigen Erwerbs genügt nicht! (Erlaubnis nur in Athen erhältlich.)

Liebhaber echter Volkskunst werden immer noch etwas finden (Ioannina z. B. ist eine Fundgrube, in der man Stücke erwerben kann, die bald museumsreif werden), wiewohl leider gesagt werden muß, daß sich die industrielle Massenproduktion auch in Griechenland immer mehr breit macht. Soweit hochwertige Materialien verwendet werden (Gold, Silber, Halbedelsteine, Pelze) erklärt sich der Preisunterschied zu den europäischen Ländern durch die immer noch wesentlich niedrigeren Arbeitslöhne.

Das Handeln, Herunterhandeln, Feilschen ist eine Frage des Fingerspitzengefühls. Manchmal wird es erwartet, manchmal geht es, manchmal ist es unmöglich. Allgemeine Ratschläge kann man nicht geben.

Spezialitäten aus Küche und Keller

Wie die griechische Landschaft von wenigen starken Akzenten geprägt ist – Himmel, Meer, Felsen, Baum, Acker –, so die griechische Küche: Öl, Oliven, Tomaten, Artischocken, Peperoni, Knoblauch, Zwiebeln, Hammel- und Schaffleisch, Schafs- und Ziegenkäse, Weintrauben. Das sind die Hauptelemente. An den Küsten natürlich Fische und Meeresgetier jeder Art. Dazu Anisschnaps *(Ouzo)* und geharzter Wein *(Retsina).*

Theoretisch möchte natürlich jeder Gast die Spezialitäten des fremden Landes probieren – zumindest solange er noch zu Hause ist. Praktisch sieht es am Urlaubsort etwas anders aus. In allen Gebieten mit starkem Reiseverkehr haben sich die Hotels längst auf den Geschmack ihrer Gäste eingestellt, was zwar höflich und angenehm ist, zugleich aber auch schade, weil es zu einer zunehmenden Nivellierung führt.

„Der Tor geht in die Museen, der Weise in die Tavernen" – dieser schöne Satz stammt nicht von einem Vielfraß oder Alkoholiker, sondern von einem der gebildetsten Griechenlandnarren, die es in Deutschland gab, von Erhart Kästner. Man gehe also (auch) in die Tavernen und lasse sich nicht entmutigen, weder von der fremden Sprache, noch vom (zunächst) fremden Geschmack.

Verständigungsschwierigkeiten gibt es nicht, auch wenn man die handgeschriebene griechische Speisekarte nicht entziffern kann. (In den größeren Städten und in den Touristenorten findet man meist eine mehrsprachige Karte.) Man geht nämlich schnurstracks in die Küche, hebt jeden Deckel hoch, schnuppert an jedem Topf und zeigt schließlich auf das, was man gerne essen möchte. Das ist keineswegs unhöflich, sondern auch unter Griechen üblich. Findet man unter den Fertiggerichten keines, das einem behagt, mustert man den Kühlschrank.

Die „Essenssituation" ist selbstverständlich unterschiedlich. In den Städten und den ausgesprochenen Touristenorten bekommt man natürlich alles und die Hotels servieren – siehe oben – internationale Küche – oder was man dafür hält. Aber auch dort gibt es meist gleich nebenan urwüchsige Tavernen. Sie sind billiger und origineller. (Schon deswegen buche man nach Möglichkeit Halbpension!) Auf dem Land wird man kein raffiniertes Menü erwarten können. Angst braucht man niemals zu haben.

Die Zubereitung des Hauptgerichts dauert natürlich einige Zeit, was Griechen keineswegs stört, weil sie ihr Essen nämlich zelebrieren. Essen ist nicht Nahrungsaufnahme, sondern ein Gastmahl. Eine seiner wesentlichen Funktionen besteht sowieso darin, daß es Anlaß zum Reden bietet – dem griechischen Nationalsport schlechthin.

Aperitifs und Vorspeisen

Man trinkt als Aperitif zunächst einen *Ouzo,* einen Anisschnaps, der glasklar aus der Flasche quillt, sich aber milchig verfärbt, wenn man ihn mit Wasser mischt. Unverdünnter Ouzo ist, auch wenn er einem noch so gut schmecken sollte, mit Vorsicht zu genießen. Er ist ziemlich hochprozentig und sägt einem unversehens die Beine ab. Ein Gläschen jedoch ist sehr bekömmlich und macht Gaumen und Magen bereit für die Vorspeisen. Kleine Tavernen beschränken sich dabei auf Salat oder richtiger auf die Zutaten zu einem Salat: Tomaten, Gurken, Paprikaschoten, Oliven, Schafskäse. Alles in ziemlich groben Scheiben, in Olivenöl schwimmend, unvermischt und nicht angemacht. Salz, Pfeffer (und meist noch einmal Öl) stehen auf dem Tisch. Dazu Brot, ebenfalls in dicken Scheiben, kaltes Wasser gegen den Durst (überall unbedenklich zu trinken) und was man sich eben sonst bestellt hat. Dazu Vorspeisen *(Mezes)*, die sich bis zu einem höchst pikanten Hors d'œuvre auswachsen können: Fischeier, Auberginensalat, Sardinen, schwarze und grüne Oliven, Scampi, Muscheln, Eier in Mayonnaise, Salamischnitten.

Suppen

Danach muß der Magen natürlich beruhigt werden und das geschieht mit einer Zitronensuppe *(Suppa avgolémeno)*, einer Geflügelcremesuppe (oder eine Consommé), die mit Eigelb, Rahm und Zitronensaft angemacht ist; oder mit einer Bohnensuppe *(Fassoláda)*, die mit Öl, Sellerie und Karotten pikant bereitet wird. Verschiedene Fischsuppen, die man in den Hafenorten bekommen kann, sind ein Hauptgericht für sich wie die französische Bouillabaisse.

Zwischengerichte

Die Zwischengerichte – unser Lamm ist immer noch nicht fertig – sind meist deutlich italienischen Ursprungs, wie man überhaupt sagen kann, daß die griechische Küche ungefähr in der Mitte zwischen der italienischen und der orientalischen Küche ist.

Maccaronia con salza: Nudeln in Tomatensauce, evtl. mit Hackfleisch (alla bolognese).

Maccaronia (Pastitsio) me kima: Makkaroniauflauf mit Hackfleisch, Tomaten, Zwiebeln, mit Käse oder Béchamelsauce überbacken.

Maccaronia special: das gleiche, aber mit Leberstückchen, Schinken, Erbsen.

Moússaka: eine Art Pastete aus Auberginen, Hackfleisch, Blätterteig, mit Käse bestreut und dick mit Béchamelsauce überbacken.

Keftédes: kleine Hackfleischkügelchen, in schwimmendem Fett ausgebakken.

Gívos: Keftédes am Spieß geröstet.

Suzugákia: Hackfleischmasse wird zigarrenförmig abgedreht, in heißem Öl gebraten und mit einer pikanten Sauce (Ouzo, Zwiebeln, Tomaten, Peperoni) serviert.

Biftékia: Hamburger.

Ghiouvalákia: Hackfleisch wird mit Reis in einer Brühe gekocht und mit Zitronen übergossen.

Souvlákia: Fleischstücke am Spieß.

Dolmádes: Reis und Hackfleisch gemischt und in Weinblätter eingewikkelt.

Vodino stivádo: Reisgulasch mit kleinen Zwiebeln.

Fleischgerichte

Arni souvlákia: das griechische Nationalgericht ist – daran hat sich seit Homer nichts geändert – Hammel oder Lamm. Auch wer Hammel eigentlich nicht mag, braucht sich davor nicht zu fürchten. Er ist höchstens einjährig, „hammelt" also nicht. Außerdem werden Lamm und Hammel über offenem Feuer gebraten; auf dem Land über Holz aus der Maccia, das mit dem Rauch seinen ganzen aromareichen Duft an das Fleisch abgibt.
Kotópulo: Huhnfleisch; *Gurunópulo:* Ferkelfleisch;
Moschári: Kalbfleisch; *Vodíno:* Rindfleisch.
Kokorétsi: eine Mischung aus sämtlichen Innereien, langsam am senkrecht stehenden Spieß gebraten (nur für robustere Mägen).
Magirítsa: Suppe aus den gleichen Substanzen.
Kolokíthia gemista: Zucchini mit Fleisch und Reis gefüllt, im Ofen gebakken, mit Zitronensauce.

Fische, Meeresfrüchte

Die Ägäis ist ein fischarmes Meer. Fische sind daher teuer, nur an den Küsten zu bekommen und sollten nur ganz frisch gegessen werden. Dann allerdings sind sie köstlich.
Barbúnia: Rotbarben; *Sinágridka:* Zahnbrassen; *Garídes:* Krabben; *Kalamarákia:* Tintenfische; *Oktápodi:* Polypen.

Desserts

Käse ist – soweit einheimisch – Schaf- oder Ziegenkäse, wird von Region zu Region verschieden zubereitet. Die Geschmacksvarianten sind erstaunlich.
Die Süßspeisen *(Gliká)* verraten deutlich ihre orientalische Herkunft, sind alle sehr süß und nicht gerade gut für die schlanke Linie. Immerhin sollte man probieren.
Báklava: dünner Blätterteig, gefüllt mit Zucker, Nüssen, Mandeln, mit Honig übergossen. *Galatópita:* Mehl-Gries-Kuchen mit Vanillecreme gefüllt. *Búchaza:* Blätterteig, gefüllt mit einer Creme aus Sahne, Mehl und Zucker.
Glikó ist jedoch – das muß betont werden – nicht nur Nachspeise, sondern auch ritueller Willkommensgruß, der dem Gast mit Wasser angeboten wird (vor allem in Klöstern) und auch dann nicht abgelehnt werden darf, wenn er nur aus klebriger Vanillecreme besteht!
Zum Abschluß trinkt man immer Kaffee. Der zunehmende Touristenstrom hat es mit sich gebracht, daß dem Fremden oft unaufgefordert Nescafé serviert wird. Wer dem entgehen will, verlange ausdrücklich griechischen (türkischen) Kaffee, der jeweils einzeln zubereitet und mit dem Zucker zusammen aufgekocht wird. *Skétos* ist ohne Zucker, *métrios* mittelsüß, glikó süß.

Getränke

Es gibt in Griechenland überall ausgezeichnetes Bier. In den besseren Ta-

vernen und allen Restaurants auch eine Anzahl guter bis sehr guter Weiß-, Rosé- und Rotweine. Offener Landwein ist leider nur noch in Ausnahmefällen zu bekommen. Immerhin lohnt es sich, danach zu fragen. Im allgemeinen aber trinke man *Retsina,* den geharzten Landwein! Er ist nicht nur mit Abstand am billigsten, er ist vor allem auch mit Abstand am bekömmlichsten.
Das griechische Essen steht unter Touristen oft in dem Verruf, daß es uns Nordländern unbekömmlich sei und Verdauungsstörungen hervorrufe. Daß viele Deutsche nach dem ersten Tavernenessen erst einmal Bauchweh kriegen, ist leider wahr. In neun von zehn Fällen liegt das aber nicht am Essen, sondern am Trinken!
Jeder Arzt weiß, daß Olivenöl das bekömmlichste aller Fette ist. Daran liegt es also nicht. Doch unsere Mägen müssen sich an das viele Öl erst gewöhnen, und wenn man das Öl dann mit eiskaltem Wasser oder eiskaltem Bier mischt, dann revoltieren sie, einfach weil sich Öl und Wasser oder Öl und Bier nicht verbinden.
Ganz anders der Retsina. Er verdankt seine Entstehung einer praktischen Notwendigkeit: die alten Griechen besaßen weder Flaschen noch dichte Fässer. Sie transportierten Wein in Ziegenschläuchen oder großen Tongefäßen. Diese wurden mit Kiefernharz ausgestrichen, um sie zu dichten. Gleichzeitig verhinderte der Harzzusatz eine Nachgärung, die sich in diesen nicht sterilisierten Behältern nur allzu leicht einstellte. Das Harz der Aleppokiefer hat also eine desinfizierende Wirkung. Die praktische Notwendigkeit ist längst fortgefallen. Die Griechen wissen aber sehr wohl, warum sie das Verfahren beibehalten haben. Wenn man sich einmal an den Harzgeschmack gewöhnt hat, kann man vom Retsina kaum mehr lassen.

Moússaka – ein typisch griechisches Gericht

Für 4 Personen: 1½ kg Auberginen, 600 g Hackfleisch, 2 fein geriebene Zwiebeln, ¼ Tasse Pflanzenfett, ½ Tasse süßer Wermutwein, 500 g Tomaten, Salz, Pfeffer, ½ Teelöffel Zucker, Muskat oder Zimt, 3 Eßlöffel fein gewiegte Petersilie, 6 Eßlöffel Paniermehl, 2 gequirlte Eier, Öl, 100 g geriebener Schweizerkäse, 4 Tassen Béchamelsoße.

Die Auberginen waschen, längs in ca. 1 cm dicke Scheiben schneiden, salzen, 1 Std. stehen lassen, abtrocknen. Dann goldgelb braten (am besten am Abend vorher). Das Hackfleisch mit den Zwiebeln in Fett schmoren und den Wein zugießen. Die geschälten, fein geschnittenen Tomaten, Salz, Pfeffer, Zucker, Muskat, Petersilie und ½ Tasse Wasser zugeben und 45 Minuten schwach dünsten, dann abkühlen lassen. Paniermehl, Eier und etwas Käse dazugeben.
In eine Auflaufform eine Schicht Auberginen ordnen und mit Käse überstreuen. Das Hackfleisch gleichmäßig darüber verteilen, die restlichen Auberginen drauflegen, wieder mit Käse überstreuen und dick mit Béchamelsoße abdecken. In mäßiger Hitze 1–1¼ Std. backen.

Gute Tips für 1000 Wünsche

In einem anderen Land

In Griechenland zu reisen, ist kein Problem, sondern ein Vergnügen. Der Grieche hat für den Fremden und den Gast nur ein Wort: xenos. *Der Fremde ist der Gast. Und wird auch meist so behandelt. Der griechische Tourismus hat sich in Griechenland sehr schnell, in manchen Gebieten allzu schnell entwickelt. Das hat zur Folge, daß nicht in allen Hotels (vor allem in den unteren Rängen) ausreichend geschultes Personal zur Verfügung steht. Schimpfen hilft dann gar nichts. Sie sind im Urlaub und haben Zeit. Das mediterrane Lebensgefühl ist anders als das unsere. Bei ernsthaften Beschwerden wendet man sich natürlich an die Rezeption bzw. die Reiseleitung. Am guten Willen mangelt es eigentlich nie.*
Zwischen den einzelnen griechischen Regionen herrschen große Unterschiede. Die Großstädte und Touristenzentren haben sich sehr auf die Touristen eingestellt und nehmen vieles hin, was eigentlich gegen die griechische Sitte ist. In abgelegeneren Landesteilen ist das keineswegs der Fall.
Einige Tabus sollten beachtet werden: Nacktbaden ist prinzipiell verboten. In Badekleidung geht man nicht durch die Straßen. Besitz von und Handel mit Rauschgift wird streng bestraft. Antike Gegenstände (auch Ikonen) darf man nicht ausführen. In Kirchen und Klöstern ist man dezent gekleidet und benimmt sich entsprechend. In Gespräche über griechische Politik mischt man sich nur dann ein, wenn man die Verhältnisse wirklich kennt. Will man einen Griechen photographieren, so fragt man ihn vorher, ob er nichts dagegen hat. Mit dem Trinken sollte man vorsichtig sein und daran denken, daß der Anblick eines wirklich Betrunkenen das griechische Auge zutiefst beleidigt. Aber das ist ja alles selbstverständlich. Der Fremde ist nicht der Herr, sondern der Gast. Und den Gast mögen die Griechen gern. Es wird Ihnen nicht schwer fallen, auch die Griechen gern zu mögen. Sie machen es dem Gast leicht.

Der Parthenon

Athen (ΑΘΗΝΑΙ, ca. 4 000 000 E.)

Wie der Katholik nach Rom pilgert, der Jude nach Jerusalem, der Moslem nach Mekka, so der Humanist nach Athen.
Der Humanist wird unvermeidbar enttäuscht. Kein Athener wandelt würdevoll im Chiton, aber jeder zweite Straßenkehrer heißt Themistokles, Aristides oder Aristoteles, jede Markthalle Agora, jeder Durchgang Stoa und im Straßenverkehr ist von edler Einfalt und stiller Größe nicht die Spur.
Athen ist kein Museum, sondern eine höchst lebendige Großstadt von über 3 Millionen Einwohnern (wenn man Piräus und die Vorstädte dazurechnet). Und das Goldene Zeitalter des Perikles ist 2500 Jahre vorbei.

Die nun folgende Beschreibung Athens ist für diejenigen Besucher gedacht, die nur kurz in der Stadt verweilen. Für sie werden die wichtigsten Sehenswürdigkeiten kurz vorgestellt. Diejenigen, die länger bleiben können und sich eingehend informieren wollen, seien auf den Urlaubsberater „Athen“ verwiesen, der – vom gleichen Autor verfaßt – in der gleichen Reihe erschienen ist und Athen ausführlich und detailliert schildert.
Alle wichtigen Baudenkmäler Athens lassen sich klar vier historischen Epochen zuordnen: der klassischen, der byzantinischen, der klassizistischen, der modernen Zeit.

Das klassische Athen

Die Akropolis

Das erste Ziel des bildungsbewußten Athenbesuchers ist natürlich die *Akropolis* – ein absolutes Muß für jeden Touristen.
Der Burgfelsen wurde vermutlich schon in helladischer Zeit (3. Jahrtausend v. Chr.) besiedelt, in mykenischer Zeit (ca. 1500 v. Chr.) Festung und Königsresidenz, doch stammen die Bauten, die wir heute bewundern, alle aus dem 5. Jh. v. Chr., der klassischen Zeit, die Athen unter der Herrschaft des Perikles ein „Goldenes Zeitalter“ bescherte. In der verblüffend kurzen Zeit von nur 40 Jahren (zwischen 447 und 406 v. Chr.)

errichtete sich Athen ein unvergleichlich großartiges (aber nirgendwo maßloses) Denkmal seiner Macht und Herrlichkeit. Zum Ruhm der Götter wie der eigenen Stadt.

Niketempel und Propyläen: Heute beginnt der Aufstieg zur Akropolis beim *Beulé-Tor* (benannt nach dem französischen Archäologen, der es 1853 unter einer türkischen Bastion entdeckte). Dieser Aufgang stammt erst aus römischer Zeit. Die in wuchtig dorischem Baustil errichteten Propyläen bilden den Eingang (nichts anderes besagt das griechische Wort).

Der *Felsturm* (Pyrgos), auf dem sich der Niketempel erhebt, trug schon in mykenischer Zeit eine Bastion, die den Eingang zur Königsburg bewachte. Ein Heiligtum der Athena Nike – der Siegesgöttin Athena – aus archaischer Zeit wurde von den Persern wahrscheinlich 480 v. Chr. zerstört. Im Zug der klassischen Erneuerung wurde der kleine Tempel (5,7 × 8,3 m) zwischen 432 und 421 v. Chr. von Kallikrates errichtet. Ein ganz einzigartiges Juwel ionischer Baukunst.

Niketempel

Der Parthenon: Wenn man die Propyläen durchschritten hat, fällt einem heute sofort der Parthenon ins Auge. Die Athener haßten das Starre – in der Architektur wie im Leben. So war auch der große Zug der Stadtgemeinde zum Panathenäenfest keineswegs eine Parade, sondern eine Prozession, die sich langsam, die ganze Breite des Raumes ausmessend, auf die Akropolis und durch die Propyläen hindurch auf den Parthenon zubewegte.

Der *Parthenonfries,* der den ganzen Tempel umzog (heute zum größten Teil im Akropolis-Museum), stellt diese Prozession dar: Ganz Athen ist unterwegs, jung und alt, arm und reich, hoch und niedrig. Keiner vom anderen unterschieden, alle verbunden in der festlichen Gemeinschaft der Bürger, die ausziehen, der Stadtgöttin zu huldigen. Es ist das schönste Symbol des Polisgeistes, das je geschaffen wurde, und das erhabenste Sinnbild der Demokratie.

Die beglückende Harmonie des Parthenon ergibt sich daraus, daß nicht nur Säulendurchmesser und Säulenhöhe zueinander in Beziehung stehen, daß nicht nur Stütze und Last

Pferdekopf vom Parthenon (5. Jh. v. Chr., Britisches Museum London)

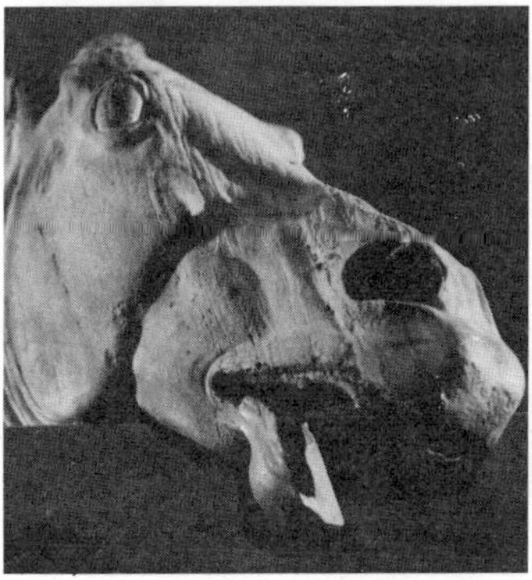

Reiter vom Parthenonfries

einander entsprechen, sondern daß überhaupt alle Maßverhältnisse des ganzen Tempels aufeinander bezogen sind und dem gleichen mathematischen Gesetz gehorchen, nämlich dem Verhältnis 4:9.

Zum Bau des Parthenon benötigte man nur neun Jahre (zwischen 447 und 438 v.Chr. durch Iktinos und Kallikrates). Der Parthenon ist 72,5 × 34 m groß; ganz aus pentelischem Marmor erbaut, umgeben von 8 × 17 dorischen Säulen von 10,43 m Höhe. Vor der *Cella,* dem Innen-

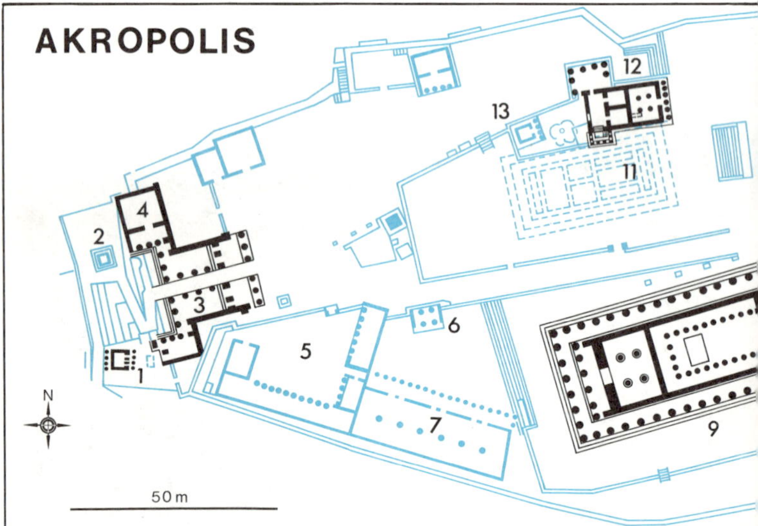

raum des Tempels, liegen im Osten und Westen *Vorhallen.* Der Innenraum ist hundert attische Fuß lang, entsprach also dem früheren Athenatempel (Hekatompedon). Zweigeschossige Säulenreihen teilten ihn in drei Schiffe.

Der *Skulpturenschmuck* war überwältigend. Die durchkomponierten Giebel zeigten an der Ostseite die Geburt der Athena aus dem Haupt des Zeus, auf der Westseite den Streit Athenas mit Poseidon um den Besitz des attischen Landes. Die am besten erhaltenen Reste brachte Lord Elgin nach London. Die Figuren des Ostgiebels sind Abgüsse davon. Am Westgiebel gibt es noch zwei Originale (wahrscheinlich König Kekrops und seine Tochter Pandrossos). Eine Gesamtkonstruktion der beiden Giebel ist im Akropolis-Museum zu sehen.

Das *Kultbild der Athena Parthenos* in der Cella war ein Werk des großen

Kultbild der Athena Parthenos (Kopie)

Phidias, der überhaupt maßgeblich an der Planung und Ausgestaltung der Akropolis mitgewirkt hat. Die Statue war mit ihrem Sockel an die 12 m hoch. Die Statue, die einen ungeheuren materiellen Wert darstellte, wurde im 5. Jh. n. Chr. nach Kon-

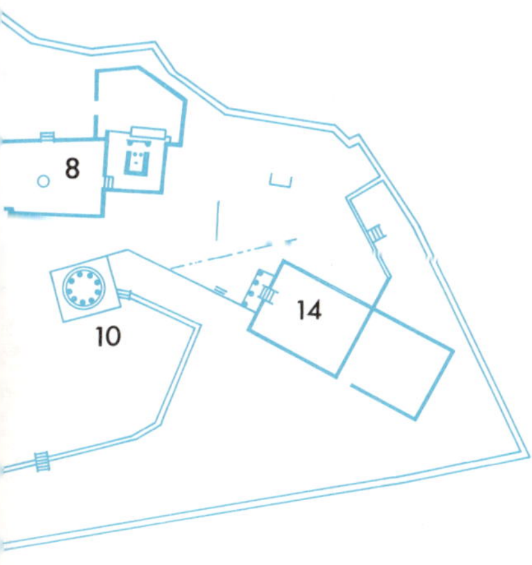

1 **Tempel der Athena Nike**
2 **Agrippa Monument**
3 **Propyläen**
4 **Pinakothek**
5 **Bezirk der Artemis Brauronia**
7 **Chalkothek mit Propylon (6)**
8 **Bezirk des Zeus Polieus**
9 **Parthenon**
10 **Rundtempel der Roma**
11 **Alter Athena-Tempel**
12 **Erechtheion**
13 **Pandroseion**
14 **Akropolis-Museum**

stantinopel verschleppt und ist dort wahrscheinlich verbrannt. Wir besitzen nur einige Kopien aus späterer Zeit. Die vollständigste befindet sich im Nationalmuseum.

Das Erechtheion: Wie die Akropolis als Ganzes eine Tempelstadt ist, so ist das Erechtheion (errichtet zwischen 421 und 406 v. Chr., wahrscheinlich von Philokles) nicht eigentlich ein Tempel, sondern ein Tempelbezirk, der sieben voneinander ganz verschiedene Heiligtümer umschloß.
Die Südseite des Erechtheions wird beherrscht von der Korenhalle, die das Thema Säule in ungemein reizvoller Weise variiert. Entsprechen sich bei der dorischen Säule Stütze und Last gegenseitig, so hat der Schöpfer der Karyatiden all seine Kunst darauf verwendet, die Last des Tragens vergessen zu machen; und wirklich scheinen die Mädchen das schwere Dach mühelos zu tragen, ohne Anstrengung, anmutig, wie einen Wasserkrug.
Die zweite Figur von links ist eine Kopie des wieder im Britischen Museum befindlichen Originals. Leider muß gesagt werden, daß die anderen Koren durch den säurehaltigen Smog so gelitten haben, daß sie ebenfalls restauriert, ins Museum gestellt und durch Kopien ersetzt werden mußten.

Rund um die Akropolis

Das Dionysos-Theater

Unterhalb der Akropolis liegt das Dionysos-Theater. Hier entstand – vor zweieinhalbtausend Jahren – die Tragödie. Im Dionysos-Theater fanden die Uraufführungen (und in der klassischen Zeit gab es nur Uraufführungen!) der großen Tragödien- und Komödiendichter statt. An diesem Ort, doch nicht in diesem Theater.

Karyatidenhalle

Um 534 v. Chr. soll der Dichter Thespis mit seiner Wandertruppe (daher unser „Thespiskarren“) in Athen die ersten Dramen aufgeführt haben – die allerdings mit dem späteren Begriff wohl nur recht wenig Ähnlichkeit hatten. Sitze gab es damals noch nicht. Die Zuschauer lagerten sich einfach am Abhang. Doch gefiel den Athenern die Sache so gut, daß sie beschlossen, daraus eine ständige Einrichtung zu machen. Zu diesem Zweck hoben sie den Akropolishang muschelförmig aus, womit sie das Urbild für alle antiken und die meisten modernen Theater schufen.
Das Dionysos-Theater faßte ungefähr 16 000 Zuschauer. Hier kämpften die großen Dichter Aischylos, Sophokles und Euripides um den Preis. Und wenn auch die eigentliche Entscheidung den Kritoi vorbehalten blieb, den Kritikern, den Unterscheidern, einer Jury, so nahm doch das Volk leidenschaftlichen Anteil.

Die Agora

Im 2. Jh. v. Chr. stiftete König Eumenes II. von Pergamon die nach ihm

Dionysos-Theater

Kerameikos, Grabstelle des Dexileos

benannte *Wandelhalle* (zwischen dem Herodes-Atticus-Theater und dem Dionysos-Theater am Südabhang der Akropolis) und sein Nachfolger Attalos II. von Pergamon die *Attalos-Stoa,* die die griechische Agora zur Akropolis hin abschließt. Sie wurde von der amerikanischen archäologischen Schule rekonstruiert und beherbergt das *Agora-Museum,* in dem man sich – wie nirgendwo sonst – über das Alltagsleben der alten Griechen informieren kann. Das Grabungsgebiet der Agora selbst bietet ein ziemlich verwirrendes Bild, was einfach daher kommt, daß hier viele Jahrhunderte gebaut wurde, so daß die Ruinenreste aus ganz verschiedenen Zeiten stammen. Nichtarchäologen werden kaum viel damit anfangen können. Hingegen sollte man unbedingt das auf der gegenüberliegenden Seite, am Westrand der Agora stehende *Hephaisteion* besuchen (früher als *Theseion* bezeichnet, weil man wegen einiger Reliefs glaubte, es sei dem mythischen Stadtgründer Theseus geweiht gewesen), das etwa gleichzeitig mit dem Parthenon entstand. Das Hephaisteion ist der einzige griechische Tempel, dessen Dach erhalten ist.

Kerameikos (Keramikos)

Athens Gräberfeld ist nur ein paar Minuten vom Nordausgang der Agora entfernt an der Odos Ermou (Hermesstraße). Dort herrscht Friedhofsstille. Kerameikos heißt der Friedhof, weil er an das Viertel der Töpfer grenzte, der Keramiker, die Athens berühmte Vasen herstellten. Seit frühester Zeit wurden hier, in immer neuen Aufschüttungen, die Toten Athens bestattet, doch stammen die ausgegrabenen und wiederhergestellten Denkmäler alle aus der klassischen Zeit (5./4. Jh. v. Chr.). Der Kerameikos hatte sich damals zu einer Art Staatsfriedhof entwickelt, in dem die Ehrenmäler für besonders verdiente Bürger errichtet wurden, in dem die vornehmen Athener sich begraben ließen. So stammen vom Kerameikos einige der schönsten attischen Grabreliefs.

Das *Kerameikos-Museum* enthält außer weiteren Grabsteinen auch Grabbeigaben aus vielen Jahrhunderten sowie eine schöne Vasensammlung.

Athen
300 m
N
zur Autobahn Korinth
Bahnhof
Nisyrou
Paleologou
Liossion
Sourmeli
Anromachis
Th. Deligianni
Samou
Chiouxioy
Iliou
Mezonos
Sonierou
Acharnon
Stournara
Marni
Elefsin.
Lenorman
Kerameon
Kodr.
Favierou
Psaron
Vict. Ougo
Mager
Marni
Solomou
Kapodist
Konstantinoupoleos
Peanieon
V. Benaki
Odysseos
Karolou
Koumountourou
Menandrou
Veranzerou
Chalkokondy
Serron
Platonos
Thermopylon
Marathonos
Milerou
Achilleos
Ag. Konstantinou
Nikiforou
Satovriandou
Omonia-Platz
Patission
Pr.
Meg. Alexandrou
Iassonos
Kolonou
Kalergi
Deligeorgi
Zinonos
Daniil
Paramythias
Salaminos
Kolokynthous
Akadimou
Keramikou
Voulgari
Pireos
Sokratous
Kalyps.
Meg. Alexandrou
Marathonos
Agisilaou
Anaxagora
Lykourg.
Santa
Artemis.
Mykalis
Leonidou
Thermopylon
Milerou
Odos
Menandrou
Geraniou
Klisthen.
Efpolidos
Stav
Iera
Keramikou
Plateon
Salaminos
Korinis
Epikou
Theatrou
Kratinou
Sofokleous
Eolou
Ierofanton
Odos
Agisilaou
Pireos
Samouil
Eleitherias
Dipilou
Armodiou
Aristogit.
Evripidou
Odos
Psaromiling
Ag. Asomaton
Sari
Aristofanous
Eschilou
Melanthou
Athinas
Praxite
Ag. Markou
1
Melidoni
Lekoriou
Lepeniot.
Apostoli
Karaiskaki
Protogenous
Vissis
Eolou
Ermou
Voreou
Kolokotroni
Ermou
Thiss.
Astigos
Ifestou
Theklas
Ag. Irinis
Amfiktyonos
Poulopoulou
Iraklidon
Erisichthonos
Karydi
Akteou
Iraklidon
Vasilis
2
Adrianou
16
Athina
17
Ermou
15
Vrachia
Plouton.
Chloridos
Nileos
Apostolou
4
5
Vrissakiou
Areos
Dexipou
Pandros
14
Metropolis
Galat.
Akteou
Akamant.
Pikilis
Pla
Dimofontos
Kymeon
6
13
Apol
Adrianou
3
Eginitou
Dioskouron
Panos
Avriliou
Kyristou
Lissiou
Flessa
Pritaniou
Pavlou
9
10
12
(Pnyx)
109 m
Nymphenhügel
Tripodon
Thespid
11
8
Dion.
R. Galli
Areopagitou
Thrassilou
Vironos
Apoloniou
Musenhügel
7
R. Garibaldi
Propyleon
Erechthiou
Parthenonos
Karyatidon
Milseon
Diak

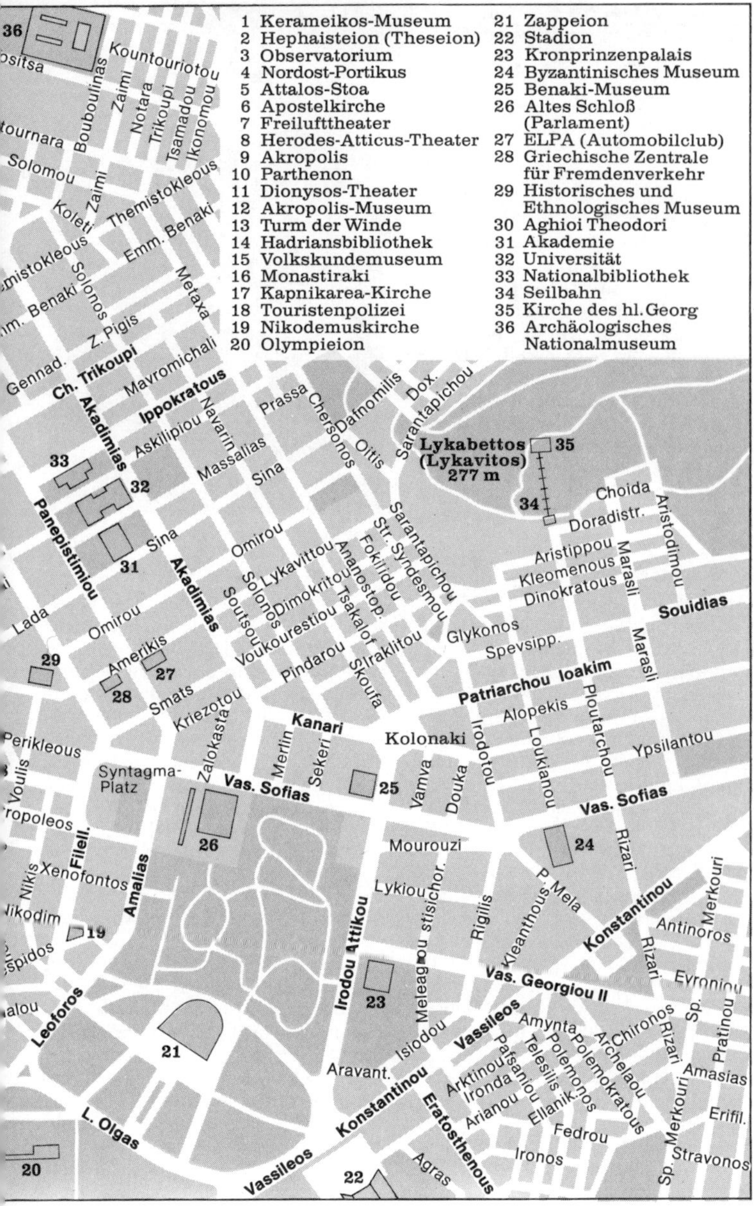
1 Kerameikos-Museum
2 Hephaisteion (Theseion)
3 Observatorium
4 Nordost-Portikus
5 Attalos-Stoa
6 Apostelkirche
7 Freilufttheater
8 Herodes-Atticus-Theater
9 Akropolis
10 Parthenon
11 Dionysos-Theater
12 Akropolis-Museum
13 Turm der Winde
14 Hadriansbibliothek
15 Volkskundemuseum
16 Monastiraki
17 Kapnikarea-Kirche
18 Touristenpolizei
19 Nikodemuskirche
20 Olympieion
21 Zappeion
22 Stadion
23 Kronprinzenpalais
24 Byzantinisches Museum
25 Benaki-Museum
26 Altes Schloß (Parlament)
27 ELPA (Automobilclub)
28 Griechische Zentrale für Fremdenverkehr
29 Historisches und Ethnologisches Museum
30 Aghioi Theodori
31 Akademie
32 Universität
33 Nationalbibliothek
34 Seilbahn
35 Kirche des hl. Georg
36 Archäologisches Nationalmuseum
Lykabettos (Lykavitos) 277 m
Kolonaki
Syntagma-Platz
Kountouriotou
Bouboulinas
Zaimi
Notara
Trikoupi
Tsamadou
Ikonomou
Tournara
Solomou
Koleti
Themistokleous
Emm. Benaki
Solonos
Metaxa
Z. Pigis
Gennad.
Ch. Trikoupi
Mavromichali
Ippokratous
Akadimias
Navarin
Askilipiou
Massalias
Prassa
Chersonos
Dafnomilis
Dox.
Sarantapichou
Oitis
Sina
Panepistimiou
Omirou
Lykavittou
Anagnostop.
Fokilidou
Str. Syndesmou
Dimokritou
Tsakalof
Soutsou
Voukourestiou
Lada
Amerikis
Smats
Kriezotou
Pindarou
Iraklitou
Skoufa
Glykonos
Spevsipp.
Choida
Aristodimou
Doradistr.
Aristippou
Kleomenous
Dinokratous
Marasli
Souidias
Patriarchou Ioakim
Alopekis
Ploutarchou
Loukianou
Irodotou
Ypsilantou
Kanari
Zalokasta
Merlin
Sekeri
Perikleous
Voulis
Vas. Sofias
Vamva
Douka
Mourouzi
Lykiou
Rizari
Filell.
Xenofontos
Nikis
Amalias
Irodou Attikou
Rigilis
P. Mela
Kleanthous
Konstantinou
Antinoros
Merkouri
Vas. Georgiou II
Evrnniou
Leoforos
L. Olgas
Vassileos Konstantinou
Isiodou
Aravant.
Amynta
Polemonos
Archelaou
Chironos
Arktinou
Patsaniou
Telesilis
Polemokratous
Ironda
Arianou
Ellanik.
Fedrou
Ironos
Eratosthenous
Agras
Sp. Merkouri
Pratinou
Amasias
Erifil.
Stravonos

Trajansforum

Im Jahre 86 v. Chr. läßt Sulla die Stadt wegen unbotmäßigen Verhaltens plündern, doch schon Cäsar und Augustus wenden Athen wieder ihre Gunst zu und errichten östlich der Agora den Römischen Markt, der dann von Kaiser Trajan im 2. Jh. n. Chr. vollendet wurde.
Neben dem Römischen Markt steht der von dem Makedonier Andronikos gestiftete sogenannte *Turm der Winde,* benannt nach den Reliefs der Windgötter, mit dem der achteckige Marmorbau geschmückt ist. Er wurde im 1. Jh. v. Chr. erbaut, hatte außen Sonnenuhren und im Inneren eine Wasseruhr, so daß sich die Athener auch bei schlechtem Wetter über die richtige Zeit informieren konnten.

Hadriansbibliothek

Unter Kaiser Hadrian (117–138 n. Chr.) erlebt das antike Athen seine letzte große Bauperiode. Er läßt nördlich vom Römischen Markt die sogenannte Hadriansbibliothek errichten, einen riesigen Säulenhof, der im Osten von einer Bibliothek abgeschlossen wurde. (Neben der Hadriansbibliothek eine türkische Moschee, in der jetzt ein *Museum für Volkskeramik* untergebracht ist.

Olympieion

Als gewaltigstes Zeugnis seiner Macht und seiner Griechenliebe aber läßt Hadrian den großen Tempel des Olympischen Zeus östlich der Akropolis vollenden, den 800 Jahre zuvor der Tyrann Peisistratos angefangen hatte, aber nicht fertigstellen konnte, und von dem heute noch 13 der kolossalen korinthischen Säulen aufrecht stehen. Neben dem Kultbild des Zeus wurde jetzt eine Statue des Hadrian aufgestellt. Neben dem Herrn des Himmels der Kaiser, der Herr über den Erdkreis.

Olympieion

Herodes-Atticus-Theater

Doch auch die reichen Privatleute ließen sich nicht lumpen. So stiftete (um 160 n. Chr.) Herodes Atticus das nach ihm benannte, steil ansteigende Theater am Südabhang der Akropolis, das Marmorsitze für 5000 Zuschauer hatte. Von der ausgezeichneten Akustik kann man sich noch heute überzeugen, da in dem restaurierten Theater während der Athener Festspiele Theater- und Konzertaufführungen dargeboten werden.

Philopappos-Denkmal

Und auf einem der markantesten Plätze der Stadt, auf dem Musenhügel, von dem aus man den schönsten Blick auf die Akropolis hat, steht das Philopappos-Denkmal bzw. das, was davon übriggeblieben ist. Es wurde um 115 n. Chr. als Mausoleum für den reichen syrischen Fürsten erbaut, der als römischer Konsul in Athen lebte und der Stadt so große Stiftungen gemacht hatte, daß ihm die Athener diese – in alten Zeiten undenkbare – Ehre erwiesen.

Nikodemuskirche

Kleine Metropolis

Apostelkirche

Das byzantinische Athen

Byzantinische Kirchen Athens

Die Nikodemuskirche (Filellinon-Straße): Als Baujahr wird 1045 angegeben; diese älteste Kirche Athens war ursprünglich ein Kloster (Sotira Lykodimou), dessen Mönchszellen im 17. Jh. bei einem Erdbeben zerstört wurden. 1852 wurde sie der russisch-orthodoxen Gemeinde zur Verfügung gestellt und mit neuen Wandgemälden ausgestattet.

Die Kirche Aghioi Theodori (am Klafthmonos-Platz): Wenige Jahre später entstand das am besten erhaltene Denkmal dieser Zeit. Die Innenausstattung ist erneuert, die Außenarchitektur mit den vielen kleinen Dächern, der Kuppel über den Kreuzarmen und der schönen Backsteinmauer ist noch original.

Die Apostelkirche: Im Zuge der amerikanischen Ausgrabungen auf dem Agora-Gelände wurde die Apostelkirche wiederaufgebaut, die ebenfalls aus dem 11. Jh. stammt und über einem Nymphenheiligtum aus dem 2. Jh. n. Chr. errichtet wurde.

Die Kapnikarea-Kirche: Athen, im Mittelalter und während der Türkenherrschaft sowieso nur ein kleines Landstädtchen, war nach den Zerstörungen des Unabhängigkeitskrieges ein einziger Trümmerhaufen. Es mußte also (ab 1834) ganz neu wiederaufgebaut werden. Soweit die Kirchen den Krieg halbwegs unversehrt überstanden hatten, fielen sie nun diesem Wiederaufbau zum Opfer, denn die deutschen und dänischen Architekten, die Neu-Athen planten (unter Führung Klenzes, vgl. S. 37), rissen alles ab, was ihren großzügig geplanten Straßen im Wege stand.

Eine Ausnahme ist die Kapnikarea-Kirche (12. Jh.). Ludwig I. v. Bayern, kein so fanatischer Klassizist wie sein Hofbauintendant, griff ein und sorgte dafür, daß die Ermou um sie herumgeführt wurde. So liegt sie nun, eine stille Insel, mitten im Verkehrsgewühl der Athener City.

Die Kleine Metropolis: Wie klein in ihren Ausmaßen die meisten dieser Kirchen in Wirklichkeit sind, zeigt sich nirgendwo deutlicher als in der Gorgoepikoos, der sog. Kleinen Metropolis. Sie war der Sitz des Erzbischofs während der Türkenzeit und nimmt sich neben der im 19. Jh. erbauten Kathedrale *(Große Metropolis)* aus wie ein Zwerg neben einem Elefanten. Der neue Bau ist zweifellos geräumig, aber das ist auch schon fast alles. Der alte (11. Jh.) ist dagegen winzig, aber erfüllt. Zudem ist die Kleine Metropolis auch noch ausgesprochen elegant. In ihre Außenmauern sind zahlreiche antike und byzantinische Reliefs eingefügt.

Kloster Kaisariani

Byzantinische Kirchen bei Athen

Kaisariani – Hymettos

Einer der schönsten und lohnendsten Ausflüge von Athen führt auf den Gipfel des 18 km vom Zentrum entfernten Hymettos (1026 m). Er ist mit dem Auto auf guter Straße bequem zu erreichen. Wer will, kann natürlich auch zu Fuß gehen (ca. 3 Stunden). Ausgangspunkt ist in jedem Fall der Vorort Kaisariani (Busstation). Von dort kommt man (mit dem Auto in wenigen Minuten, zu Fuß etwa in einer halben Stunde) durch (wiederaufgeforstetes) Waldgebiet zu dem romantisch gelegenen Kloster Kaisariani, dem bedeutendsten der zahlreichen Klöster und Klösterchen des Hymettosgebirges.

Kaisariani heißt wohl Kaiserquelle, denn an der Ostseite des Klosters gibt es eine Quelle, bei der in antiker Zeit ein Aphroditetempel stand. Kaiser Hadrian ließ die Quelle fassen und das frische Wasser in die Stadt leiten. Überreste einer dreischiffigen Basilika aus dem 6. Jh. und spätere Umbauten sind (westlich des Klosters) noch zu erkennen.

Um 1000 wurde dann die heute noch bestehende Marienkirche errichtet. Auch sie ist verhältnismäßig klein, entzückt aber den Architekturliebhaber durch ihre harmonischen Proportionen, verleitet den Andächtigen zur Meditation, schenkt dem Unruhigen Stille. Die stimmungsvollen Klostergebäude stammen ebenso wie die ausgezeichneten (und ausgezeichnet erhaltenen bzw. restaurierten) Fresken der Kirche aus dem 16. Jh. Sie werden der Makedonischen Schule zugerechnet. In der Kuppel der Pantokrator, im Altarraum die Lebens- und Leidensgeschichte des Herrn, in der Apsis Maria als Himmelskönigin, Christus als Hoherpriester, der Brot und Wein spendet, sowie die Kirchenväter Athanasios, Chrysostomos, Basilios und Gregorios.

Die Fresken der später angebauten Vorkirche (Narthex) entstanden 1682 und stellten das Marienleben dar.

Das Refektorium gegenüber der Kirche beherbergt ein Museum, daneben die ehemalige Klosterküche.
Geht oder fährt man weiter, so erreicht man auf halber Höhe zunächst das einsame Kloster *Asteri.* Vom Hymettosgipfel schließlich hat man einen herrlichen Blick auf Athen, den Saronischen Golf, die Landschaft Attikas und das gegenüberliegende Pentelikongebirge mit seinen berühmten Marmorbrüchen.

Daphni

An der alten heiligen Straße von Athen nach Eleusis (s. S. 51 f.) liegt, etwa 10 km von Athen entfernt, das größte und berühmteste Kloster Attikas: Daphni. Der Name weist auf vorchristliche Zeiten zurück. Hier stand in der Antike ein Heiligtum, das dem Apollon Daphniphoros geweiht war, dem Lorbeer tragenden Gott. Hier wurde im 6. Jh. n. Chr., wohl unter Kaiser Justinian, eine erste große Klosteranlage errichtet, die zugleich als Festung diente und den wichtigen Paßübergang nach Korinth und Theben sperrte. Die strategische Bedeutung des Platzes führte leider dazu, daß Daphni während des griechischen Unabhängigkeitskrieges 1821 heftig umkämpft und großenteils zerstört wurde.
Man hat mit Recht gesagt, die gotische Kathedrale sei ein Zeigefinger zum Himmel, die byzantinische Kuppelkirche hingegen ein Abbild des Paradieses. Und wenn die kleinen Kirchen groß wirken durch ihre Geschlossenheit und durch ihre edlen Proportionen, so empfindet man aus dem gleichen Grund das große Daphni niemals als erdrückend oder überdimensioniert.
Die Klosterkirche – geweiht der Komesis, dem Heimgang Mariae – entstand im Jahre 1080 und ist eines der schönsten Beispiele für die mittelbyzantinische Epoche. Aufbau und Mosaikenschmuck sind Ausdruck eines gewissen Klassizismus, einer Art Renaissance, wie sie zur Zeit der Komnenenkaiser im Byzantinischen Reich Mode wurde: Rückgriff auf antike Tradition, Beschwörung frühbyzantinischer Größe.
Im Gegensatz z. B. zu Kaisariani, wo die Kuppel auf vier freistehenden Säulen ruht, wird sie in Daphni (wie im Urbild aller byzantinischen Kirchen, der Hagia Sophia in Konstantinopel) von den Wänden der Seitenschiffe getragen, überspannt also den ganzen Innenraum und schließt ihn zu einer Einheit zusammen. Aus der Kuppelhöhe blickt Gottvater, der Pantokrator, der Allherrscher hinunter auf die Gläubigen. Es ist sicher nicht unrichtig, wenn man darauf hingewiesen hat, daß diese Vorstellung letzten Endes auf den Weltenlenker Zeus zurückgeht, und gerade in der Kirche von Daphni, deren Bildschmuck zahlreiche antike Traditionen aufnimmt, ist diese Überle-

Klosterkirche Daphni

Daphni, Kuppelmosaik (Pantokrator)

gung sogar von ganz besonderer Bedeutung. Nimmt man dazu, daß sich der byzantinische Kaiser als Stellvertreter Gottes auf Erden empfand, so hat man ein weiteres wichtiges Glied der Traditionskette. Andererseits zeigt ein Vergleich mit den aus Justinians Zeiten stammenden Mosaiken von Ravenna doch einen beträchtlichen Wandel: es ist nicht der beliebig schaltende Allherrscher Zeus, es ist nicht der richtende Jahwe des Alten Testaments, es ist auch nicht mehr der unnahbare, gottähnliche Kaiser. Aus der Kuppel von Daphni blickt – so scheint mir – eher ein patriarchalischer Hausvater besorgt auf seine geliebten, aber etwas ungeratenen Kinder.

Daphnis Ruhm sind seine leuchtenden Mosaiken. Trotz der starken Zerstörungen ist das Bildprogramm mit einiger Sicherheit zu rekonstruieren. Insgesamt entspricht es etwa dem Schema des ca. 50 Jahre früher gebauten Klosters Osios Loukas bei Delphi (s. S. 82). Boden und Mauern muß man sich wie dort marmorverkleidet vorstellen.

Als im 4. Kreuzzug im Jahre 1204 fränkische Kreuzritter nicht das heidnische Jerusalem befreiten, sondern das christliche Konstantinopel eroberten und ausplünderten, bemächtigten sie sich anschließend auch Griechenlands. Die Herren de la Roche residierten als Herzöge in Athen. Sie bestimmten Daphni zu ihrer Familiengruft (die Wappen sind noch erkennbar) und übergaben das Kloster Zisterziensermönchen. Den lateinischen Patres darf man immerhin nachrühmen, daß sie die Kirche unangetastet ließen, nur vor die Vorhalle (Narthex) eine weitere Stoa setzten (Exonarthex), die den Übergang zu den Mönchszellen bildete. Die antiken Säulen, die sie dazu verwendeten, hat Lord Elgin – bis auf eine – nach London verfrachtet.

Nach der Eroberung Konstantinopels und Griechenlands durch die Türken wurde Daphni von den Moslems wieder orthodoxen Mönchen übergeben, welche die Gebäude um den Klosterhof errichteten, so daß man heute zunächst die jüngsten Teile der alten Anlage betritt. Der allgemeine Verfall Griechenlands machte jedoch auch vor Daphni nicht halt. Im 18. Jh. war es von Mönchen ganz verlassen, während des Unabhängigkeitskrieges diente es als Festung, nach seiner Zerstörung wurde es Aufenthaltsort für Geisteskranke.

Erst die modernen Restaurierungen haben uns in Daphni Meisterwerke byzantinischer Kunst wiedergeschenkt. Heute dient das ehemalige Kloster als Museum (geöffnet im Sommer 7.30–18.30 Uhr, im Winter 9–17 Uhr).

Auch wer für byzantinische Kunst gar nichts übrig hat, wird sich zumindest im Herbst gern nach Daphni begeben. In dem beim Kloster gelegenen Touristenpavillon findet vom 29. Juni bis zum 30. September das berühmteste Weinfest Attikas statt. Für die Eintrittskarte kann man dort 70 verschiedene griechische Weine probieren. Man erreicht Daphni am leichtesten vom Omonia-Platz aus über die Autobahn Athen-Korinth (Busverbindung).

Das klassizistische Athen

Athen wurde im Laufe der mörderischen Befreiungskämpfe im 19.Jh. fast vollkommen zerstört, zuletzt standen dort nicht einmal mehr 200 Häuser. Der erste Präsident des freien Griechenland residierte daher zunächst in Ägina, später in Nauplia, und als schließlich (1832) Otto von Bayern von den Großmächten zum griechischen König gekürt wurde, nahm auch er dort seinen Sitz. Den humanistischen Neigungen seines Vaters folgend, erklärte er allerdings Athen zur endgültigen Hauptstadt. So begann dort bald ein fieberhaftes Bauen.

1834 kam – im Auftrag Ludwigs, der von München aus kräftig mitregierte – Leo von Klenze, der große Baumeister des Münchner Klassizismus, nach Athen, entwarf einen Stadtplan und begann mit der Restaurierung der Akropolis, die eine vollkommen verbaute türkisch-venezianische Festung war. Er mußte sich dabei gegen das bayerische Kriegsministerium durchsetzen, das die Akropolis in erster Linie unter strategischen Gesichtspunkten betrachtete und sie zur Hauptfestung Attikas zu machen gedachte.

Eine solche Restaurierung war 1834 noch keineswegs selbstverständlich. Schinkel zum Beispiel wollte dort den neuen Königspalast errichten, und der Niketempel, dessen Eleganz uns heute so sehr entzückt, war gar nicht mehr vorhanden, sondern in einer vorgeschobenen Geschützbastion verschwunden. Die Architekten Ross, Schaubert und Hansen holten ihn Stück für Stück und Splitter für Splitter aus der Aufschüttung und setzten das Tempelchen wieder zusammen. Eine der frühesten und glanzvollsten Leistungen der Archäologie überhaupt.

Die klassizistische Akademie

Der erste Entwurf für den Wiederaufbau Athens stammt von einem deutsch-griechischen Freundespaar: Schaubert und Kleanthes. Die beiden gingen davon aus, daß nach griechischer Tradition jedes Haus seinen eigenen Garten hat, und sei er noch so klein. Dieser Grundgedanke hätte Athen zur ersten, vielleicht einzigen wirklichen Gartenstadt Europas gemacht. Der Plan setzte eine Bevölkerung von 40 000 Einwohnern voraus, eine Zahl, von der 1834 außer den beiden niemand zu träumen wagte. Da zudem enorme Mittel für Landankauf und Straßenbau notwendig gewesen wären, betrachtete man die beiden Architekten als leicht größenwahnsinnig. Klenze strich also den Plan auf „realistische" Maße zurecht und „rektifizierte" ihn nach klassizistischen Idealen. So durften z.B. die Häuser die Höhe von zwei Stockwerken nicht überschreiten, damit der Blick auf die Akropolis jederzeit frei blieb.

Abgesehen von den wenigen „Türkenhäuschen", die am Ostabhang der Akropolis noch vorhanden waren (und sind), besteht fast die ganze *Plaka,* Athens Altstadt, aus diesen vom bayerischen Klassizismus geprägten Häusern.

Das Alte Schloß

Klenze fiel kurz nach seiner Rückkehr aus Griechenland bei König

Ludwig in (zeitweilige) Ungnade, weshalb das Athener Schloß dann – allerdings unter Verwendung von Klenzes Ideen – in den späten dreißiger Jahren von seinem Konkurrenten Friedrich Gärtner gebaut wurde. Gärtners Bau wird als „Altes Schloß" bezeichnet, weil es jetzt als *Parlamentsgebäude* dient, während der König – vor seiner Emigration – im ehemaligen *Kronprinzenpalais* in der Irodou Attikou residierte. Hier marschieren nach wie vor die in die malerische Tracht des Befreiungskrieges gekleideten *Evzonen* auf und ab, während sie am Alten Schloß vor dem Grabmal des Unbekannten Soldaten jeden Sonntag (um 11.15) zeremonielle und photogene Wachablösung zelebrieren.
König Otto hatte sein neues Schloß kaum bezogen, als 1842 in Griechenland eine Revolution ausbrach, die ihn dazu zwang, dem Volk eine Verfassung zu geben und alle seine bayerischen Beamten und Berater nach Hause zu schicken.

Das klassizistische Stadtforum

Nach diesem Ereignis wurde das große klassizistische Stadtforum Athens an der Universitätsstraße, die vom Syntagma-Platz zum Omonia-Platz führt, von den dänischen Brüdern *Hansen* gebaut:
Neben Klenzes *Dionysioskirche* (sie ist leider eine seiner konventionellsten Auftragsarbeiten wegen der vielen zu berücksichtigenden Auflagen) die *Akademie* (1859/85 durch Theophil Hansen, den Schöpfer des Wiener Parlaments), die *Universität* (durch Christian Hansen 1839/52) und die *Nationalbibliothek* (durch Theophil Hansen 1888/91).
Wer vor dem Gebäude der griechischen Nationalbank steht, kann mit einem Blick dieses Forum umfassen. Er sollte sich dabei bemühen, für einen Augenblick jeden Gedanken an die Akropolis zu verbannen. Warum? Neben der antiken Klassik der Akropolis wirken die klassizistischen Bauten der Brüder Hansen dünn und nachgeahmt. So sehr die beiden aber die antike Baukunst bewunderten und verehrten, so wenig hatten sie den Ehrgeiz bloßer Nachahmung. Man tut ihren Bauten etwas Unrecht, wenn man sie immer nur im Vergleich sieht. Man schaue sie an, so wie sie sind, und man wird bemerken, daß sie durchaus ihren eigenen Wert haben. Langsam bekommen wir ja wieder einen Blick für den Klassizismus des 19. Jhs. und beginnen, ihn von seinen eigenen Voraussetzungen her zu begreifen.
Andere klassizistische Bauten Athens: *Sternwarte* Theophil Hansens (1843/46), *Archäologisches Nationalmuseum* Ludwig Langes (1866/89), *Zappeion,* ein großes Ausstellungsgebäude (durch Hansen und Ziller 1875/85).

Das Stadion

Die repräsentativen Bauten Athens im 19. Jh. wurden großenteils durch wohlhabende Auslandsgriechen finanziert, wobei der Wiener Baron Sinas eine ebenso entscheidende wie rühmliche Rolle spielte.
Auch das 1895 errichtete Stadion verdankt seine Entstehung dem Mäzenatentum eines reichen Auslandsgriechen, Averoff. Es faßt 70 000 Zuschauer und ist eine genaue Rekonstruktion des von Lykurgos um 330 v. Chr. erbauten antiken Stadions. Hier fanden 1896 die ersten olympischen Spiele der Neuzeit statt. 1906 wurde es noch einmal für olympische Wettkämpfe verwendet, seitdem nicht mehr, weil das antike Oval nicht die Höchstgeschwindigkeiten zuläßt, die für moderne Rekorde benötigt werden.
So dient es jetzt weniger sportlichen als politischen Veranstaltungen.

Das türkische Athen im 18. Jahrhundert

Das moderne Athen

Athen hat sich in den letzten 150 Jahren wesentlich schneller entwikkelt als New York. 1834 hatte es 15 000 Einwohner, 1900 bereits 100 000. Die Katastrophe von Smyrna (1922) brachte etwa 300 000 kleinasiatische Flüchtlinge nach Athen und Piräus. Deren Unterbringung stellte die arme Stadt und das arme Land (insgesamt mußten etwa 1,5 Millionen integriert werden) vor fast unlösbare Probleme. Andererseits hat dieser Zustrom einer sehr beweglichen und initiativereichen Stadtbevölkerung aus den alten griechischen Zentren Kleinasiens sehr zur wirtschaftlichen Entwicklung Griechenlands beigetragen. 1930 war die Einwohnerzahl Athens bereits auf 650 000 hochgeschnellt, heute leben im Raum Athen-Piräus etwa 4 Millionen Menschen.
Ein derartig rapides Wachstum ist ebenso begreiflicher- wie bedauerlicherweise mit einer gewissen Planungslosigkeit verknüpft. Rund um das klassizistische Athen und den Syntagma-Platz entstanden die Gebäude der Banken, der Hotels und der ausländischen Gesandtschaften. Das moderne Geschäftszentrum entwickelte sich um den Omonia-Platz. Und wo immer Platz war, wurden Wohnhäuser um Wohnhäuser aus dem Boden gestampft. So bietet das moderne Athen außerhalb des Zentrums den Anblick eines ziemlich regellosen Häusermeeres. Athen ist eine ungeheuer lebendige Stadt, und spätestens abends um sieben hat man das Gefühl, daß sich ganz Griechenland zwischen Syntagma- und Omonia-Platz tummelt. Noch spät in der Nacht sitzen die Athener in den Cafés am Syntagma-Platz und reden über die neuesten Nachrichten.

Die Plaka

Athens malerische Altstadt (siehe S. 37) schien nach dem 2. Weltkrieg von der Vernichtung bedroht: ein weniger museums- als abbruchreifes Slumviertel. Der Tourismus hat es gerettet. In den letzten Jahren hat sich die Plaka zum Athener Montmartre entwickelt, mit unzähligen kleinen und großen Tavernen, in denen man zu mehr oder weniger originaler griechischer Musik die Spezialitäten des Landes zu sich nehmen kann. Auch Nightclubs und Souvenirläden haben sich inzwischen in größerer Zahl dort angesiedelt. Doch gibt es nach wie vor dort eine ganze

Reihe von ursprünglichen Lokalen, wo man für wenig Geld Lamm am Spieß und köstlichen – oft selbstgezogenen – Retsina bekommen kann. In der Nähe der Hadriansbibliothek (siehe S. 32), im alten Basarviertel, befindet sich der Athener Flohmarkt, in dem man von echten und falschen Antiquitäten und Ikonen bis zum abgefahrenen Autoreifen alles haben kann. Insbesondere die Pandrossou-Straße bietet ein reizvolles Gemisch von Schmuck-, Souvenirläden u. a.

Die Aussichtspunkte Athens

Musenhügel: Den schönsten Blick auf die Akropolis hat man von dem 147 m hohen Musenhügel, auf dem das *Philopappos-Denkmal* steht (siehe S. 32). In dem am Südwestende gelegenen Freilufttheater finden vom Mai bis September Volkstanzveranstaltungen des Ensembles Dora Stratou statt.

Nymphenhügel: Nordwestlich vom Musenhügel erhebt sich der 109 m hohe Nymphenhügel, in der Antike *Pnyx* genannt. Hier fanden bis ins 4. Jh. v. Chr. die Volksversammlungen statt, bei denen die stimmberechtigten Bürger Athens über Gesetzesentwürfe abstimmten, über Krieg und Frieden entschieden oder mißliebige Politiker in die Verbannung schickten. Von April bis Oktober kann man von hier aus der allabendlichen „Ton- und Lichtschau" auf der Akropolis beiwohnen.

Areopag: Zwischen der Akropolis und der Agora befindet sich der 115 m hohe Areopagfelsen. Er hat seinen Namen (Hügel des Ares) von einem Gerichtsverfahren, das in mythischer Zeit die Götter gegen Ares, den Kriegsgott, anstrengten. Wegen dieser Überlieferung wurde vom obersten Gericht Athens hier über Tötungsdelikte gerichtet. Die Autorität dieses Gerichtshofes war so groß, daß sich selbst die Erinnyen, die Rachegöttinnen, seinem Spruch beugten (Sage des Orestes). Im Jahre 54 n. Chr. hielt auf dem Areopag der Apostel Paulus seine berühmte Rede über den unbekannten Gott. Bei dieser Gelegenheit bekehrte er den Patrizier Dionysios, der als Dionysios Areopagitis später zum Schutzheiligen des christlichen Athen wurde.

Lykabettos: Die Innenstadt wird von dem 277 m hohen Lykabettos (Lykavitos) überragt, auf dessen Kuppe die weiße *Kirche des hl. Georg* steht. Vom Lykabettos, den man entweder in einer halben Stunde zu Fuß oder in zweieinhalb Minuten mit einer Seilbahn erreicht, hat man eine großartige Aussicht. Auch am Lykabettos befindet sich ein Freilichttheater, in dem während der Saison Aufführungen antiker und moderner Dramen veranstaltet werden.

Die wichtigsten Museen Athens

Das Archäologische Nationalmuseum (Ecke Patission[28 Oktovriou]-Tositsa-Str., nordöstlich vom Omonia-Platz), das größte und bedeutendste Museum Griechenlands, beherbergt die umfangreichste und geschlossenste Antikensammlung der ganzen Welt. Das Museum bietet einen einzigartigen Überblick über die Gesamtentwicklung der griechischen Kunst von der frühen Kykladenkultur (3. Jahrt. v. Chr.) über die mykenische Kultur (2. Jahrt. v. Chr.) zur archaischen und klassischen Kunst (6.–4. Jh. v. Chr.) bis hin zur hellenistischen Kunst der griechisch-römischen Epoche (3.–1. Jh. v. Chr.). Im ersten Stock dazu die umfangreiche Vasensammlung und die Fresken von Santorin.

Das Akropolis-Museum (auf der Akropolis östlich des Parthenon) ist wesentlich kleiner, aber auch übersichtlicher als das Nationalmuseum und enthält fast nur erstrangige Stücke. Sie wurden alle auf der Akropolis gefunden. Ganz besonders wichtig die archaischen Koren und der Parthenonfries sowie Reliefs vom Erechtheion und dem Niketempel.

Das Agora-Museum in der Attalos-Stoa vermittelt einen Eindruck darüber, wie der Alltag der alten Griechen aussah. Auf der Terrasse Modelle der Akropolis und der Agora.

Das Kerameikos-Museum (Ermou-Str. 148) zeigt zahlreiche Funde aus den Kerameikosgrabungen, darunter vorzügliche Grabdenkmäler und eine bemerkenswerte Vasensammlung.

Das Byzantinische Museum (Leoforos Vasilissis Sofias 22, wenige Minuten vom Syntagma-Platz) wird viel zu wenig beachtet, wiewohl es zu den größten Sehenswürdigkeiten Athens gehört. Es bietet einen vorzüglichen Überblick über die Entwicklung des byzantinischen Kirchenbaus und eine einzigartige Ikonensammlung.

Das Benaki-Museum schräg gegenüber (Leoforos Vasilissis Sofias/Ecke Odos Koumbari) ist aus der Privatsammlung der Familie Benaki entstanden und durch zahlreiche Schenkungen bereichert worden. Dementsprechend sind in dem ehemaligen Wohnhaus der Stifterfamilie jetzt Sammlungen höchst unterschiedlicher Art, jedoch durchwegs hervorragender Qualität vereinigt.

Das Museum der Stadt Athen (am Klavtomonos-Platz) befindet sich in der hervorragend restaurierten ersten Residenz König Ottos und enthält Erinnerungsstücke an König Otto, Königin Amalia sowie Pläne und Bilder zur neueren Geschichte Athens.

Das Historische und Ethnologische Museum (im alten Parlamentsgebäude am Kolokotronis-Platz an der Stadiou-Straße) zeigt eine reichhaltige Sammlung von Bildern und Gegenständen zur neueren griechischen Geschichte, insbesondere zum Befreiungskrieg.

Das Museum griechischer Volkskunst (Kydathineon-Str. 17, Plaka) besitzt schöne Arbeiten griechischer Volkskunst, Trachten, liturgische Geräte, Gewänder und Stickereien.

Das Museum griechischer Keramik (am Monasteraki-Platz, Plaka, in einer türkischen Moschee) zeigt eine schöne Sammlung griechischer Volkskeramik.

Anmerkung: Abgesehen vom Archäologischen Nationalmuseum in Athen sind alle Museen Griechenlands am Dienstag geschlossen. Die Öffnungszeiten der Museen und archäologischen Stätten werden manchmal kurzfristig geändert. Auskünfte erteilen die Museen selbst und die Auskunftsstellen der EOT.

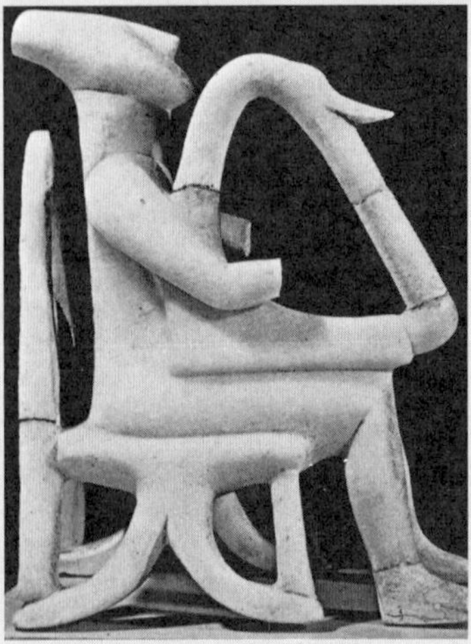

Meisterwerke aus den Museen Athens

Seite 42 links oben: *Harfenspieler (Keros, 3. Jahrtausend v. Chr., Archäologisches Nationalmuseum);* rechts oben: *Boxende Kna-*

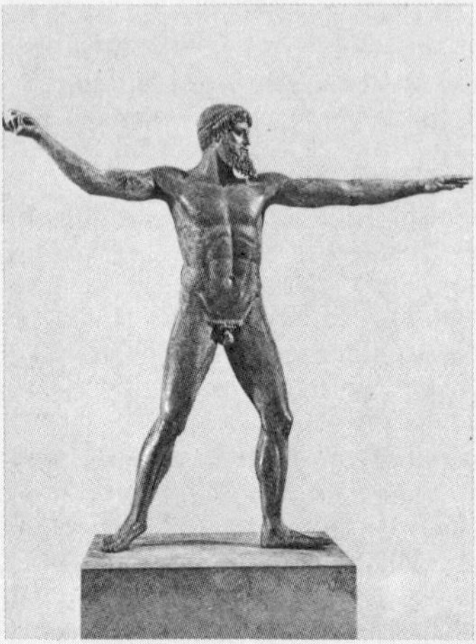

ben (um 1500 v. Chr., Archäologisches Nationalmuseum); links unten: *Athene-Relief (um 470 v. Chr., Akropolis-Museum);* rechts unten: *Poseidon (um 460 v. Chr., Archäologisches Nationalmuseum);* Seite 43 oben: *Dreileibiger Dämon (6. Jahrhundert v. Chr., Akropolis-Museum);* links unten: *Kalbträger (um 560 v. Chr., Akropolis-Museum);* rechts unten: *Marienbildnis aus der Kretischen Schule (14.–16. Jahrhundert, Byzantinisches Museum).*

Die *Athener Festspiele,* der Höhepunkt der Athener Theatersaison, werden alljährlich von Juli bis September von der Griechischen Zentrale für Fremdenverkehr im Herodes-Attikus-Theater veranstaltet (Aufführungen von antiken Dramen, Opern, Konzerten und Ballett unter Mitwirkung griechischer und ausländischer Ensembles. Tel. 322.1459. Das *Volkskunstensemble Dora Stratou* führt während der Saison allabendlich auf dem Philopappos-Hügel Volkstänze und -lieder aus ganz Griechenland auf. Tel. 324.4395, 921.4650. Eine Touristenattraktion ist die *Licht- und Tonschau,* die von Juni bis Oktober jeden Abend die Akropolis in farbigem Licht erstrahlen läßt, wobei die Geschichte Athens erzählt wird (deutsch: dienstags, donnerstags und sonntags 20–20.45 Uhr). Tel. 322.1459. Wer preiswert griechische Weine probieren will, kann das beim *Weinfest von Daphni,* das vom 29. Juni bis 30. September neben dem byzantinischen Kloster in Daphni recht lautstark zelebriert wird.

In Athen bekommt man alles, was man braucht. Die bekanntesten Einkaufszentren sind: das *Kolonaki-Viertel* zwischen Syntagma- und Kolonaki-Platz (exquisite Boutiquen und teure Geschäfte), rund um den *Omonia-Platz,* rund um den *Monastiraki-Platz* (Sonntag vormittag Flohmarkt) und die *Patission-Straße.*

In Athen findet man viele Luxus-Restaurants mit griechischer und internationaler Küche, unzählige Tavernen und Grillokale. Öffnungszeiten: 12–16 und 20–24 Uhr, einige sind auch die Nacht durch oder rund um die Uhr offen.

Eine große Auswahl an Nightclubs, Diskotheken und Lokalen mit Bouzouki-Musik befriedigen jeden Geschmack. Sie liegen hauptsächlich im Zentrum, in der Plaka und an der Apollon-Küste.

Spielcasino (mit Nightclub) auf dem Berg Parnes, im Hotel *Mont Parnes* (Tel. 246.9111, 246.1093).

Die von der Griechischen Zentrale für Fremdenverkehr organisierten Strandbäder verfügen im allgemeinen nicht nur über Kabinen, Kanus, Tretboote, sondern auch über Turn- und Tennisplätze, Volley- und Korbballplätze. Strandbäder: *Alimos* (Nähe Flugplatz Olympic Airways); *Astir Glyfada; Voula A* und *B; Vouliagmeni* (2 Strandbäder); *Lagonissi* (beim Hotel Xenia); *Varkiza.*

Auskünfte bei Hellenic Yacht Club, Kar. Servias Str. 18, Mikrolimano, Piräus, Tel. 417.9730; Sailing Federation, Xenofondos Str. 15 A, Tel. 323.6813.

In fast allen Strandbädern.

In den Strandbädern *Voula A* und *B, Vouliagmeni, Lagonissi, Varkiza.* Auskünfte über Athener Tennisclubs durch die Tennis Federation, Patission-Str. 89, Tel. 821.0478, 881.5804.

Auskünfte über Griechischer Reitclub, Amaroussi, Paradisou-Str. 18, Tel. 682.6128, 681.2506.

In Glyfada (Nähe Flugplatz), 18 Löcher, Tel. 894.6820, 894.6875.

In Piräus können Boote gemietet werden. Auskünfte: Verband der Sportfischer, Piräus, Akti Moutsopoulos, Tel. 451.5731 und Hafenamt Piräus, Tel. 451.1311.

Konsulate s. S. 157. *Griechische Zentrale für Fremdenverkehr* s. S. 157. *Touristenpolizei:* Singrou Allee 7, Tel. für Auskünfte 171; *Verkehrspolizei:* 523.0111. *Ausländeramt:* Halkokondili-Str. 9, Tel. 362.8301. *Amt für Altertümer und Restauration:* Aristidou-Str. 14, Tel. 324.3015. *ELPA* (Automobilclub): Messogion-Str. 2, Tel. 779.1615.

Die monatlich erscheinenden Zeitschrift „The Athenian" und die Broschüre „The Week in Athens" (beide englisch) informieren über den jeweils aktuellen Stand und geben Auskunft über alle Möglichkeiten zur Bildung, Unterhaltung, Sport, Einkaufen, Ausflüge usw., die hier nur im allgemeinen angegeben werden können.

Yachthafen von Piräus

Attika und die Inseln im Saronischen Golf

Piräus (Pireefs, ΠΕΙΡΑΕΥΣ)

Heute einer der größten Mittelmeerhäfen und die zweitgrößte Stadt Griechenlands, die mit Athen immer mehr zusammenwächst, bestand Piräus nach der Befreiung nur aus ein paar Zollbaracken. Während in der Antike der Piräushafen eine ausgesprochene Schlüsselstellung innehatte, verödete er im Mittelalter mehr und mehr, da man für den Landweg die kürzere Route Theben-Levadia vorzog, während der Seeverkehr Venedig – Konstantinopel/Istanbul über die vorgelagerten Inseln abgewickelt wurde. So lag Athen und sein Hafen im toten Winkel.
Die Erklärung Athens zur Hauptstadt Neugriechenlands verhalf auch dem Piräus zu sprunghaftem Wachstum. In Anlehnung an die antike rechtwinkelige (hippodamische) Anlage wurde die moderne Stadt wiederaufgebaut.

Piräus wurde im 5. Jh. v. Chr. durch die berühmten „Langen Mauern" des Themistokles mit Athen verbunden, das sich so den lebenswichtigen Zugang zum Meer sicherte. Zusätzlich hatte Piräus auch noch einige Stadtbefestigungen. Die freigelegten Fundamente interessieren nur den Archäologen. Der Tourist wird sich im allgemeinen damit begnügen, das *Archäologische Museum* in der Filellinon-Straße zu besuchen oder einer Vorstellung in dem ganz in der Nähe des Museums gelegenen, auf hellenistische Zeit zurückgehenden *Zea-Theater* beizuwohnen.
Das große Hafenbecken, in dem heute die Überseedampfer anlegen, wurde in der Antike wegen seiner Becherform *Kantharaos* genannt und diente als Handelshafen. Für die Kriegsflotte wurden hingegen die kleinen halbkreisförmigen Buchten *Zea (Paschalimani)* und *Munichia (Mikrolimano)* benützt, in denen die

Spuren der antiken Hafenanlagen noch zu erkennen sind. Die sehr malerischen Hafenbecken, die von amphitheatralisch aufsteigenden Häusern umschlossen sind, werden jetzt als Yachthäfen benutzt, ebenso wie die benachbarten Buchten *Neon Faliron* und *Paleon Faliron.* Sie sind allesamt berühmt für ihre Spezialitätenrestaurants, in denen man ausgezeichnete Fischgerichte verzehren kann. Piräus erreicht man (schnell

und billig) mit der elektrischen Schnellbahn (ab Omonia-Platz, Monastiraki-Platz oder Theseion) oder mit dem Auto über die am Omonia-Platz beginnende Pireefsstraße bzw. die am Olympieion beginnende Syngrou-Straße.

Attische Riviera

Die Küste zwischen Athen und dem gut 60 km entfernten Kap Sounion wird als *Akti Apollon* bezeichnet, als Küste des Apollon. Findige Werbeleute haben sie so getauft, trotzdem stimmt die Bezeichnung, die attische Küste ist eine Küste des Lichts.
Seit die Küstenstraße gebaut ist, die sich in kühnen Kurven um die Fjorde ringelt, kann der Autofahrer die Schönheit dieser Landschaft unbeschwert genießen, seitdem auch hat sich der Tourismus sprunghaft entwickelt. In der Nähe Athens noch großstädtisches Leben mit Sportanlagen, Cafés, Restaurants, Nachtklubs; dann die vielen Badeorte mit allen Arten von Wassersport: das ebenso luxuriöse wie (durch den Flugplatz Hellenikon) lärmgestörte *Glyfada* mit ausgezeichneten Hotels und einem Golfplatz (18 Löcher), dann *Voula* und *Vouliagmeni* mit seinen großen Badeanstalten, Hotels und Jachthäfen (s. auch S. 44).

Poseidontempel von Kap Sounion

Nach Vouliagmeni wird die Bebauung immer lockerer, die Straße führt um zahlreiche steile Fjorde herum und bietet herrliche Aussichten auf den Saronischen Golf und die Insel Ägina. Über *Varkiza, Lagonissi* und *Anavyssos* erreicht man schließlich Kap Sounion.

Kap Sounion (ΣΟΥΝΙΟΝ)

Man hat oft genug bemerkt (und es ist ja auch gar nicht zu übersehen), daß die griechischen Heiligtümer an landschaftlich besonders ausgezeichneten Punkten errichtet sind, und man hat daraus messerscharf auf den bekannten Schönheitssinn der Griechen geschlossen. Das ist so richtig wie falsch.

Jeder irgendwie exponierte Ort – Quell, Fluß, Wald, Fels – war den Griechen heilig, belebt, numinos. So baute man hier den Göttern und Geistern ihr Heiligtum.

Den Griechen ging es nicht um die Aussicht – sonst hätten sie unmöglich meterhohe Mauern um die Tempel bauen können, die jede Aussicht versperrten. Ihnen war der Berg eine Art zum Himmel gereckter Arm, auf dessen Handfläche der Tempel errichtet wurde, über sich selbst hinausweisend, den Göttern dargeboten. Uns erst ist er ein Aussichtspunkt. Wir sehen hinunter, die Griechen blickten auf.

Kap Sounion, wildromantisch, 60 m aufragend über steil abstürzenden Klippen, umstürmt, umtost – das war sicher der angemessene Ort für einen Tempel des Meererschütterers Poseidon. Die Situation ist einzigartig (nur das weit entfernte Lindos auf Rhodos bietet ein ähnliches Bild); selbst Lord Byron war entzückt und tat, was man heute den Touristen so übel nimmt: er kratzte seinen Namen in den Marmor.

In Sounion stimmt die Aussichtspunkttheorie nun eben doch. Aber nicht, weil es so schön ist dort, sondern weil man so weit sehen kann. Sounion war ein strategisch äußerst wichtiger Punkt, denn von hier aus konnte man die gefürchtete Flotte der persischen Erbfeinde am ehesten erkennen. In die Felsen der westlichen Bucht sind Höhlen aus dem Stein geschlagen: hier lagen Wachschiffe, Schnellruderer, die bei jedem feindlichen Angriff nach Athen sausten, um in der Heimatstadt rechtzeitig Alarm zu schlagen. Heimkehrenden Schiffen Athens hingegen gab der Anblick von Sounion die tröstliche Gewißheit, daß die gefährliche Fahrt glücklich überstanden war. So ist Kap Sounion Festung und Heiligtum zugleich.

Es ist fast selbstverständlich, daß an diesem Ort auch Athena ihr Heiligtum hatte. Es liegt unterhalb der Höhe des Poseidontempels, doch haben die Ausgrabungen nur spärliche Reste ans Licht gebracht.

Die eigentliche Attraktion Sounions ist der *Poseidontempel,* auf dem höchsten Plateau des Kaps; errichtet aus weißem Marmor, der keine Eisenteile enthält und daher auch nicht oxydiert. So steht der mächtige Bau heute noch so blendend weiß wie vor 2500 Jahren.

Er stammt aus der Mitte des 5. Jhs. v. Chr., ist also etwa gleichzeitig mit dem Parthenon erbaut.

Der 31,15 m lange und 13,48 m breite Bau war ursprünglich von 34 Säulen umgeben (6 × 13), von denen genügend viele stehengeblieben sind oder wiedererrichtet wurden, um einen Eindruck von der ursprünglichen Schönheit des Tempels zu geben. Es sind dorische Säulen, die ohne Basis auf dem Unterbau stehen und als Kapitelle nur flache Polster tragen, wodurch ihre Schlankheit und Leichtigkeit betont wird. Bei vollem Tageslicht sehen sie aus wie mit dem Silberstift in den Himmel geritzt, bei Sonnenaufgang und -untergang zeigt das Gegenlicht ihre gebändigte Wucht.

Sounions Sonnenuntergang ist der berühmteste Attikas, und so fahren Abend für Abend Omnibusse über Omnibusse dorthin. Doch trotz aller Touristenfülle ist und bleibt das Schauspiel überwältigend. Wer es einrichten kann, in Sounion zu übernachten (es gibt dort eine Reihe guter Hotels), sollte sich die Freude machen, auch den Sonnenaufgang auf dem Tempel zu genießen, der noch aufregender und wesentlich weniger gestört ist. Vor oder nach dem Natur- und Kunstgenuß kann man baden, Poseidon in seinem eigenen Element angenehm Reverenz erweisend.

Sandstrand beim Hotel Aigion unterhalb des Tempels, romantische Felsbuchten mit kristallklarem Wasser rund um das Kap.

Brauron

Denjenigen, die mit dem eigenen Wagen nach Sounion gekommen sind, ist es sehr zu empfehlen, zum Rückweg nach Athen die alte Straße über *Lavrion* zu benützen, die an den alten Silberminen vorbeiführt, von denen in der Antike Athens Reichtum stammte und die heute noch ausgebeutet werden. Bei *Markopoulon* zweigt eine Straße ab, die zu dem 8 km entfernten Brauron führt, dem ältesten Artemisheiligtum Attikas.

Die Grabungen von Brauron, die erst seit 1948 durchgeführt werden, erzählen eine merkwürdige Geschichte.

Neben Überresten aus der Steinzeit, aus der mykenischen Zeit und aus der archaischen Zeit kam nämlich der im 5. Jh. v. Chr. errichtete „Hallenbau der Bärinnen" zum Vorschein, eine Art Nonnenkloster für junge Mädchen.

Der Jagdgöttin Artemis war neben der Hirschkuh auch die Bärin als heiliges Tier zugeeignet. Als die Bewohner Attikas aus Versehen eine heilige Bärin getötet hatten, weihten sie, um die zürnende Göttin zu versöhnen, ihre jungen Töchter der Artemis. Die zehnjährigen Tempeldienerinnen trugen safrangelbe Kleider, wenn sie zu Ehren der jungfräulichen Göttin den Bärentanz aufführten. Sie waren allerdings nicht zu lebenslangem Nonnentum verpflichtet, sondern dienten der Artemis nur bis zu ihrer Verheiratung. An der Nordseite des

Brauron/Artemisheiligtum

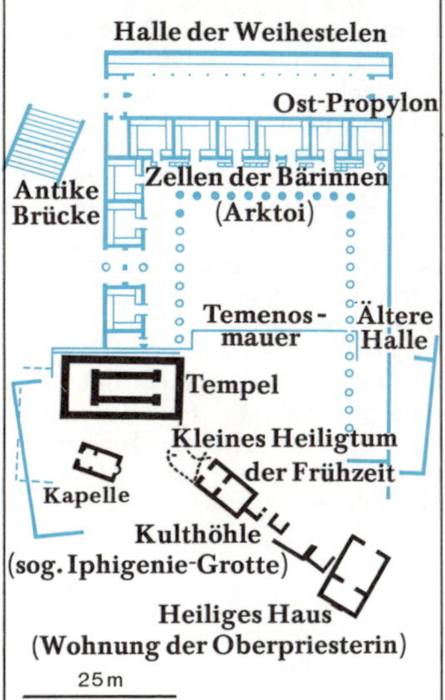

Hallenbaus sind die Zellen der „Bärinnen" und die Spuren ihrer kleinen Betten noch zu erkennen.

Auch der Name der Iphigenie ist mit Brauron verbunden. Nach ihrer Errettung aus Tauros soll sie der Artemis in Brauron gedient haben und auch hier gestorben sein. Da man ihr die Kleider von Frauen darbrachte, die im Kindbett gestorben waren, nimmt man an, daß sich ihr Kult mit dem einer früheren Geburtsgöttin vermischt hat. Das sogenannte *Grab der Iphigenie* ist wohl die älteste Kulthöhle aus dem 8. Jahrhundert v. Chr.

Brauron, vom Touristenstrom noch nicht entdeckt, liegt ganz still in der attischen Landschaft. Soweit die hier gemachten Funde nicht in das Nationalmuseum nach Athen verbracht wurden, befinden sie sich in dem neueingerichteten Museum im Grabungsgebiet.

Pentelikon 1109 m

Den 16 km von Athen entfernten Pentelikonberg erreicht man vom Syntagma-Platz aus über den Leoforos Vasilissis Sofias und dessen Fortsetzung, den Leoforos Kifissias. Eine Abzweigung nach rechts führt nach 9 km zu dem Vorort *Chalandri* und nach *Frankoklissia.* Von dort steigt die Straße zum Pentelikon an. In 420 m Höhe liegt das 1576 gegründete *Kloster Penteli* mit seinem oleanderbepflanzten Hof und einer von hundertjährigen Platanen umstandenen Quelle. Die Fresken in der Vorhalle der älteren Kirche im Klosterhof stammen aus dem 13. Jh. Vom Kloster führt eine (noch unasphaltierte) Straße vorbei an dem Marmorpalast, den sich die exzentrische Herzogin von Plaisance erbauen ließ (früher im Besitz der Königsfamilie, nicht zugänglich), und den berühmten *Marmorbrüchen,* die u. a. zum Bau der Akropolis dienten (in 700 m Höhe), auf den Gipfel des Berges; von hier wunderbare Aussicht.

Marathon-Rhamnus-Amphiarion

Biegt man nicht bei Chalandri zum Pentelikon ab, sondern bleibt auf der Hauptstraße, so erreicht man nach 14 km den Villen- und Sommerfrischeort *Kifissia;* über die Sommerfrischen *Kastri* und *Ekali* kommt man zum *Marathonsee,* der Athen mit Trinkwasser beliefert, und weiter über den Damm zu dem heutigen Städtchen *Marathon.* Das Schlachtfeld, auf dem im September des Jahres 490 v. Chr. Miltiades mit etwa 10 000 Athenern das dreifach überlegene persische Heer schlug, liegt etwas südöstlich an der Bucht von Marathon. Der glänzende Sieg mußte nur mit geringen Verlusten erkauft werden. Der Grabhügel für die 192 gefallenen Athener – errichtet an der Stelle des Entscheidungskampfes – wurde aufgefunden und durch einen 12 m hohen Gedenkstein gekennzeichnet. Nach dem Sieg lief einer der Krieger nach Athen, um der Heimatstadt die freudige Nachricht zu überbringen. Mit den Worten: „Wir haben gesiegt" soll er tot zusammengebrochen sein. Zur Erinnerung an diesen Botenbericht wird bei den Olympischen Spielen der 42,5 km lange Marathonlauf ausgetragen. Das entspricht der Entfernung zwischen dem heutigen Dorf Marathon und Athen; der antike Weg war ein wenig kürzer.

Südlich von Marathon erstreckt sich zwischen *Nea Makri* und *Rafina* ein neu erschlossenes Erholungszentrum, nördlich von Marathon das Strandgebiet von *Schinias* (Pinienwald, Sandstrand).

14 km nordöstlich vom Dorf Marathon liegt einsam an der Küste die antike Festung *Rhamnus* mit gut erhaltenen Mauern und den Resten zweier Tempel für die Göttinnen Nemesis (Vergeltung) und Themis (Recht). Der kleine Tempel der Themis stammt aus dem 6., der größere Marmortempel der Nemesis aus dem 5. vorchristlichen Jahrhundert.
Die Straße von Marathon nordwärts führt nach *Kapandriti* und von dort zu dem 11 km nordöstlich gelegenen Fischerdorf *Kalamos,* das 372 m hoch über dem Meeresarm liegt, der Attika und Euböa trennt. Ganz in der Nähe des Dorfes befinden sich die Ruinen des *Amphiarion.* Das kiefernumstandene Heiligtum war dem Amphiarios geweiht, einem König von Argos. Obwohl er prophetische Gaben hatte und so seinen Tod voraussah, ließ er sich von seiner Gattin überreden, am „Zug der Sieben gegen Theben" teilzunehmen, wurde aber von Zeus in einen Erdspalt versenkt und so göttlicher Ehren teilhaftig. Die Quelle, bei der er wieder aufstieg, hatte beträchtliche Heilwirkungen, weswegen man dort Altar und Tempel errichtete (4. Jh. v. Chr.). Wie in dem Asklepiosheiligtum von Epidauros wurden auch im Amphiarion die Kranken durch Fasten und Tempelschlaf auf ihre Heilung vorbereitet. Die zahlreichen Bauten, deren Überreste noch zu sehen sind, dürfen als Kur- und Pilgerhäuser betrachtet werden. Seit 332 v. Chr. fanden hier auch sportliche und musische Wettkämpfe statt; das wenigstens teilweise erhaltene Theater, das ursprünglich etwa 3000 Zuschauer faßte, diente diesem Zweck.

Tatoi

Die Sommerresidenz der griechischen Königsfamilie liegt 25 km nördlich von Athen in einem herrlichen Park an den östlichen Ausläufern des Parnesgebirges, erreichbar über Omonia-Platz – Patissionstraße (28. Oktovriou) – Nea Philadelphia. Für den Besuch des Waldes, der das Schloß und die Gräber der griechischen Könige umgibt, benötigt man eine Erlaubnis, die vom diensthabenden Gendarmerieposten erteilt wird.

Phyle/Moni Kliston

Die Grenzfestung Phyle (Fili), 19 km von Athen entfernt an den Südwestabhängen des Parnesgebirges, erreicht man über Omonia-Platz – Vathis-Platz – Lissionstraße. Das 683 m hoch gelegene Kastell sperrte den Paßübergang nach Tanagra in Böotien. Es stammt aus dem 4. Jh. v. Chr., wurde auch im Mittelalter noch benutzt und ist verhältnismäßig gut erhalten. Noch etwas romantischer als Phyle liegt an der gleichen Straße etwas nördlich das aus dem 14. Jh. stammende Kloster *Panajia ton Kliston,* der „Madonna der Schluchten", in vollkommener Bergeinsamkeit.

Das Parnesgebirge 1414 m

Es ist die höchste Erhebung Attikas und schließt die Ebene von Athen gegen Norden ab. Man erreicht den 34 km vom Zentrum entfernten Gipfel vom Omonia-Platz über den Vathis-Platz entweder über die Patissionstraße oder über die Acharnonstraße. Von *Acharnai* aus windet sich die staubfreie Parnesstraße in zahlreichen Serpentinen zum Gipfel, der eine einzigartige Aussicht auf die attische Ebene ermöglicht. Da der Schnee hier lange liegen bleibt, hat sich der Parnes zu einem beliebten Wintersportzentrum der Athener entwickelt, während man im Sommer die Kühle der Tannenwälder schätzt und sich in den Schwimmbecken der Gipfelhotels auf das Nachtleben vorbereiten kann.

♣ Y Im Hotel Mont Parnes

Eleusis (Elefsis, ΕΛΕΥΣΙΣ)

Die Eleusinischen Gefilde findet man leicht. Man braucht nur von der Straße nach Korinth nach etwa 23 km dort abzubiegen, wo der meiste Staub in der Luft ist. Denn Eleusis wird heute beherrscht von den Schornsteinen der Zementwerke. In der Antike war es einer der heiligsten Orte Griechenlands.

Der Mythos

Den Eleusinischen Mysterien liegt ein Fruchtbarkeitsmythos zugrunde, der weit in vorgriechische Zeiten zurückreicht. Demeter, die Fruchtbarkeitsgöttin, hatte dem Zeus eine Tochter geboren, Persephone oder auch einfach Kore genannt, das Mädchen. Pluton, der Gott der Unterwelt (Hades), raubte das schöne Kind, worauf Demeter auf der Suche nach ihrer Tochter trauernd durch die Welt irrte und während dieser Zeit alles Getreide verdorren ließ. Zeus entschied schließlich, daß Persephone während der fruchtbaren Zeit zu ihrer Mutter zurückkehren durfte, die vier Monate der Ruhe, in der die Natur scheinbar stirbt, aber bei Pluton zu verbringen hatte. Demeter symbolisiert die Ähre, Kore das Korn, der ganze Mythos das Leben der Natur. So zeigt er in einem Bild den ewigen Kreislauf von Geburt, Tod und Wiedergeburt.

Demeter, Kore und Triptolemos

Die Mysterien

Die Mysterien durften nur von Eingeweihten besucht werden, die einer absoluten Schweigepflicht unterworfen wurden. Sie haben ihren Schwur so gut gehalten, daß bis heute nur – allerdings begründete – Vermutungen über die Mysterien möglich sind. Es scheint, daß die Eingeweihten bei den Festen die mythischen Ereignisse symbolisch nachvollzogen und sich dadurch selbst der eigenen Wiedergeburt und Erlösung versicherten. Die Eleusinischen Mysterien wurden zweimal im Jahr gefeiert – im Februar/März die kleinen Eleusinen und im September/Oktober die großen Eleusinen. Eine große Prozes-

Weiherelief

sion bewegte sich auf der Heiligen Straße, die am Kerameikos begann, nach Eleusis, durchschritt nach vielen kultischen Handlungen die großen und die kleinen Propyläen und erreichte schließlich das Telesterion, einen großen quadratischen Bau, in dem die eigentlichen Mysterien stattfanden. Der Raum faßte etwa 3000 Personen, die auf acht Stufenreihen Platz nehmen konnten. Die 42 Säulen, 6 m hoch, trugen ein Obergeschoß, das von der Felsterrasse aus betretbar war. Hier wurden Reliquien aufbewahrt, über die wir nicht im einzelnen informiert sind.

Der Raum war dunkel, von einzelnen, genau kalkulierten Lichtstrahlen durchzogen. Neuerdings wurde die Theorie vertreten, den Eingeweihten seien Drogen verabreicht worden, um sie in Ekstase zu versetzen. Das ist bis auf weiteres weder beweisbar noch widerlegbar. Jedenfalls erschien im Telesterion das ganz Andere, das Göttliche. Ob die Entrückung der Gläubigen durch chemische Mittel (Drogen) oder durch physiologische und psychologische (Gebet, Fasten, Tänze, Dunkelheit, Erschrecken usw.) bewirkt wurde, ist im Grunde belanglos. Dem Gott begegnet nur, wer außer sich ist.

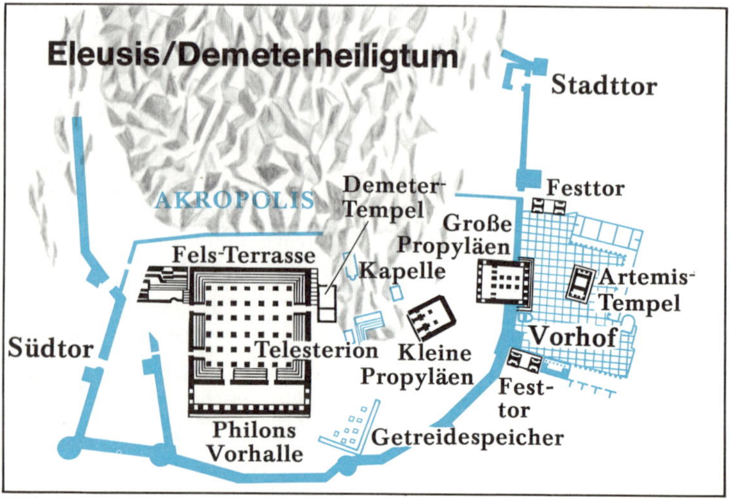

Aphaiatempel von Ägina

Insel Ägina (Aigina, ΑΙΓΙΝΑ)

„Namenberühmt liegst du herrschend im Dorischen Meer, Insel du des hellenischen Zeus funkelnder Stern.“ Schönheit und Schicksal der Insel Ägina sind in diesen Versen Pindars prophetisch beschworen. Berühmt ist sie noch heute wegen der Schönheit und Grazie ihrer Landschaft und wegen der „Ägineten“, den Giebelfiguren des Aphaiatempels, die zu den ergreifendsten Werken frühgriechischer Kunst gehören. Ein funkelnder Stern im Saronischen Golf, sicherlich. Doch: herrschend im Dorischen Meer? Äginas Lage war Grund für seine Macht, Grund ebenso für seinen Untergang.

Geschichte: Die Insel beherrscht den Zugang zu Athen, zur attischen Küste, zum östlichen Peloponnes. Schon im 3. Jahrtausend v. Chr. ist sie besiedelt, im 2. Jahrtausend spielt sie eine ganz entscheidende Rolle im ganzen Ägäishandel; im Zug der Dorischen Wanderung setzten sich Dorer etwa um das Jahr 1000 v. Chr. in ihren Besitz. In Spanien holen sich die Ägineten das Silber, mit dem sie im 7. Jh. v. Chr. – als erste in Europa – Münzen prägen.

Zur gleichen Zeit werden Maß- und Gewichtseinheiten eingeführt (und kontrolliert), ein eigenes Gericht schützt fremde Kaufleute vor Übervorteilung. Beamtete Ärzte sorgen kostenlos für Hygiene und Gesundheit.
Ein Kaufmannsvolk, das vom Schwarzen Meer bis nach Ägypten und Spanien Handel trieb, mußte an nichts so sehr interessiert sein wie an der Sicherheit der Meere. So war es nur logisch, daß sich die Ägineten mit den Persern arrangierten und sich (491 v. Chr.) auch formell unter ihren Schutz stellten.

Zehn Jahre später war es im griechischen Kampf gegen die Perser eine Existenzfrage, auf welche Seite sich die Ägineten stellen würden. Sie entschieden sich für die Griechen, ihre Schiffe hatten entscheidenden Anteil am Sieg von Salamis, und eine panhellenische Jury erkannte ihnen den

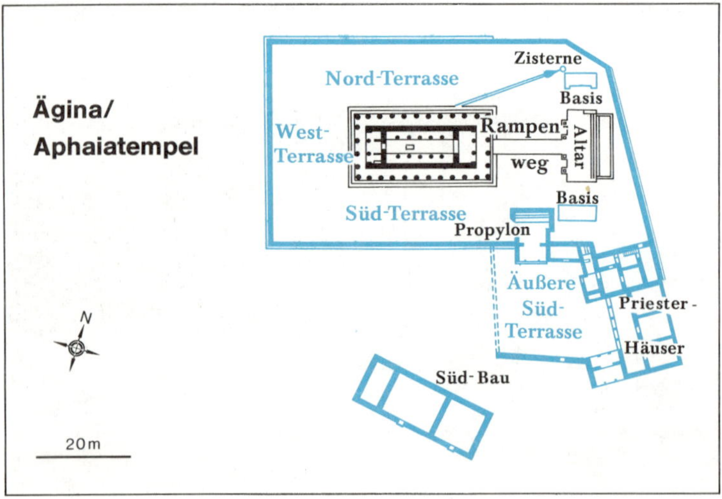

Preis für die größte Tapferkeit zu. Die patriotische Tat bedeutete den Ruin der Insel.

Denn das durch die Niederlage der Perser mächtig aufgeblühte Athen überfällt aus Konkurrenzneid bei Nacht und Nebel die äginetische Flotte, blockiert die Insel, der sie den Sieg verdankt, und zwingt sie 459 v.Chr. zu schmachvoller, tödlicher Kapitulation. Von diesem Schlag hat sich Ägina nie wieder erholt. Es wird für Jahrhunderte und Jahrtausende Flottenstützpunkt für die jeweils herrschende Macht, Seeräuber plündern es aus und führen ihre Bewohner in die Sklaverei. Im 16.Jh. ist die Insel menschenleer. Der griechische Aufstand gegen die Türken (ab 1821) bringt für die reichen Nachbarinseln Äginas – *Spetsae und Hydra* – eine tragische Wiederholung des äginetischen Schicksals. Auch sie entscheiden sich gegen ihr Interesse für die griechische Sache und verlieren damit nach dem Sieg die Grundlage ihrer Existenz.

Ägina erlangt wenigstens Ruhe und – höchst bescheidenen – Wohlstand. 1826 „residiert" dort die erste freie griechische Regierung in einem Wehrturm.

Der Aphaiatempel: Im April 1811 weilen ein paar deutsche und englische Maler und Architekten auf Expedition im damals türkischen Athen, um Griechenland neu zu entdecken. Sie beschließen, nach Ägina überzusetzen, weil es dort einen noch gut erhaltenen Tempel geben soll. Man gräbt eigentlich nur, um exakter messen zu können, doch siehe, ein paar Handbreit unter der Erde kommen Reste eines der schönsten antiken Giebel zum Vorschein. 17 vollständig erhaltene Figuren wurden geborgen, dazu die Reste von mindestens zehn zerschlagenen. Unter abenteuerlichen Umständen und mit viel Bakschisch für die örtlichen Behörden werden die Funde nach Athen gebracht, später nach Zante, schließlich in Malta öffentlich versteigert. Kronprinz Ludwig von Bayern erwirbt sie für 70000 Gulden. So sind die „Ägineten" heute eine Zierde der Münchner Glyptothek.

Hauptstadt der Insel war und ist der Hafen Ägina, in dem noch eine Säule (von ursprünglich 36) eines Apollontempels zu sehen ist. Der Aphaiatempel allerdings – Fundort der „Ägineten"-Giebel –, dem unser Interesse gilt, steht auf einer Bergflanke im Nordwesten der Insel, inmitten eines Waldes von Aleppokiefern. Man landet bei dem kleinen Hafen *Agia Marina.* Von dort aus kann man den Tempel entweder zu Fuß (etwa 20 Minuten auf ziemlich steilen Waldwegen) erreichen oder auf einem Eselsrücken durch Harzduft hinaufschweben oder prosaischer, schneller und billiger, mit dem Bus hinauffahren.

Aphaia war eine Fruchtbarkeitsgöttin, die ursprünglich in einer Grotte verehrt wurde. Im 6. Jh. wurde ihr ein Tempel errichtet, während der neue große Tempel, der etwa um das Jahr 500 v. Chr. erbaut wurde, bereits der olympischen Nachfolgerin der Aphaia, der Göttin Athene, geweiht wurde. Der Ostgiebel dieses Tempels wurde etwa 20 Jahre später durch Blitzschlag zerstört und die beschädigten Giebelfiguren im Boden des Heiligtums vergraben. Was den Göttern gehört, darf aus dem Tempelbereich nicht entfernt werden.

So gibt es vom Aphaiatempel drei Giebel, und die Zeitdifferenz ihrer Entstehung läßt interessante Schlüsse auf die Entwicklung der Bildhauerei an der Schwelle der archaischen zur frühklassischen Zeit zu.

Der zweigeschossige dorische Tempel gehört zu den am besten erhaltenen aus dieser Zeit in Griechenland. 21 Säulen stehen noch oder sind wieder aufgerichtet. Es wird weiterhin gegraben. Die neuen Funde sind in einem modernen Museum im Grabungsgebiet ausgestellt. Der Kalkstein, ursprünglich mit Stuck verkleidet, ist stark oxydiert, so daß er eine rostbraune Farbe angenommen hat und im Abendlicht milde Wärme ausstrahlt.

Blick auf Salamis

Felsstrand in *Agia Marina,* ein Anziehungspunkt für Touristen und Ankerplatz für Yachten.

Fahrgelegenheit nach Ägina gibt es von Athen aus jeden Tag. Wer ein bißchen mehr Zeit erübrigen kann, sollte weiterfahren nach *Poros* und *Hydra,* die zwar keine klassischen Überreste aufzuweisen haben, hingegen eine äußerst romantische Lage. Hydra besitzt schöne Palais jener reichen und kühnen Reeder, die – unter dem Motto „Freiheit oder Tod!" – die griechische Unabhängigkeit erkämpften und – siehe oben – im doppelten Sinn des Wortes mit ihrem Vermögen bezahlten.

Insel Salamis (ΣΑΛΑΜΙΣ)

Die größte Insel des Saronischen Golfes (93,5 qkm) ist durch den Seesieg berühmt geworden, den Themistokles im Jahre 480 v. Chr. in der Meerenge über die persische Flotte errang. Salamis ist heute noch Ankerplatz und Flottenstützpunkt. Erreichbar ist es entweder über die Autofährverbindungen zum Festland oder von Piräus aus mit dem Dampfer. Interessant ist vor allem die reizvolle Landschaft, der ursprüngliche Baustil der Häuser und das 6 km vom Hauptort Salamis (Koulouri) entfernte *Kloster Phaneromini* (17. Jahrhundert).

Archaischer Apollontempel von Korinth

Von Athen nach Korinth

Der Isthmus von Korinth

Die Panoramastraße von Athen nach Korinth (ΚΟΡΙΝΘΟΣ) führt zunächst an Salamis vorbei nach Daphni und Eleusis (s. S. 51) und weiter, der Küste folgend, mit großartigen Ausblicken auf den Saronischen Golf zu dem 84 km entfernten Isthmus, der von dem 6,3 km langen, 23 m breiten und bis zu 8 m tiefen Kanal von Korinth durchzogen ist.
Der Gedanke, die beiden Meere miteinander zu verbinden, liegt mehr als nahe, und so faßte schon der Tyrann Periandros (6. Jh. v. Chr.), der nicht nur als Alleinherrscher über Korinth regierte, sondern auch als einer der sieben Weisen des Altertums galt, diesen Plan. Er scheiterte an den technischen Schwierigkeiten ebenso wie Demetrios Poliorketes im 3. Jh. v. Chr., der den Plan wieder aufnahm, und Kaiser Nero, der im Jahre 67 n. Chr. mit einem goldenen Spaten den ersten Stich tat. Das Restliche überließ er 6000 Sklaven aus Judäa. Wegen revolutionärer Umtriebe im eigenen Land konnte er sich um das Werk nicht weiter persönlich kümmern.
Erst 1892/93 wurde der Kanal – auf der von Nero festgelegten Linie – wirklich fertiggestellt. Nur Schiffe bis etwa 10 000 BRT können den Kanal mit seinen fast senkrechten Wänden passieren, größere müssen nach wie vor den zeitraubenden Umweg um die ganze Peloponnes-Halbinsel nehmen.

Kurz vor der Autobrücke über den Kanal zweigt nach rechts eine Straße zu dem vielbesuchten Erholungs- und Kurort *Loutraki* ab (radioaktive Quellen).

Bade- und Trinkkuren gegen Erkrankungen der Harnwege, Nieren- und Gallensteine.

Das *moderne Korinth* (Korinthos), nach schweren Erdbeben 1858 und 1928 neu erbaut, bietet keinerlei Sehenswürdigkeiten. Unser Ziel ist das 6 km entfernte *Altkorinth* (Palaia Korinthos), heute ein kleines armes Dorf, in der Antike eines der großen Handelszentren.
Die Lage Korinths bedeutete sein Schicksal. An diesem geographisch, strategisch und wirtschaftlich exponiertesten Punkt Griechenlands siedelten bereits seit dem 7. Jahrtausend Menschen, auch der Name der Stadt ist vorgriechischen Ursprungs. Von dieser stein- und bronzezeitlichen Besiedelung sind jedoch nur geringe Spuren vorhanden. Erst als sich um das Jahr 1000 im Zuge der Großen Wanderung Griechen am Isthmus festsetzten, tritt Korinth in das Licht der Geschichte. Dann allerdings vollzieht sich die Entwicklung erstaunlich rasch.
Im 8. Jh. v. Chr. ist Korinth bereits eine der bedeutendsten griechischen Städte, seine Schiffe befahren alle bekannten Meere; bei der griechischen Kolonisation spielt es eine entscheidende Rolle, z. B. sind Korfu und Syrakus von Korinth gegründete Tochterstädte. Der Export (vor allem von Keramik) floriert, alle Schätze des Orients werden am Isthmus umgeschlagen und verhelfen Korinth zu unerhörtem Reichtum. Luxus und Leichtlebigkeit Korinths werden sprichwörtlich.
Nicht zufällig steht die Stadt unter dem Schutz der Liebesgöttin Aphrodite. Korinths günstige Lage am Isthmus wäre nicht ganz so günstig gewesen, wenn sich hier nicht ein Berg erheben würde, von dem aus man den Land- wie den Seeweg jederzeit sperren und diese Schlüsselstellung gegen jeden Angreifer verteidigen konnte: das 575 m hohe

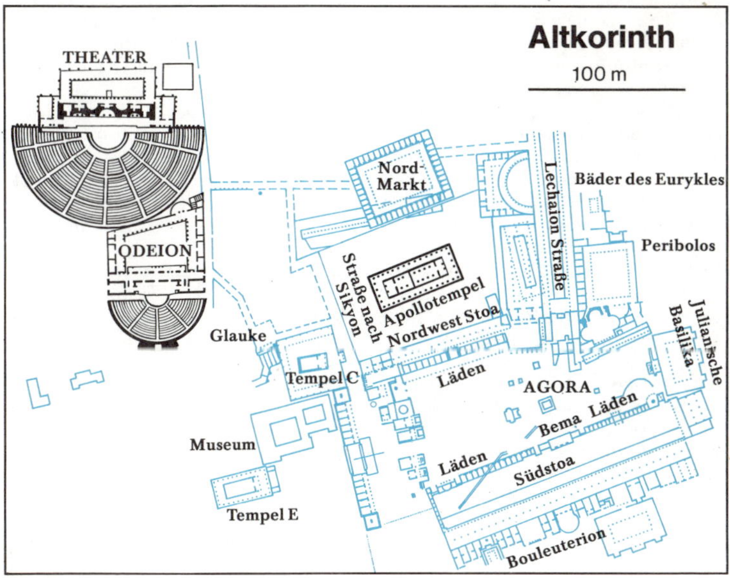

Akrokorinth. Wie hoch der Besitz dieses Felsmassivs veranschlagt wurde, zeigt ein Sprichwort: Akrokorinth sei eines der beiden Hörner des griechischen Stieres (das andere war der Ithomeberg in Messenien).
Jedem Touristen, der ein bißchen Zeit hat, kann man nur raten, als erstes Akrokorinth zu besteigen (Fahrstraße bis zum Festungseingang, dann etwa eine Stunde Aufstieg). Die geringe Mühe lohnt sich. Die gewaltigen Mauern der griechisch-fränkisch-türkisch-venezianischen Festung sind verhältnismäßig gut erhalten, und der Gipfel, auf dem einst der Aphroditetempel stand, bietet einen überwältigenden Ausblick. Bei klarem Wetter sieht man auf der einen Seite bis zur Akropolis, auf der anderen die Gebirgszüge des Peloponnes und des Festlandes. Der Blick hinunter auf die Landenge macht schlagartig die Bedeutung Korinths klar.
So wichtig, so begehrt, so umkämpft. In den Perserkriegen fiel Korinth die Entscheidung schwer. Seine Handelsinteressen wiesen zum Frieden mit Persien, die Vaterlandsliebe trieb an die Seite Athens. Ebenso wie Ägina mußte es seine patriotische Entscheidung teuer bezahlen. Nach dem Sieg über die Perser besaß Athen die stärkere Flotte und verdrängte Korinth auf den zweiten Platz. Kein Wunder, daß im Peloponnesischen Krieg Korinth auf der Seite Spartas kämpfte, ja nach dem Sieg (vergeblich) die völlige Zerstörung Athens forderte. Der Korinthische Krieg von 395–387 (Athen, Theben, Korinth gegen Sparta) schwächte es weiter, doch erholte sich Korinth schnell und wurde fünfzig Jahre später zur wichtigsten Stadt Griechenlands und zum Mittelpunkt des achäischen Bundes. Philipp II. von Makedonien und sein Sohn Alexander verkündeten hier den neuen Kampf gegen die Perser, der römische Konsul Flaminius im Jahre 196 v. Chr. hinwiederum die Befreiung der Griechen von der makedonischen Herrschaft. Doch die Interessen waren zu verschieden. 146 v. Chr. ließ Lucius Mummius die unbotmäßige Stadt dem Erdboden gleichmachen – nicht ohne vorher alle Kunstwerke auf Schiffe zu verladen und nach Rom zu transportieren.
Erst hundert Jahre später (44 v. Chr.) ließ Julius Cäsar auf den verödeten Ruinenfeldern von römischen Freigelassenen eine neue Kolonie gründen „Laus Julia Corinthus“. Als „Julia Corinthiensis“ wurde sie unter Augustus wieder Griechenlands Hauptstadt. Trotz aller Katastrophen scheint sie sich ihrer Vergangenheit bald erinnert zu haben, jedenfalls hielt der Apostel Paulus im Jahre 52 n. Chr. den Korinthern eine Standpauke wegen ihres leichtfertigen Lebenswandels und schrieb der neu gegründeten Christengemeinde die beiden „Korintherbriefe“, welche im Neuen Testament nachzulesen sind.
77 n. Chr. ein neues Erdbeben, unter Kaiser Hadrian im 2. Jh. n. Chr. ein neuer Wiederaufbau. 375 ein neues Erdbeben, unter Kaiser Valentian II. ein neuer Wiederaufbau. 395 Eroberung durch die Goten, 551 ein neues Erdbeben, dann drangen die Slawen ein, die Unterstadt verarmte und wurde aufgegeben. Akrokorinth befand sich in der Hand der jeweiligen Herrscher, der Byzantiner, der Franken, der Florentiner, der Türken, der Venezianer, wieder der Türken, bis die aufständischen Klephten im Befreiungskrieg von 1821 die Festung eroberten und Korinth zur ersten Hauptstadt des neuen Griechenland wurde.
Daß nach all dem vom alten Korinth überhaupt noch etwas erhalten ist, grenzt an ein Wunder.

Gang durch Altkorinth

Der Apollontempel: Auf einem Hügel über der Nordwestecke der Agora liegt eines der wenigen Beispiele archaischer Tempelbauten. Der Tempel wurde um 550 v. Chr. errichtet, und selbst die wenigen (7) Säulen, die noch stehen, können keinen halbwegs empfänglichen Betrachter unbeeindruckt lassen. Es sind wuchtige Monolithe, also nicht aus Trommeln zusammengesetzt, sondern aus einem Stein geschlagen. Ursprünglich trugen je 6 Säulen an den Querseiten und je 15 an den Längsseiten das Dach des langgestreckten Tempels.
Unterhalb des Tempels befindet sich der *römische Markt* (255 m × 127 m). Am Eingang zum Grabungsgebiet, das seit 1896 von amerikanischen Archäologen freigelegt wird, befindet sich das *Quellhaus der Glauke* und das sehenswerte *Museum,* das besonders schöne Keramiken besitzt. Von den vielen Läden, Tavernen, Tempeln, Bädern, vom Rathaus, der Gerichtshalle (Basilika) und von der Rednertribüne ist kaum mehr vorhanden als die Fundamente, hingegen gibt die aufwendige Fassung der *Pirenai-Quelle,* die – nach vielen Umbauten – Herodes Atticus im 2. Jh. n. Chr. gestalten ließ, einen imposanten Eindruck vom Reichtum der hellenistischen Stadt.
Korinth besaß zwei Häfen, einen am Korinthischen Golf *(Lechaion),* einen am Saronischen *(Kenchrai).* Die Straße zwischen den beiden Häfen weist Stufen auf, woraus sich ergibt, daß die Waren auf Tragtiere verladen wurden. Da die Griechen schließlich seit mykenischer Zeit Rad und Wagen kannten, stellte das die Archäologen vor Probleme. Das Rätsel löste sich, als man in jüngster Zeit entdeckte, daß es nicht nur diesen Tragtierweg gab, sondern auch noch eine *Schleifspur (Diolkos),* auf der man

Heraheiligtum von Perachora

ganze Schiffe von einem Meer zum anderen transportieren konnte.
Aus Schillers Ballade von den „Kranichen des Ibykus" wissen wir, daß auf dem Isthmus „in Poseidons Fichtenhain" (der natürlich ein Pinienhain war) auch panhellenische Wettkämpfe stattfanden.
Die Stätte der *Isthmischen Spiele* innerhalb einer justinianischen Festung beim Dorf *Kyros Vrissi* zeigt nur die Fundamente mehrerer Tempel und des Stadions (mit einer raffinierten Starteinrichtung). Neben dem Ausgrabungsgelände steht das *Museum von Isthmia,* in dem ganz einzigartige Glasmosaiken zu sehen sind. Das alte, einsam und malerisch gelegene *Heraheiligtum von Perachora* auf der Korinth gegenüberliegenden Festlandseite ist einen Ausflug wohl wert.

Auf der Straße von Korinth nach Patras gibt es eine Reihe von touristisch erschlossenen Ferienorten wie z. B. das Städtchen *Xylokastron* mit seinem schönen Pinienwald und die alte Stadt *Ägion* (Egio).

Sehr schön sind die Strände in der Nähe von *Ägion,* von *Longos, Lambiri, Psathopyrgos* und *Rion.*

Burgberg von Mykene

Die Argolis

Nemea

Wenn wir von Korinth der Straße nach Argos und Tripolis folgen, so betreten wir die Argolis wohl auf dem gleichen Weg, den schon die achäischen Griechen genommen haben, als sie zu Anfang des 2. Jahrtausends v. Chr. diese fruchtreiche Landschaft in Besitz nahmen. Nach etwa 30 Kilometern führt beim Bahnhof Nemea auf der Höhe des Derwenakipasses nach rechts eine Straße zu den Ruinen des *Zeustempels von Nemea.*
Hier erschlug nach mythischer Überlieferung Herakles den nemäischen Löwen; hier wurden seit 573 v. Chr. zu Ehren des Zeus alle zwei Jahre die Nemäischen Wettkämpfe ausgetragen; die Ruinen des durch ein Erdbeben zerstörten dorischen Tempels (Säulentrommeln zum Teil in Sturzlage) stammen aus dem 4. Jh. v. Chr. Außerdem Fundamente der Sportanlagen und einer im 8. nachchristlichen Jahrhundert erbauten Kirche.
Beim Dorf Derwenakia trifft die Abzweigung wieder auf die Hauptstraße, die sich nun den Paß hinunter in die Ebene schlängelt. Linkerhand tauchen die Berge Ilias (750 m) und Zara (700 m) auf, zwischen denen Mykene sich versteckt. Bis zum letzten Augenblick unsichtbar, aber alle Verkehrswege beherrschend.

Mykene

Man kann ohne Übertreibung behaupten, daß Griechenland ein großes Schlachtfeld der Geschichte sei, und oft genug haben sich die Kämpfe am gleichen Ort abgespielt. Das gilt auch für Mykene *(Mykenai)*. Es markiert den Anfang der alten und den Anfang der neuen griechischen Geschichte. In den Derwenakischluchten vernichtete 1821 Kolokotronis mit einer Handvoll Klephten ein weit überlegenes türki-

sches Heer – der erste Sieg im Aufstand von 1821, der schließlich Griechenland die Unabhängigkeit brachte.
Die achäischen Eindringlinge bewiesen bereits mehr als 3000 Jahre früher ein sicheres Gespür für strategische Erfordernisse, als sie sich auf dem 238 m hohen Hügel ihre Burg bauten bzw. natürlich bauen ließen, von der unterworfenen Urbevölkerung. Kyklopisch nannten die Alten diese Mauern, weil sie glaubten, Riesen müßten diese tonnenschweren Steine aufeinander getürmt haben. Man kann sich ungefähr vorstellen, welche Heere von Sklaven an diesem Riesenwerk geschuftet haben müssen.
Dicke Mauern sollen Angst einflößen, Angst verbergen. Mythos und Geschichte zeigen, daß die mykenischen Herren zu beidem Grund genug hatten.

Die Gestalt Agamemnons steht an der Grenze zwischen Mythos und Geschichte. Der Trojanische Krieg – mythische Umschreibung griechischer Auseinandersetzungen mit den

Der Sage nach ist Mykene ein Ort ungeheuerlichster Verbrechen.
Ahnherr des furchtbaren Geschlechts ist der Göttersohn und Götterliebling *Tantalos,* der seinen Sohn *Pelops* zerstückelt den Göttern zum Mahl vorsetzt, um ihre Allwissenheit zu erproben. Für den Frevel muß er im Hades ewigen Durst erleiden (Tantalosqualen).

Pelops, von den Göttern wieder zusammengesetzt, gewinnt durch Verrat und Mord die schöne *Hippodameia* (siehe Olympia) und zeugt mit ihr den Atreus und den *Thyestes.* Diese ermorden auf Anraten der eifersüchtigen Mutter ihren Stiefbruder Chrysippos (den Axioche dem Pelops geboren hatte), worauf Pelops seine Söhne verflucht.

Nach dem Tod des Vaters wirft sich Atreus zum Herrn von Mykene auf, worauf Thyestes die Gemahlin des Bruders, Aerope, verführt und den goldenen Widder – Symbol der Herrschaft über Mykene – raubt. Atreus läßt die ungetreue Gattin ins Meer werfen, die Kinder des Thyestes schlachten und dem Vater vorsetzen. Der allessehende Helios ändert vor Entsetzen seinen Lauf, Thyestes verflucht das ganze Geschlecht. Ein Orakel verheißt ihm, er solle mit der nächsten Frau, die ihm begegne, einen Sohn zeugen, der ihn rächen werde. So zeugt er mit seiner Tochter Pelopia den *Ägisthos.* Die Götter fordern Versöhnung der feindlichen Brüder. Diese hält aber nicht lange an, und Atreus will Ägisthos dazu verleiten, Thyestes zu ermorden. Dieser erkennt ihn aber an seinem Schwert und enthüllt ihm das Geheimnis, worauf Ägisthos den Atreus tötet.

Atreus hatte zwei Söhne: *Agamemnon,* den König von Mykene, und *Menelaos,* den König von Sparta, den Gemahl der schönen Zeustochter *Helena.* Unglücklicherweise streiten sich zu ihren Lebzeiten die Göttinnen Hera, Athena und Aphrodite, wer denn die Schönste im ganzen Land sei und stellen sich dem Urteil des trojanischen Prinzen *Paris.* Aphrodite verspricht ihm, wenn er sie erwählt, die schönste Frau der Welt, und das ist eben Helena. So entführt Paris Helena nach Troja. Unter der Führung Agamemnons vereinigen sich alle Griechen, um sie zurückzuholen.

Um Artemis zu beschwichtigen und günstigen Fahrtwind zu erhalten, opfert Agamemnon seine Tochter *Iphigenie,* die man von der Mutter *Klytemnestra* unter dem Vorwand weggelockt hatte, sie werde die Gemahlin Achills.
Der von Homer beschriebene Trojanische Krieg dauerte bekanntlich zehn Jahre; Zeit genug für Ägisthos, Klytemnestra zu verführen. Als Agamemnon heimkommt (und Kassandra mitbringt), wird er von Frau und Vetter im Bad ermordet, die beiden Kinder *Elektra* und *Orestes* verstoßen.

Orestes, durch ein Wunder gerettet, steht vor einer tragischen Situation: er muß den Mord am Vater rächen, kann dies aber nur tun, indem er seine eigene Mutter umbringt. (Konflikt zwischen Vater- und Mutterrecht.) Er tötet Ägisthos und Klytemnestra und wird deswegen von den Rachegöttinnen (Erynnien) verfolgt, bis schließlich Apollon und Athena die Entsühnung bewirken.

Die großen Tragödiendichter von Aischylos bis Sartre haben die schuldhaft-schuldlosen Verstrickungen des Atridengeschlechts als Gleichnis für die Existenz des Menschen zu deuten versucht. Aus christlicher Sicht ist die Geschichte eine antike Formulierung der Erbsünde.

kleinasiatischen Völkern – ist etwa um 1200 v. Chr. zu datieren. Als Homer im 8. Jh. v. Chr. seine Epen dichtete, war die mykenische Zeit nur noch Erinnerung. Er beschrieb vor allem das ritterliche Leben seiner eigenen Zeit. Die „blonden Achäer", von denen er spricht, waren in einer Katastrophe, genannt *Dorische Wanderung,* untergegangen.
Als 1876 der deutsche Amateurarchäologe Heinrich Schliemann die bis dahin als Märchen betrachteten Dichtungen Homers ernst nahm, Mykene fand und die ersten Königsgräber entdeckte, jubelte er: „Ich habe Agamemnon ins Auge geblickt!" Das war ein Irrtum. Genau wie in Troja hatte er wesentlich frühere Schichten freigelegt. Die berühmte Goldmaske bedeckte keineswegs das Antlitz Agamemnons, sondern das eines seiner Ur-Ur-Großväter, eines Königs, der im 16. Jh. v. Chr. regiert hatte. Die kostbaren Grabbeigaben (alle im Nationalmuseum Athen) zeigen die Macht Mykenes und die Ausdehnung seines Handels. Obwohl sogar Bernsteinperlen gefunden wurden, ist die mykenische Kultur im wesentlichen von Kreta her bestimmt, mit dem die mykenischen Herren frühzeitig in teils friedliche, teils kriegerische Berührung kamen. Die Eroberer aus dem Norden trafen hier auf eine hochentwickelte Kultur, eine fast rokokohafte Zivilisation, die sie nicht unbeeindruckt ließ. So muß man sich hinter den 6 m dicken Burgmauern höfisches Zeremoniell vorstellen. Als Erdbebenkatastrophen im 15. Jh. Kreta heimsuchten, haben sich die Mykener dann der Insel bemächtigt. Kurz nach 1200 wurden sie ihrerseits von neuen griechischen Völkern, den Doriern, unterworfen, ihre Burgen zerstört. Es dauerte 400 Jahre, bis sich Griechenland von dieser „Wanderung" erholte, dann allerdings in atemberaubender Schnelligkeit zur „Wiege Europas" wurde.

Löwentor

Gang durch die Burg

Der *äußere Mauerring* umfaßt ein Gebiet von etwa 30 000 qm. Er wurde im 14. Jh. v. Chr. angelegt und schließt ein Gräberfeld ein, das vordem außerhalb der Königsburg gelegen hatte: die von Schliemann aufgedeckten Königsgräber (Schachtgräber, rechts hinter dem Löwentor).

Das Löwentor:
Im 13. Jh. v. Chr. wurden die Mauern noch einmal verstärkt und das Löwentor errichtet, das seitdem als Symbol von Mykene gilt: Es besteht aus drei riesigen Steinblöcken (Monolithen) und erreicht eine lichte Höhe von über drei Metern. Über dem Deckstein das Relief mit den beiden Löwinnen, die sich an einer Säule hochrecken. Die Köpfe, die möglicherweise aus Metall waren,

sind verschwunden. Das Relief füllt ein Entlastungsdreieck über dem Türsturz aus (Der schwere Deckbalken durfte aus statischen Gründen nicht noch weiter belastet werden). Die beiden Löwinnen zeigen eine feine kretisch-minoische Form. Doch bewachen sie den furchterregenden Eingang zu einer Zwingburg. So sind sie ein Symbol für die mykenische Mischkultur. In der Tordurchfahrt sind die Löcher für die Türangeln und die Gleisspuren für die leichten mykenischen Streitwagen zu sehen.

Rechts danach ein mittelalterliches Bauwerk (vielleicht Waffenlager), dann kommt die Terrasse mit den schon erwähnten *Schachtgräbern.* Die *Auffahrtsrampe* führt an den Ruinen von Adelshäusern vorüber zur Burghöhe, auf welcher der durch eigene Mauern geschützte *Königspalast* stand, von dem nur noch der Grundriß erkennbar ist. Über eine Freitreppe gelangte man in den Palasthof, durch eine Vorhalle *(Propylon)* in den Vorsaal und schließlich in den Hauptsaal *(Megaron)* mit dem (noch erkennbaren) Herdplatz. Der *Athenatempel* im Palastgebiet wurde erst lange nach der Zerstörung der Burg in hellenistischer Zeit errichtet. Die Burghöhe bietet einen faszinierenden Ausblick: auf der einen Seite die finstere *Chaosschlucht* zwischen den beiden Bergen, auf der anderen die weite argolische Ebene bis zum Golf von Nauplia.
Jenseits der Berghöhe befinden sich die Ruinen eines Hauses mit Säulen und der Eingang zu einer *Zisterne,* in die Wasser von einer 300 m entfernten Quelle floß. Die Burg konnte damit langer Belagerung standhalten.

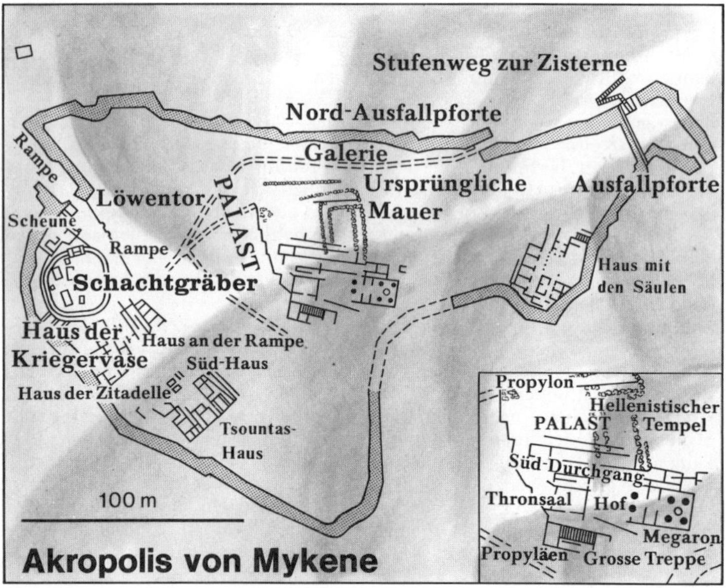

Die spätbyzantinische Mitropolis-Kirche in Mistra ▷

Mosaik im Kloster
Osios Loukas

Orthodoxer Priester

In schwindelerregenden Höhen
führt das asketische Leben,
in schwindelerregende Höhen
der Flug der Engel.

Inschrift auf Athos

Aghia Triada, eines der Meteora-Klöster

Weithin sichtbar: der steile Felsen von Monemvasia

◁ Kloster Dionysiou auf dem heiligen Berg Athos

Die berühmte Orakelstätte Delphi

Nichts zuviel!
Erkenne dich selbst!

Orakel von Delphi

Der Apollontempel von Korinth

Olympia: Säulengang der Palästra

Sonnenuntergang in der Argolis

Vergoldeter Bronzebecher im Museum von Saloniki

Die Akropolis von Athen

Außerdem errichtete man verdeckte *Ausfallpforten.*
In den fünfziger Jahren haben griechische Archäologen unterhalb des Mauerrings mit dem Löwentor weitere *Schachtgräber* entdeckt, die nach Anlage und Ausstattung den beschriebenen entsprechen und wohl ins 15. Jh. zu datieren sind.

Die Kuppelgräber:
Im Gegensatz zu den Ruinen auf dem Burghübel sind die (auf dem Weg vom Dorf Mykene zur Burg links liegenden) sieben Kuppelgräber wesentlich besser erhalten, vor allem das größte von ihnen, das sog. *Schatzhaus des Atreus.* Eine 35 m lange, tief eingeschnittene Straße führt zu der mächtigen Eingangstür, die ganz ähnlich konstruiert ist wie das Löwentor. Der Deckbalken wiegt hier nicht weniger als 120 Tonnen. Das Entlastungsdreieck ist ausgespart, war aber ursprünglich wohl auch durch ein Relief verdeckt. Das riesige Gewölbe (Kuppelhöhe 13 m, Kuppelweite 14,5 m) ist aus einzelnen, jeweils ein wenig vorkragenden Steinen zusammengesetzt („falsches Gewölbe"), die sich ohne Bindemittel durch ihren eigenen Druck halten. Das Schatzhaus ist der größte bekannte Kuppelbau der Antike vor dem Pantheon in Rom. Der Hauptraum diente wohl für die Bestattungsfeierlichkeiten, die eigentliche (viel kleinere) Grabkammer befindet sich rechts vom Eingang. Die Gräber waren bei ihrer Entdeckung durch Schliemann längst ausgeraubt und dienten den Schafhirten als Unterschlupf. Die an den Wänden erkennbaren Brandspuren stammen von ihren Lagerfeuern. Ihre Höhe erklärt sich daraus, daß der eigentliche Eingang verschüttet war; die Hirten krochen durch das Loch im Türsturz.
Die Kuppelgräber sind etwa 200 Jahre jünger als die Schachtgräber

Goldmaske, sogenannter Agamemnon (16. Jahrhundert v. Chr.)

und stammen aus dem 14. Jh. v. Chr. Ihre Benennungen (Schatzhaus des Atreus bzw. Grab des Agamemnon, Grab der Klytemnestra usw.) sind willkürlich und entsprechen nicht der historischen Abfolge. Doch kann es sich bei der Großartigkeit der Anlage nur um die Grabstätten von Angehörigen der Königsfamilie handeln.

Sogenanntes Schatzhaus des Atreus

◁ Der Gott Poseidon (Nationalmuseum Athen)

Argos (ΑΡΓΟΣ)

Von Mykene 17 km entfernt, war Argos im Altertum wie heute Hauptstadt der Argolis und ist eine der ältesten Städte Griechenlands. Als geographischer Mittelpunkt der Ebene und mit dem steilen 289 m hohen *Larissa*-Kegel eine natürliche Festung, spielte es schon in mykenischer Zeit eine wichtige Rolle. Entscheidende Bedeutung gewann es, als die Dorier im 11. Jh. v. Chr. die Argolis eroberten. Um 700 v. Chr. wird es die Vormacht Griechenlands. Aus dieser Zeit stammen auch die ersten Bauten des großen *Hera-Heiligtums,* das etwa 8 km östlich von der Stadt liegt und jahrhundertelang der kultische Mittelpunkt der Argolis war. Doch wenn von diesem *argivischen Heraion* wenigstens gewaltige Trümmer von der einstigen Pracht künden, so sind von der antiken Stadt nur wenige Reste erhalten.

Der *Larissaberg* (der einen prächtigen Ausblick auf die Ebene ermöglicht), diente schon seit dem 2. Jahrtausend als Fluchtburg, die noch sichtbaren Befestigungsanlagen stammen aus byzantinischer Zeit (12. Jh. n. Chr.) und wurden von den Franken, Venezianern und Türken verstärkt und ausgebaut.

Am Osthang (stadtauswärts Richtung Tripolis) findet man die Reste eines römischen *Odeions* und eines großen *Theaters* (4. Jh. v. Chr.), dessen Sitze direkt aus dem Felsen herausgehauen sind. Es faßte etwa 18 000 Zuschauer.

Außerdem gibt es Ruinen von *Badeanlagen* aus römischer Zeit.

Ein kleines *Museum* am Hauptplatz der Stadt Argos zeigt örtliche Funde.

Von Argos führt eine Straße nach *Nea Kios* mit wunderschönem Strand. Malerische Tavernen in denen Meeresfrüchte zu gutem Wein serviert werden.

Tiryns

Die Straße nach Nauplia wendet sich von Argos aus nach Südosten und erreicht nach 15 km die mykenische Burg Tiryns, die ebenfalls von Schliemann ausgegraben wurde. Das nur 25 m hohe Felsplateau wurde von den mykenischen Eroberern im 15./14. Jh. v. Chr. zu einer gewaltigen Festung mit 8 m dicken Mauern ausgebaut. Sie diente als Nebenresidenz und als Bollwerk gegen Angriffe vom Meer her, das damals wesentlich näher an Tiryns heranreichte.

Die Anlage entspricht der mykenischen. Der Haupteingang zur Unterburg liegt im Osten. Wie bei allen mykenischen Burgen war der Angreifer gezwungen, dem Verteidiger

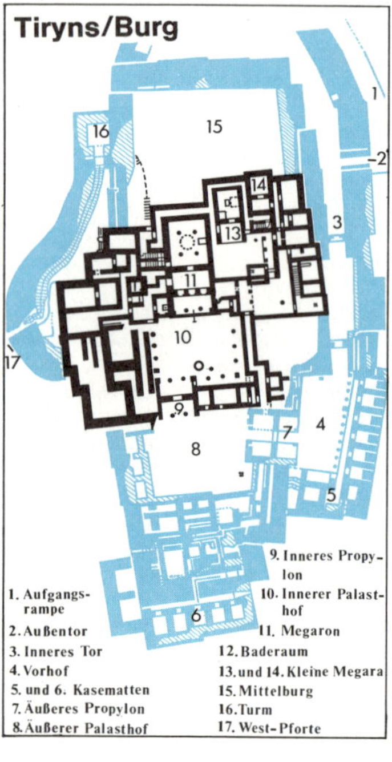

Landung König Ottos in Nauplia im Januar 1833; Augenblick der Ausschiffung und Begrüßung des Königs durch eine griechische Delegation

die ungedeckte rechte Seite darzubieten. Zwischen den *kyklopischen Mauern* führt die Rampe zu einem Tor, das die gleichen Maße hat wie das Löwentor von Mykene.
Nach rechts ansteigend erreicht man die *Oberburg,* durchschreitet die *Propyläen* und den *Vorhof* und kommt zum Herrenhaus *(Megaron).* Links vom Megaron ist das *Bad,* dessen Boden aus einer einzigen Kalksteinplatte gebildet ist. Die Räume hinter dem Megaron waren für die Herrscherfamilie bestimmt.
Der Palastbezirk war durch eine starke Mauer von der *Vorburg* getrennt, in die sich im Kriegsfall die Bevölkerung flüchten konnte. In den Vorwerken sind die spitzbogigen *Galerien* untergebracht, die als Vorratsräume dienten. Ihr speckiger Glanz rührt daher, daß Hirten jahrhundertelang hier ihre Schafe unterbrachten.
Da Tiryns nicht über eigene Quellen verfügte, sind im Westen und Norden verdeckte *Ausfallpforten,* durch welche die Verteidiger unbemerkt nach außen gelangen konnten.

Nauplia

Das 5 km von Tiryns entfernte Nauplia (*Nafplion,* ΝΑΥΠΛΙΟΝ), herrlich gelegen am gleichnamigen Golf, verdankt seinen Namen dem mythischen Stadtgründer Nauplius. Es ist seit vorgeschichtlicher Zeit besiedelt, birgt heute aber im wesentlichen Erinnerungen an das Mittelalter und den griechischen Freiheitskampf. Der 85 m hohe Querriegel, der sich in den Golf vorschiebt, trug das antike *Akronauplia.* In spätrömischer Zeit wurde die Stadt verlassen, von den Byzantinern erneut befestigt, im 13. Jh. von den Kreuzfahrern, im 14. Jh. von den Venezianern erobert und zu einem der Hauptstützpunkte auf dem Seeweg nach Konstantinopel ausgebaut. Im 16. Jh. eroberten die Türken die Stadt, mußten sie jedoch im 17. Jh. wieder den Venezianern überlassen, die auf dem 216 m hohen *Palamidi* (großartiger Ausblick) eine genial erdachte Festung bauten, die als uneinnehmbar galt und tatsächlich immer nur durch Verrat, Aushungerung oder Überrumpelung ihren Besitzer wechselte.

Nauplia entwickelte sich nun zum „Napoli di Romania“, zu einer der schönsten Städte der Levante. Aus dieser Zeit stammen die *venezianische Kaserne* am Hauptplatz und die Kirche des *hl. Nikolaos* und des *hl. Spiridon.*

1715 wurde Nauplia wieder von den Türken besetzt, 1822 von den aufständischen Griechen erobert, die es auch während der Rückschläge in den folgenden Jahren des Befreiungskrieges als einzigen wichtigen Stützpunkt auf dem Peloponnes halten konnten. Daraus erklärt sich, daß Nauplia die wesentliche Gedenkstätte für den Aufstand ist, mit vielen Denkmälern für die Helden des Befreiungskrieges und die Philhellenen (Griechenfreunde) aus aller Welt, die den Aufstand unterstützten und ihm zum Sieg verhalfen. In einer türkischen *Moschee* (neben der Kaserne) tagte die griechische Nationalversammlung. 1828 nahm der erste Präsident des befreiten Griechenland in Nauplia seinen Sitz, 1831 wurde er im Lauf innergriechischer Auseinandersetzungen auf den Stufen der Spiridonkirche erschossen (Einschlag der Kugel noch zu sehen).

Im Januar 1833 landete der von den Großmächten erwählte bayerische Prinz Otto als König von Griechenland in Nauplia und residierte dort, bis 1834 Athen zur Hauptstadt Griechenlands erklärt wurde. Das *Denkmal* für die gefallenen und gestorbenen *bayerischen Soldaten* befindet sich in einer Parallelstraße zur Straße nach Epidauros: ein trauernder Löwe nach dem Vorbild des Erinnerungsmales, das Thorvaldsen in Luzern für die in den Tuilerien gefallenen Schweizer gestaltet hatte. Im Auftrag Ludwigs I. von Bayern wurde es von Ludwig Siegel aus den argolischen Felsen gehauen. Aus der „bayerischen Zeit“ Nauplias sind noch eine Reihe klassizistischer Häuser erhalten. Heute ist Nauplia der gegebene Ausgangspunkt für die Besichtigung der Argolis und bietet außer verschlafenem Charme ausgezeichnete Unterkunfts- und Bademöglichkeiten (unterhalb des Hotels Xenia). Im Hafen liegt die malerische Festung *Bourdzi,* einst ein venezianisches Kastell, das in der Türkenzeit als Henkersinsel benutzt wurde.

Das von der Griechischen Zentrale für Fremdenverkehr eingerichtete Strandbad Arvanitia bietet viele Wassersportmöglichkeiten. Nahe bei Nauplia gibt es schöne Badeplätze und Dörfer am Meer mit sehr sauberen Stränden.

Epidauros

Das 30 km von Nauplia entfernte Epidauros (Epidavros, ΕΠΙΔΑΥΡΟΣ) ist berühmt durch sein Theater. Nicht zu Unrecht, denn es ist das schönste Theater Griechenlands, wenn nicht das schönste Freilichttheater der Welt. Trotzdem darf man auch hier den Zusammenhang nicht verlieren. Auf Landkarten und Straßenschildern ist unser Ziel gekennzeichnet als *Hieron Asklepiou,* als Heiligtum des Asklepios. Das Theater ist nur ein Teil davon. Epidauros war seit frühester griechischer Zeit eine Kult- und Heilstätte, geweiht zunächst dem Heros Maleatas, einem Vegetationsgott, dessen Stelle dann Apollon, später sein Sohn Asklepios einnahm, der nach der Überlieferung in Thessalien von dem pferdeleibigen Chiron die Heilkunst erlernt hatte. Das Wahrzeichen des Asklepios ist die Schlange, weswegen noch heute unsere Ärzte die Äskulapschlange als Zeichen ihres Standes zeigen. Auch unsere Märchen und Mythen sehen in der Schlange ein geheimnisvolles Tier, das mit den Kräften der Erde in mystischer Beziehung steht und die Frucht der Erkenntnis dem Menschen reicht. Au-

Das Theater von Epidauros

ßerdem lebt in vielen Kulturen die Vorstellung, daß Tote in Schlangengestalt erscheinen können.
Die magische Seite der Heilkunst stand in Epidauros im Vordergrund oder – anders ausgedrückt – die psychosomatische und psychotherapeutische. Was nicht heißt, daß die Priester dort nicht das medizinische Wissen der Zeit beherrscht hätten.
Die Heilung geschah im Traum. Die Kranken legten sich in eigens dafür gebaute Hallen zum Heilschlaf und erwarteten die Weisung des Gottes. Der Glaube an das Wunder war die Voraussetzung dafür, daß es geschah. „Geh hin, dein Glaube hat dir geholfen". Es ist kein Zufall, daß die Blütezeit des Heiligtums mit dem 4. Jh. v. Chr. einsetzte. Unentwegte Kriege (und damit unvermeidbarerweise auch Niederlagen) zerstörten die überragende Bedeutung der Gemeinschaft, der einzelne wurde auf sich selbst zurückverwiesen, suchte sein individuelles Heil. So wurde Asklepios zum Heiland, einem Wegbereiter des Christentums. Von Epidauros stammt die Sitte, Abbilder geheilter Körperteile im Heiligtum zu deponieren, und die Berichte von Wunderheilungen aus katholischen Wallfahrtsorten stimmen in verblüffender Weise mit den Texten von Epidauros überein.
Wollte man versuchen, Geschichte und Bedeutung von Epidauros in einem Satz zu charakterisieren, so könnte man vielleicht sagen, es war Olympia, Bad Kissingen, Lourdes und Bayreuth in einem.

Gang durch das Asklepios-Heiligtum

Am Anfang des Asklepioskultes steht die Gewohnheit der Griechen, das Andenken eines Heros an dessen Grabstätte mit Wettkämpfen zu feiern. So sind auch in Epidauros umfangreiche Sportanlagen nachgewiesen, u. a. ein *Gymnasion*, eine Ringerschule *(Palästra)*, das westlich des heiligen Bezirks gelegene *Stadion* und (in einiger Entfernung) ein *Hippodrom* für Wagenrennen. Von den meisten Bauten sind nur die Grundrisse erkennbar.
Mittelpunkt des Heiligtums war die *Tholos*, ein Rundbau von 22 m Durchmesser, von dessen Pracht

man sich in der Rekonstruktion und den schönen Gebäudeteilen (dem herrlichen korinthischen Kapitell sowie Teilen von Gesims und Kassettendecke) im Museum ein ungefähreres Bild machen kann. Seine Bedeutung ist bis heute nicht ganz geklärt. Man nimmt an, daß er über dem Grab des Asklepios errichtet ist und daß hier die dem Gott heiligen Schlangen gehalten wurden. Theorien, daß die Kranken in dem labyrinthartigen Gebäude herumirrten und eine Art Schockbehandlung erfuhren, sind vorläufig nicht bewiesen. Sicher ist jedenfalls, daß psychotherapeutische Methoden angewendet wurden.

In diesem Zusammenhang ist auch das *Theater* zu sehen, das keineswegs als „Kurtheater" der Zerstreuung diente. Nach antiker Kunsttheorie bewirkt ja die Tragödie durch Furcht und Schrecken im miterlebenden Zuschauer die Katharsis, die Reinigung der Seele. Natur und Kunst verbinden sich im Theater von Epidauros zu beglückender Harmonie. Es wurde im 3. Jh. v. Chr. erbaut und bot zunächst Platz für etwa 6000 Zuschauer. Ein Jahrhundert später wurde es auf das Doppelte erweitert. Für die 21 neuen Sitzreihen mußten eigene Stützmauern aufgeführt werden. Im Anbau, der deutlich abgegrenzt ist, führen doppelt so viele Keile zu den Reihen. Eine Unzahl technischer Raffinessen zeigt die Ingenieurkunst der Erbauer. So sind z. B. in den unteren Reihen, die für die Vornehmsten bestimmt waren, die Sitze flacher, damit man Kissen auflegen konnte; alle Reihen sind so breit, daß man jeweils die Füße unter die vorderen Sitze stellen kann; eigene Kanäle sorgten für den Abfluß des Regenwassers usw. Völlig unvergleichlich ist die Akustik. Wenn man

Das Asklepios-Heiligtum von Epidauros

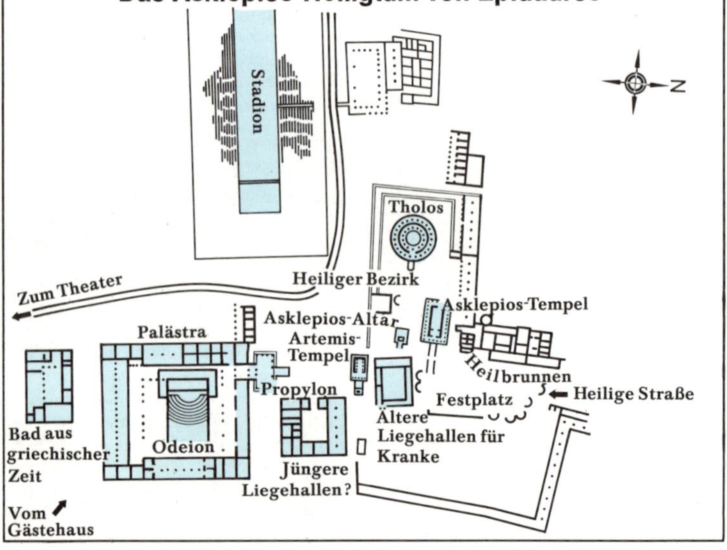

im Mittelpunkt des kreisförmigen Bühnenplatzes (Orchestra) ein Papier zerreißt, ein Zündholz ansteckt, eine Münze fallen läßt, ein Wort flüstert, so ist dies noch in der letzten, fünfundfünfzigsten Sitzreihe deutlich zu hören. In klassischer Zeit wurde nur in der Orchestra gespielt, später traten die Schauspieler auch in dem rückwärtigen Bühnengebäude auf, von dem nur noch Fundamente erhalten sind. Im Sommer finden hier Festspiele des Athener Nationaltheaters statt. Unterkunftsmöglichkeiten bietet das Hotel Xenia.

Von der fränkischen Festung bei *Nea Epidauros* führt die Straße durch Orangenhaine und bewaldete Hügel nach *Palea Epidauros.*

An der Küste besteht gute Gelegenheit zum Ankern von Yachten.

Durch den Ausbau des Straßennetzes ist das ganze Gebiet der Argolis zugänglicher geworden. Neu errichtete Hotels und Fremdenverkehrsanlagen in den Küstenorten des westlichen Teils der Argolis, die bis vor wenigen Jahren nur vom Meer aus erreichbar waren, verändern das Landschaftsbild. Ein Touristenort von internationalem Standard mit Hoteleinheiten, die allen Komfort bieten, ist *Porto Cheli* („Aalhafen"), das auch einen Flughafen besitzt. Der alte Stadtteil hat jedoch seinen Reiz bewahrt. Im Hafen sind viele Yachten neben Kaikis der Fischer verankert, alte Traditionen mischen sich mit mondänem Leben. Von hier aus fährt auch das Fährschiff nach *Spetsae.*

Lernae

Von Epidauros führt eine direkte Straße nach Athen. Wer auf der „klassischen Griechenlandtour" die anderen berühmten Stätten auf dem Peloponnes besuchen will, fährt von Nauplia nach Argos und nimmt dort die Straße nach Tripolis. Kurz bevor die Straße (nach 14 km) rechts ins Landesinnere abbiegt, führt beim Ortsausgang von *Myli* nach links ein Weg zu den Ausgrabungen von Lernae. Im Altertum war die ganze Gegend ein Sumpfgebiet, in dem man einen der Eingänge zur Unterwelt vermutete. Herakles soll hier die neunköpfige Hydra erschlagen haben. Amerikanische Grabungen der fünfziger Jahre haben steinzeitliche Mauern freigelegt, die bis ins 4. Jahrtausend vor Chr. reichen. Das etwa um 2200 darüber errichtete große *„Dachziegelhaus"* ist das einzige Beispiel *frühhelladischer Palastkultur* auf dem griechischen Festland. Außerdem wurden Reste späterer Bebauung bis zur mykenischen Epoche freigelegt.

Tripolis (ΤΡΙΠΟΛΙΣ)

Eine windungs- und aussichtsreiche Straße führt nun über die bis 680 m hohen Pässe des *Ktenia-Gebirges* auf die Hochebene von Tripolis, der Hauptstadt Arkadiens (20000 E.). Die Stadt wurde im Freiheitskrieg fast völlig zerstört; ihre Bauten sind daher neueren Datums.

Tegea

Die Straße zu dem 62 km entfernten Sparta biegt nun nach Süden. Nach 9 km links Abzweigung zu den Ruinen von Tegea.

Der Tempel der Athena Alea (4. Jh. v. Chr.) soll nach Pausanias der großartigste Tempel auf dem Peloponnes gewesen sein. Sein Schöpfer war der berühmte Bildhauer Skopas. Die spärlichen Funde sind jedoch nur für den Fachmann interessant.

Vorbei an dem fast völlig ausgetrockneten *Taka-See* und über die Westabhänge des *Parnon-Gebirges* (Paßhöhe 920 m) gelangt man in das *Eurotastal* und zum Becken von Sparta.

Blick auf Mistra

Pantanassa-Kloster in Mistra

Sparta und Mistra

Beim Namen Sparta (ΣΠΑΡΤΗ) denkt man an den heldenmütigen Leonidas; an neugeborene Kinder, die man in den Schluchten des Taygetosgebirges aussetzte; an die Knaben, die man im Tempel peitschte, um ihre Standhaftigkeit zu erproben; an die strenge „kommunistische" Gesellschaftsordnung des Lykurgos, die alle Macht dem Staate gab; an die „lakonische Kürze", die überflüssige Reden verachtete; an die tägliche „schwarze Suppe", die den Athenern die spöttische Bemerkung eingab, wenn sie immer so schlecht zu essen bekämen, würden sie auch gern sterben. Man ist dann etwas überrascht, wenn sich die Ebene von Sparta nicht spartanisch gibt, sondern als liebliche Fruchtlandschaft entpuppt.

Als die Dorier etwa um 1000 v.Chr. die Eurotasebene besetzten, waren sie nur wenige tausend Mann stark; die Zahl der Unterworfenen, die nun zu Sklaven (Heloten) gemacht wurden, betrug schon damals ein Vielfaches. So blieb den Spartiaten gar keine Wahl. Wollten sie ihre Herrschaft sichern, so mußten die Söhne zu kühnen Herrenmenschen erzogen werden, rücksichtslos nicht nur gegen andere, sondern vor allem auch gegen sich selbst. Nur durch eiserne Disziplin gelang es Sparta, sich über Jahrhunderte hinweg als Vormacht Griechenlands zu behaupten. Zusammen mit Athen besiegte es Persien, im Peloponnesischen Krieg (gegen den es sich gesträubt hatte) dann Athen. Doch der lange Krieg hatte es so geschwächt, daß es (371 bei Leuktra) den Thebanern unterlag.

Das Mißverhältnis zwischen Herren- und Sklavenbevölkerung war und blieb Spartas Existenzproblem. Als bei den Thermopylen unter Leonidas 300 Spartiaten ihr Leben opferten, bedrohte dieser Verlust Spartas Heeresmacht empfindlich; als im Peloponnesischen Krieg die Athener 200 Spartiaten auf der Insel Sphakteria gefangennahmen, zwang das Sparta

zum Waffenstillstand; im 3. Jh. gab es nur noch 700 Spartiaten, von denen aber die meisten verarmt waren und dadurch ihre Rechte verloren hatten. Sparta geriet unter makedonische, später römische Herrschaft und wurde schließlich 395 n. Chr. von Alarichs Goten zerstört.
Die besten Mauern seien die Schilde der Männer, meinten die Spartaner. Auch auf dem Höhepunkt ihrer Macht hatten sie daher keine befestigte Stadt, sondern ein aus vier Wehrdörfern bestehendes Heerlager. Kein Wunder, daß es vom alten Sparta kaum Überreste gibt. Es lag etwas nördlich der modernen Stadt, die unter König Otto im 19. Jh. auf rechtwinkeligem Grundriß neu angelegt wurde.
Funde vom Grabungsgebiet befinden sich im *Museum* von Sparta, darunter ein schöner Marmorkopf, der von einer Statue des Leonidas stammen soll, was aber nicht stimmt. Daß das Eurotastal schon vor den Doriern besiedelt war, zeigen zahlreiche Grabfunde, darunter die berühmten mykenischen Goldbecher von *Vaphio* (Nationalmuseum Athen).
Vaphio liegt in der Nähe der mykenischen Burg von *Amyklai* (7 km südlich von Sparta). Hier dürften Menelaos und seine schöne Helena residiert haben.

Mistra (ΜΥΣΤΡΑΣ)

Dem friedlichen Wohlstand, den die Spartaner in der spätrömischen Zeit genossen, hatten die Goten ein Ende gemacht. Erst im 7. Jh. befestigten die Byzantiner den Ort zum Schutz gegen die vordrängenden Slawen. Die Ritter des 4. Kreuzzugs teilten nach der Eroberung Konstantinopels (1204) Griechenland unter sich auf. Mit hundert Rittern und 400 Knappen setzte sich Gottfried von Villehardouin in den Besitz des Peloponnes und überzog die Halbinsel mit

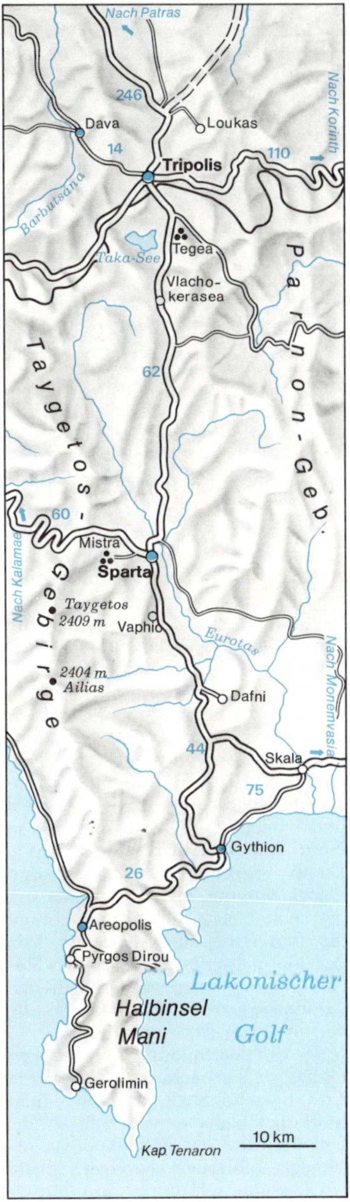

Ruinenstraße in Mistra

einem Netz von Burgen, auf denen die 12 Barone und ihre Lehensleute saßen, die Bevölkerung in Schach hielten, sich in diesem „Fürstentum Achaia" wie Gott in Frankreich fühlten und ein glanzvolles höfisches Leben entfalteten. Sein Enkel Wilhelm von Villehardouin erbaute 1248 auf einem Vorberg des Taygetosgebirges die Burg Mistra (wohl von la Maitresse = die Herrin), die er allerdings schon 1262 wieder an das Byzantiner-Reich abtreten mußte.
Goethe verlegt im Zweiten Teil seines „Faust" die Begegnung von Faust und Helena, die Vermählung von Nord und Süd, in diese Ritterburg. Da er souverän mit Räumen und Zeiten umging, macht es nichts aus, daß seine Ortsangaben sich nicht auf die fränkische Burg beziehen, von der die Spitze des 634 m hohen Hügels gekrönt wird, sondern auf den darunterliegenden *Palaiologenpalast,* der um 1400 erbaut wurde.
Nach der Vertreibung der Franken bildete sich im Schutz der Burg eine byzantinische Stadt, die von einem Militärbefehlshaber verwaltet wurde. Um den Sitz des Metropoliten entstanden zahlreiche Kirchen. Mistra entwickelte sich rasch zum Mittelpunkt des griechischen Herrschaftsbereichs, zählte etwa 15 000 Einwohner und wurde (seit 1348) von Söhnen des Kaiserhauses regiert, die den Titel Despot trugen, was „Herr" bedeutet und ebenso wie Tyrann im Altertum zunächst keinen negativen Beigeschmack hatte.
Während die Hauptstadt Konstantinopel von den herandrängenden Osmanen eingeschnürt wurde, entfaltete sich die byzantinische Kultur in der weit westlich gelegenen Nebenresidenz Mistra zu ihrer letzten und feinsten Blüte. Mit den Medici stand man in freundschaftlicher Verbindung, der Philosoph Plethon gründete in Florenz die platonische Akademie, die Westeuropa mit der fast völlig vergessenen griechischen Philosophie bekannt machte und wesentlich zur europäischen Renaissance beitrug. 1449 wurde der Despot Konstantin in Mistra zum Kaiser gekrönt (Konstantin XII. Palaiologos), begab sich in das längst todgeweihte Konstantinopel und fiel bei der Eroberung durch die Truppen des Sultans Mehmed 1453. 1460 wurde auch Mistra durch die Türken besetzt, erlebte als Hauptort des Paschaliks Morea (Peloponnes) eine friedliche Zeit und erneuten Aufschwung. 1687 kam es in venezianische Hand, wurde 1715 von den Türken zurückerobert. Der griechisch-russische Aufstand von 1770 (Orloff-Aufstand, von dem Hölderlins Hyperion berichtet) leitete den Niedergang ein. Die Neugründung Spartas 1834 besiegelte das Ende.

Gang durch Mistra

Heute leben in der einst glanzvollen Hauptstadt nur noch die paar Nonnen des Pantanassa-Klosters. Doch ist Mistra – dank sorgfältiger Restaurierung – ein einzigartiges Museum spätbyzantinischer Kunst.

Bei der *Marmaraquelle* betritt man (von der Autostraße her) die *Unterstadt,* in der die Bürger wohnten. Hier ist (ganz links) die kleine, in den Felsen gebaute *Perivleptos-Kirche* (14.Jh.) mit den bedeutendsten Fresken Mistras.
Der Weg führt rechts aufwärts zum *Pantanassa-Kloster* aus dem 15.Jh., dem spätesten Kirchenbau der Stadt. Durch das *Monemvasia-Tor* gelangt man in die stark befestigte *Oberstadt,* in der die Adeligen und die Despotenfamilie wohnten. Der gewaltige *Palastkomplex* wurde im 13./15.Jh. errichtet. Interessant ist vor allem der späteste Teil, der Westflügel, der aus einem einzigen (37 × 11 m großen) Thronsaal besteht. In einer Nische an der Ostseite stand der Herrscherthron. Der Riesenraum wurde durch verdeckte Röhren erwärmt, in die vom Hauptkamin aus heißer Dampf geleitet wurde. Oberhalb des Palastes steht die *Sophienkirche,* die der erste Despot von Mistra im 14.Jh. erbauen ließ, um so den Zusammenhang mit der Mutterstadt zu dokumentieren. Von hier aus Aufgang zur (von den Türken umgebauten) *Frankenfestung* mit großartigem Ausblick auf das Taygetos-Gebirge und die Eurotasebene. Von den unterhalb des Palastbezirks liegenden Kirchen sind besonders zu erwähnen: die (beim Abstieg ganz links liegende) *Afendiko* (1311) sowie ganz in der Nähe *Theodorii* (1295).
Über die *Evangelistria* (14.Jh.) gelangt man zur *Mitropolis-Kirche* (Kathedrale), die aus dem 12.Jh. stammt, jedoch im 15.Jh. umgebaut wurde.
Mistra war Schnittpunkt und Verbindungsglied zwischen Ost und West. So zeigen seine Kirchen in mannigfachen Variationen eine ganz einzigartige Kombination zwischen der (westlichen) Basilika und der (östlichen) Kuppelkirche, während seine Fresken, die starke Ähnlichkeiten

„Die Geburt Christi" (Perivleptos-Kloster)

zur spätbyzantinischen Chorakirche (Kariye-Moschee) in Istanbul aufweisen, bereits den Übergang zur italienischen Malerei der Frührenaissance bilden.
Eine Fahrstraße führt etwa auf die Höhe der Sophienkirche, so daß man sich den Aufstieg auch sparen kann.

A Ausflüge von Sparta

Auf den Taygetos (2409 m); nach dem Ende der Fahrstraße ca. 2½ Stunden Aufstieg.
Nach Monemvasia (96 km) an der Ostküste: byzantinisch-venezianisch-türkisches Kastell in einzigartiger Lage auf steilem freistehendem Felsen.
Nach Gythion (44 km), dem Hafen Spartas (schöne Strände!), und von dort auf die *Halbinsel Mani* (den mittleren Finger der Peloponneshalbinsel), die bis vor nicht allzu langer Zeit noch fast unzugänglich war, mit ihren vielen Wehrtürmen, die von Todesverachtung, Geschlechterhaß und Blutrache zeugen; südlich von *Areopolis* befinden sich die erst 1958 entdeckten Tropfsteinhöhlen von *Pyrgos Dirou,* die man mit dem Boot durchfahren kann.

Apollontempel in Bassae (5. Jahrhundert v. Chr.)

Von Sparta nach Olympia

Bassae und Pylos

Olympia ist von Sparta aus entweder über *Tripolis* zu erreichen (201 km) oder über die kürzere und schlechtere Straße, die über *Megalopolis* und die hochromantische Frankenburg *Karytaina* führt. Freunden der Antike ist dieser Weg trotz aller Beschwerden zu empfehlen, weil man so den *Apollontempel* von *Bassae* besuchen kann, der 1130 m hoch in völliger Bergeinsamkeit liegt (Asphaltstraße von *Andritsena*). Der sehr gut erhaltene Tempel wurde im 5. Jh. von Iktinos, dem Erbauer des Parthenon entworfen. Der Marmorfries des Tempels befindet sich im Britischen Museum in London. Übernachtungsmöglichkeit in Andritsena.

Eine dritte Möglichkeit bietet die Straße über das von einer Frankenburg überragte *Kalamae* (*Kalamata,* großer Kieselsteinstrand) nach *Pylos* (ΠΥΛΟΣ) und zur Bucht von *Navarino,* die berühmt ist durch ihre Lage und die mörderische Seeschlacht von 1827, in der mitten im scheinbaren Frieden ein englisch-französisch-russisches Geschwader im Hafenbecken die türkisch-ägyptische Flotte zusammenschoß und so die aufständischen Griechen vor der Vernichtung rettete.

12 km südlich von Pylos erhebt sich in *Methoni* die bedeutendste fränkisch-venezianische Festung auf dem Peloponnes. 22 km nördlich von Pylos wurde in den letzten Jahren beim *Englianos*-Hügel ein mykenischer Palastkomplex entdeckt, der auf das 14. Jh. zurückgeht und – da er die homerische Beschreibung bestätigt – wohl zu Recht als Nestorpalast bezeichnet wird. Die Anlage entspricht der von Mykene und Tiryns und ist – da auf einem Niveau – sehr viel übersichtlicher. Neben dem Zimmer der Königin wurde ein Bad samt Badewanne ausgegraben; hier – so kann man sich vorstellen – hat Prinzessin Polykaste den Telemach gebadet, als er auf der Suche nach seinem Vater Odysseus dessen Kriegsgefährten Nestor aufsuchte. In den Vorratskammern fanden sich Reste von Geschirr, das zur Bewirtung von annähernd 2000 Personen ausreichte. Be-

sonders wichtig ist ein reichhaltiges Tontafelarchiv, das in der (inzwischen weitgehend entzifferten) kretisch-mykenischen Schrift (Linear b) abgefaßt ist. In der Nähe des Palastes wurden große *Kuppelgräber* aufgedeckt, deren wertvolle Grabbeigaben teils im Nationalmuseum von Athen, teils in dem 3 km nördlich erbauten *Museum von Chora* aufbewahrt werden. Die Straße nach Olympia führt nordwärts an der Westküste des Peloponnes entlang, die zunehmend dem Tourismus erschlossen wird. Bei *Pyrgos,* 124 km nördlich von Pylos, Abzweigung nach rechts ins Landesinnere zum noch 21 km entfernten Olympia.

Die Küsten des westlichen Peloponnes auf der Strecke von Pylos bis Pyrgos und das gesamte Gebiet, das sich von Pyrgos bis Patras erstreckt, sind ein Badeparadies. Hier gibt es viele Buchten mit breiten, oft kilometerlangen einsamen oder organisierten Sandstränden und schattigen Pinienhainen. Herrliche Möglichkeiten zum Schwimmen, vielerlei Wassersport bieten vor allem die Strände von *Kiparissia, Kaiapha* (Kaiafa), *Katakolo, Agios Andreas, Skafidia, Kourouta, Loutra Kyllene* (L. Kilini), *Kastro* und *Kyllene* (Kilini).

Olympia (ΟΛΥΜΠΙΑ)

Olympia liegt im Alpheiostal, einer lieblichen Flußlandschaft. Trotzdem hat es vom Olymp seinen Namen, denn die hier ansässigen Eleer kamen aus Thessalien. Von dort brachten sie auch die Verehrung des Zeus mit, dem die Olympischen Spiele geweiht waren. Herakles selbst soll den heiligen Bezirk, die *Altis,* abgesteckt haben. An diesem Ort versammelten sich die Griechen aller Stämme, um sich in friedlichem Wettkampf zu messen. Das Jahr 776 v. Chr., in dem zum erstenmal der Name des Siegers aufgezeichnet wurde, ist das erste sichere Datum der griechischen Geschichte.
Heute finden Olympische Spiele statt, wenn gerade kein Krieg ist. Bei den Griechen war es genau umgekehrt. Man unterbrach die ständigen Fehden der Olympischen Spiele wegen. Als Xerxes 480 v. Chr. in Griechenland einmarschierte, stellte er zu seinem Erstaunen fest, daß die Griechen gar nicht damit beschäftigt waren, sich gegen ihn zu verteidigen, sondern damit, in Olympia ihre Spiele zu feiern. Auf die Frage, was es denn dort zu gewinnen gäbe, erhielt er die Antwort: einen Ölzweig. Einer der persischen Feldherrn sagte darauf: „Gegen was für ein Volk ziehen wir in den Krieg! Nicht um Geld oder Gut veranstaltet dieses Volk seine Kampfspiele, sondern um der Ehre der Leistung willen". Seit vielen Jahren sind endlose Diskussionen im Gang über olympischen Eid, olympische Fairness, wirklichen oder vorgegebenen Amateurstatus. Olympia zeigt, daß diese Probleme nicht ganz neu sind.

Der Mythos

Als *Pelops* (nach dem die ganze Halbinsel schließlich ihren Namen erhielt) um die schöne *Hippodameia* warb, mußte er sich deren Vater zum Wagenrennen stellen. Das war eine ziemlich aussichtslose Angelegenheit, denn *Oinomaos* hatte von seinem Vater, dem Kriegsgott *Ares,* ein windschnelles Gespann erhalten, das kein Sterblicher besiegen konnte. Der Verlierer aber zahlte mit seinem Leben. Als Pelops den Kampf aufnahm, starrten ihn bereits 18 abgeschnittene Köpfe früherer Bewerber aus leeren Augenhöhlen an. Pelops bestach den Wagenlenker *Myrtilos,* der die Naben des siegreichen Wagens herausnahm und durch Wachszapfen ersetzte. Diese schmolzen natürlich, und Oinomaos wurde von seinen eigenen Pferden zu Tode geschleift. Vorsichtshalber brachte Pelops den Verräter Myrtilos auch gleich mit um und wurde so unangefochtener Sieger, König von Elis und Gemahl der Hippodameia. Myrtilos aber hatte im Sterben das Geschlecht des Pelops verflucht, eine Prophezeiung, die sich – siehe Mykene – schrecklich erfüllen sollte.

Die Olympischen Spiele

Aus den üblichen Wettkämpfen, die am Grab des Pelops abgehalten wurden, entwickelten sich die Olympischen Spiele, bei denen in der archaischen und klassischen Zeit auf die Einhaltung der Regeln streng geachtet wurde. Trotzdem scheinen Verstöße nicht so selten gewesen zu sein, denn aus den Bußgeldern, die bestechlichen Athleten auferlegt wurden, konnte man 16 lebensgroße Zeusstatuen aufstellen (Sockel vor der Schatzhausterrasse).

Im Wettkampf wurde der eigene Körper Zeus geweiht. Und wem der Göttervater den Sieg verlieh, der hatte die höchste Ehre errungen, die einem Sterblichen zuteil werden konnte. Dichter wie Pindar stimmten Lobeshymnen auf ihn an, seine Vaterstadt fühlte sich durch den Sieg ausgezeichnet. Da es sich in Olympia – jedenfalls in der Blütezeit – keineswegs nur um den Rekord drehte, sondern um eine kultische Hand-

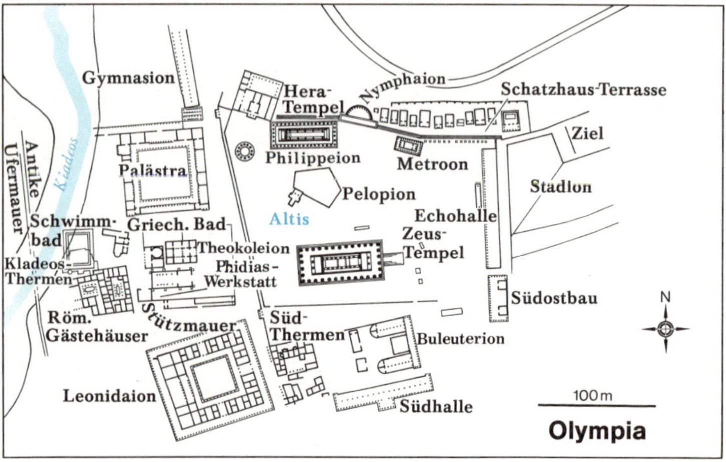

Heraion und Schatzhausterrasse

lung, war zu den Spielen nur zugelassen, wer frei von Blutschuld oder Gottesfrevel war.
Frauen war nicht nur die Teilnahme, sondern schon das Zuschauen verboten, und seit sich die Mutter eines Kämpfers einst in Verkleidung eines Trainers eingeschlichen hatte, standen die Kampfrichter nackt auf der Tribüne. Nur freie Griechen durften teilnehmen; hier in Olympia erlebten sich die Griechen als Hellenen, ungeachtet aller Bruderkämpfe, als ein einziges Volk, streng geschieden von allen Barbaren.
Allerdings machte sich der Leistungszwang zunehmend selbständig, und seit der hellenistischen Zeit traten in Olympia im wesentlichen Profis auf. Trotzdem bleiben Wettkämpfe und Heiligtum hoch angesehen, wie die Prachtbauten aus römischer Zeit beweisen. Erst Kaiser Theodosios I. verbot 393 n.Chr. die Spiele. Theodosios II. ließ 423 die Kultanlagen zerstören.
Auf Betreiben von Pierre de Coubertin wurde die olympische Idee aufgegriffen, und seit 1896 finden alle vier Jahre wieder die Olympischen Spiele statt – wenn gerade kein Krieg ist.

Die Kunstwerke Olympias

Olympia hat – außer einem eher rührenden Museum der Olympischen Spiele – zwei archäologische Museen, in denen einige der bedeutendsten Werke der griechischen Kunst ausgestellt sind.
Die zwei Giebel des Zeustempels (im *Alten Museum*) sind hier als erstes zu erwähnen. Der Ostgiebel zeigt die Vorbereitungen zu dem geschilderten Wagenrennen zwischen Pelops und Oinomaos, wobei Zeus im Mittelfeld steht, also wohl der Tat des Pelops seinen Segen gab, sie jedenfalls nicht verhinderte. Der Westgiebel schildert höchst dramatisch den Kampf der Lapithen gegen die Kentauren. Der Lapithenkönig hatte die Kentauren zum Hochzeitsmahl geladen; dabei betranken sich die roßbeinigen Wesen so sehr, daß sie die Frauen der Lapithen zu rauben versuchten. Es ist eines der Urthemen der griechischen Kunst. Die Kentauren symbolisieren die ungebändigte Natur; ihnen treten die Lapithen gegenüber, die Urväter der Hellenen. Sie haben weniger Kraft, aber mehr Intelligenz, Körper und Geist sind in Einklang; sie verkörpern Menschlichkeit, Recht und Sitte. Eben deswegen steht auf ihrer Seite Apollon. Mit einer gelassenen Gebärde verheißt er ihnen den Sieg.
Die Metopen des Zeustempels erzählen die Taten des Herakles, die ja in die gleiche Thematik gehören: im Auftrag seines Vaters Zeus befreit Hera-

kles die Welt von den vorolympischen Ungeheuern, auf daß aus dem Chaos ein Kosmos werde, eine schöne geordnete Welt. Die berühmte *Nike* des Paionios (um 420 v. Chr.) ist zwar ein Kunstwerk von klassischer Harmonie, zugleich aber auch ein Zeugnis der griechischen Zerrissenheit, kündet sie doch wieder einmal von einem Sieg der Griechen über Griechen. Das *Neue Museum* beherbergt die Funde der letzten Jahre, aufgestellt in chronologischer Folge. Neben Stücken aus prähistorischer und archaischer Zeit eine reichhaltige Sammlung von Rüstungen (darunter der Helm des Miltiades), ein Herakopf, Giebelteile, Bronzen und Terrakotten sowie Statuen aus hellenistischer Zeit. Eine prachtvolle Terrakottagruppe stellt Zeus dar, wie er fröhlich den Ganymedknaben entführt.
Ein eigener Raum gehört dem *Hermes des Praxiteles* (um 330 v. Chr. in römischer Zeit überarbeitet), einem der Meisterwerke spätklassischer Kunst. Hermes trägt den Dionysosknaben lässig-liebevoll auf dem Arm. (Das Kunstwerk fand man im Heratempel.) Keramikfunde haben gezeigt, daß Olympia schon seit der Steinzeit besiedelt war. Zwei Jahrtausende später entstanden dann mit *Apollon* und *Hermes* jene Statuen, die nicht mehr den schreckerregenden, unbegreiflichen Gott zeigen, sondern den Menschen in gottähnlicher Gestalt, das „Ideal" des Menschen, seine Idee. Griechenlands Vermächtnis an Europa.
Olympia wurde im Laufe der letzten 1500 Jahre unter meterhohen Schlammschichten begraben, die der Alpheios und sein Nebenfluß Kladeos angeschwemmt hatten. Nach fast hundertjähriger Grabungstätigkeit sind von den wichtigsten Bauten zumindest die Fundamente freigelegt. Man muß schon mit dem Plan

Braut des Lapithenkönigs

in der Hand herumgehen, wenn man sie identifizieren will. Die Übersicht auf der nächsten Seite zählt die wichtigsten auf.

Die Bauten Olympias

Ein gutes Bild von der ursprünglichen Anlage geben die Modelle in den Museen.

Gymnasion: Trainingshalle für die Athleten, die nackt kämpften (gymnos = nackt);

Palästra: Halle für die Ring- und Faustkämpfer;

Theokoleion: Gebäude für die Opferpriester;

Leonidaion: Gästehaus;

Thermen: Badehäuser;

Altis: heiliger Bezirk;

Prytaneion: Sitz der Verwaltung Olympias und Kultstätte der Hestia. Im Prytaneion wurden die Olympiasieger und hohe Gäste bewirtet;

Philippeion: Rundtempel, den König Philipp von Makedonien nach dem Sieg von Chaironeia (338 v. Chr.), der Griechenland die Unabhängigkeit kostete, für sich und seine Familie errichten ließ;

Apollon

Hermes des Praxiteles

Pelopion: Grabmal des Pelops, älteste Kultstätte Olympias;

Heratempel: auf älteren Fundamenten um 600 v. Chr. erbauter dorischer Tempel, in dem Kultbilder des Zeus und der Hera standen. Das Tempeldach wurde ursprünglich von Holzsäulen getragen, die im Lauf der Zeit durch Steinsäulen ersetzt wurden, woraus sich deren verschiedene Proportionierung erklärt;

Zeustempel: erbaut um 450 v. Chr. durch Libon. Sein Kultbild, die von Phidias gestaltete 12,40 m hohe Goldelfenbeinstatue des Zeus, galt als eines der sieben Weltwunder. Sie ist ihrem eigenen (materiellen) Wert zum Opfer gefallen und spurlos verschwunden. Die Marmorfiguren des Giebels befinden sich im Museum;

Nymphäum: reichgeschmückte Brunnenanlage, die Herodes Atticus im 2. Jh. n. Chr. erbauen ließ;

Schatzhäuser: Wie in Delphi dienten sie zur Aufbewahrung der kostbaren Weihegeschenke, die von den griechischen Städten in Olympia aufgestellt wurden;

Metroion: ursprünglich Tempel der Göttermutter, später des römischen Kaiserkultes;

Stadion: Es lag ursprünglich innerhalb des heiligen Bezirks, das Ziel befand sich beim Ölbaum des Zeus; im 4. Jh. wurde das neue (ausgegrabene) Stadion angelegt, das außerhalb der Altis liegt, aber mit ihr durch einen Bogengang verbunden ist. Die Bahn ist 191,27 m lang (600 olympische Fuß). Start und Zielschranken sind deutlich zu erkennen, außerdem die Tribüne für die Kampfrichter. Die etwa 45 000 Zuschauer lagerten sich auf den flachen Erdwällen.

Echohalle: Sie schließt die Altis im Osten ab; eine zweischiffige Wandelhalle, die ihren Namen dem siebenfachen Echo verdankt, das die Säulen zurückwarfen.

Buleuterion: Rathaus;

Werkstatt des Phidias: am Südwestende des Grabungsgebietes befindet sich eine byzantinische Kirche, die auf den Fundamenten griechisch-römischer Nutzbauten im 5. Jh. n. Chr. errichtet wurde. Hier befand sich wohl ursprünglich die Werkstatt des Phidias und seiner Gehilfen, was durch zahlreiche Funde belegt ist. U. a. wurde eine Tonkanne gefunden mit der eingeritzten Inschrift „Phideiou eimi – ich gehöre dem Phidias“.

Kloster Osios Loukas

Von Athen nach Delphi

Theben

Folgt man von Athen aus zunächst der Autobahn nach Korinth, so kommt man auf der Höhe von Eleusis (nach 22 km) an eine Kreuzung. Von hier führt die Straße nach rechts zu dem noch 48 km entfernten Theben (Thivai, ΘΗΒΑΙ). Theben, im Altertum hochberühmt und Schauplatz vieler Mythen, aus denen die antiken Tragödiendichter ihre Vorlagen schöpften (z.B. Antigone, Ödipus), ist heute eine bedeutungslose Kleinstadt. Vom Glanz der alten Stadt blieb kaum eine Spur. Theben, Mittelpunkt der landwirtschaftlich reichen und als Durchgangsland strategisch wichtigen böotischen Ebene, lag im Spannungsfeld zwischen den beiden Großmächten Athen und Sparta. Erst als sich die beiden Rivalen im Peloponnesischen Krieg hinreichend geschwächt hatten, konnte es sich unter seinem Feldherrn Epaminondas (371 v.Chr. Sieg über die Spartaner bei Leuktra) für ein Jahrzehnt zur Vormacht Griechenlands aufschwingen. Nach einigem politischen und militärischen Hin und Her machte schließlich Alexander der Große allen Großmachtträumen ein furchtbares Ende. 335 v.Chr. ließ er die Stadt, die gewagt hatte, sich ihm entgegenzustellen, dem Erdboden gleichmachen (nur die Häuser des Dichters Pindar und des Philosophen Krates wurden verschont) und die Thebaner in die Sklaverei verkaufen. Einige Bruchstücke des *mykenischen Palastes* (in der Pindarou-Straße), eines *Apollonheiligtums,* sowie Turmruinen der *Frankenburg* aus der Kreuzfahrerzeit – das ist alles, was an die Vergangenheit erinnert. (In der Nähe des Frankenturms ein kleines *Museum.*)

Kloster Osios Loukas

Nachdem man das 46 km von Theben entfernte *Levadia* passiert hat, die heutige Hauptstadt Böotiens, die dem Bildungsreisenden nichts bietet als einen hübschen Anblick, erreicht man nach weiteren 20 km die Abzweigung, die uns (nach links) zum Kloster Osios Loukas führt.
Die moderne Straßenführung entspricht nicht ganz der antiken, doch ist nach der Überlieferung hier in der Nähe die Wegscheidung zu suchen, auf der Ödipus unwissentlich seinen Vater Laos erschlug.

Der selige Lukas, dem das 13 km entfernte Kloster geweiht ist (hagios/ajos = heilig, hosios/osios = selig), lebte im 10. Jh. als Einsiedler im Tal von Stiris (daher sein Beiname Stiriotes). Lukas, der um 950 starb, soll die Befreiung Kretas von den Arabern prophezeit haben, ein Ereignis, das 961 tatsächlich eintrat. Sozusagen zum Dank für diese Prophezeiung ließ Kaiser Romanos II., in dessen Regierungszeit die Befreiung fiel, neben der kleinen Barbarakapelle und der Grabstätte des Eremiten ein Kloster errichten. Der Überlieferung nach sind Romanos und seine Gattin auch hier begraben. Die Hauptkirche *(Katholikon)* dagegen wurde erst begonnen, als Basileios II. 1018 die bulgarische Gefahr endgültig vom Byzantinischen Reich abgewendet hatte. Sie ist also etwa 50 Jahre älter als die Klosterkirche von Daphni (s. S. 35).
Nördlich der Hauptkirche wurde gleichzeitig eine den Mönchen vorbehaltene Nebenkirche gebaut. Die beiden Gotteshäuser sind so ineinander verschoben, daß die Vorhallen der Nebenkirche auf den linken Seitenflügel der Hauptkirche stoßen. Hier befindet sich die Grabkapelle des seligen Lukas, die damit sowohl für die Mönche wie für die Pilger zugänglich war. Im Katholikon von Osios Loukas sind glücklicherweise der Marmorfußboden, die Marmorverkleidung der Wände und ein großer Teil der Mosaiken erhalten beziehungsweise wiederhergestellt. In der Hauptkuppel allerdings sind sie durch Fresken ersetzt, da die Kuppel 1593 einstürzte.
Der Bilderschmuck von Osios Loukas ist keineswegs nur ein Bilderbuch für die armen Leute, die nicht lesen können, sondern vereinigt das gesamte theologische Wissen der Zeit. Auch wer sich nicht die Mühe macht, die unzähligen Heiligen zu identifizieren und die komplizierten geistigen und hierarchischen Zusammenhänge zu verstehen, die sich in dem Bildprogramm ausdrücken, wird allein schon vom Gesamteindruck überwältigt sein.

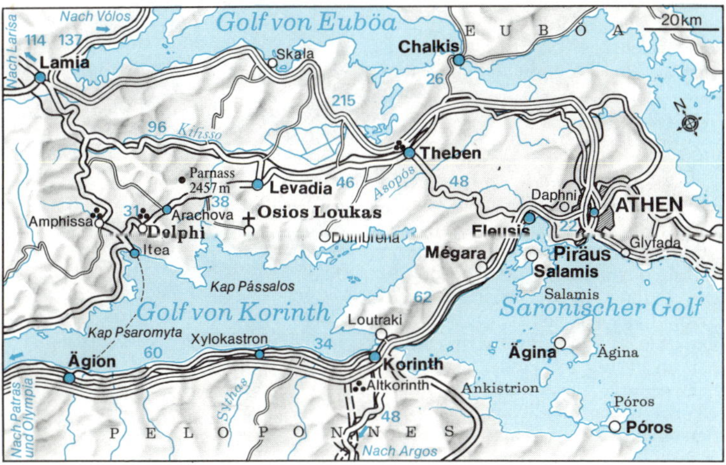

Nachdem im Bilderstreit, der im 8. und 9. Jh. das Byzantinische Reich erschüttert hatte, unzählige Mosaiken vernichtet worden waren, zeigen die Kirchen der mittelbyzantinischen Epoche wieder freudig den ganzen Glanz des Gottesreiches.
Nach der Besichtigung des Klosters kann man im malerischen Klosterhof einen Imbiß nehmen; einige Gästezimmer bieten Unterkunft.

Parnass (2457 m)

Die Straße zu dem vom Kloster 40 km entfernten Delphi *(Delfi)* führt nun an den Südabhängen des Parnass entlang und erreicht in 943 m Höhe das wildromantisch gelegene-Bergdorf *Arachova*, das für seine farbenfrohen handgewebten Stoffe und Teppiche berühmt ist.
Die tannenbewachsene Hochebene, aus der die 8 Gipfel aufragen, war bis vor kurzem nur in mehrstündigem Aufstieg auf Saumpfaden von Arachova oder Delphi aus zu erreichen. Heute führt eine bequeme Fahrstraße (beim Ortsausgang Arachova nach rechts) hinauf.
Nach der Durchquerung des Plateaus biegt nach links (beschildert) eine befahrbare Sandstraße ab zur *Korykischen Grotte*, die dem Pan und den Nymphen geweiht war. In der etwa 60 m langen und 30 m breiten Tropfsteinhöhle wurden bei Ausgrabungen in den 70er Jahren zahlreiche Weihegeschenke gefunden, die z.T. jetzt im Museum von Delphi ausgestellt sind (größtenteils 7. Jahrhundert v. Chr.). Die Grotte ist von Delphi aus in einem etwa 2½stündigen Fußmarsch zu erreichen (vom Stadion aus aufwärts).
Die Parnass-Straße führt weiter zu einer in 1900 m Höhe gelegenen Schutzhütte der EOS (Sarantari, Übernachtungsmöglichkeit für 40 Personen, Tel. Arachova [0267] 31391).
Von hier aus Aufstieg (am besten gegen Morgen, ca. 3 Stunden) auf den höchsten Gipfel des Parnassmassivs *Lyakura* 2457 m. Der Lyakura kann auch von *Tithorea* und von *Amphiklia* (Dadi) aus bestiegen werden (Aufstieg ca. 8–10 Stunden; keine Schutzhütte auf dem Weg; Führer erforderlich).
Vom Gipfel hat man herrliche Aussicht bis zum Pindos und Olymp im Norden und den Gebirgen des Peloponnes im Süden.

Der besondere Tip

Skifahren auf dem Parnass.

Im Dezember 1979 wurde im Parnassgebiet Griechenlands größter Skizirkus eröffnet. Nach französischem Vorbild (und mit Hilfe französischer Experten) wurde eine beeindruckende Anlage aus dem Boden gestampft: 1 Kabinenbahn, 5 Sessellifte und 6 Schlepplifte erschließen Pisten mit einer Gesamtlänge von 150 km, vom Übungshang (mit Babylift) bis zur hochalpinen Abfaht mit einem Höhenunterschied von 950 m und 6 km Länge. Höchste Höhe: 2415 m. In einem Bergrestaurant in 1800 m Höhe kann man sich stärken und in der Sonne braten.
Wer will, kann außer den Bergski auch die Wasserski und das Surfbrett mitnehmen, denn die Wassertemperatur im Korinthischen Golf (die Entfernung zum Strand von Itea beträgt 52 km) sinkt auch im Dezember/Januar nicht unter 16 Grad und an Sonnentagen kann man sich bei 25 Grad in den Sand legen. Zum Après-Ski also ans Meer, zu den Orangenplantagen oder zwischendurch ein Besuch in den nahegelegenen klassischen Stätten.
Übernachtungsmöglichkeit in Arachova und Delphi.

Apollontempel

Delphi (ΔΕΛΦΟΙ)

Das berühmteste Orakel der Alten Welt, heute eindrucksvolle Ruinenstätte und Ziel für Pilger aus allen Erdteilen, galt noch vor 100 Jahren als verschollen. Über den Erdmassen, die Delphi begraben hatten, erhob sich ein armes Bergdorf: *Kastri.* Erst 1892 begannen französische Archäologen, den Bewohnern von Kastri ihre Häuser abzukaufen und ein neues Dorf, 1 km weiter westlich, anzulegen. Es gelang ihnen in mühevoller Arbeit, den größten Teil der hochberühmten Kultstätte freizulegen.

Das Heiligtum geht auf vorgriechische Zeiten zurück, was sich auch in den delphischen Mythen klar ausdrückt. *Apollon,* der auf Delos geborene Gott des Lichts, war in Gestalt eines Delphins an Land geschwommen; daher hat Delphi, seine Orakelstätte, den Namen. Doch bevor er das Heiligtum in Besitz nehmen konnte, mußte er erst Python erschlagen, einen Drachensohn der Urmutter Gaia, der in den Felsen der Phädriaden hauste. Fortan hieß Apollon der pythische Gott (im wörtlichen Sinn ein Gott der Fäulnis) und die orakelverheißende Priesterin trug den Namen *Pythia.*

Das ist die mythische Umschreibung für den geschichtlichen Vorgang. Die von Norden eindrängenden Hirtenvölker unterwarfen die vorgriechische Bevölkerung, vernichteten aber weder sie noch ihren Glauben. Der Lichtgott Apollon besiegt die Finsternis, verdrängt sie aber nicht, sondern nimmt sie in sein Wesen auf. In Delphi, glaubten die Griechen, sei der *Omphalos,* der Nabel der Welt (im Museum zu bewundern), und die Pythia weissagte die Zukunft in der Ekstase, berauscht durch die Dämpfe, die aus dem Erdspalt der Gaia aufstiegen.

Der Schoß der Erde gebiert das Leben, doch erst der Verstand bringt es in menschenwürdige Form. So wurde das Gestammel der Pythia von hellwachen Priestern formuliert und den Ratsuchenden – in zumeist tiefsinnig doppeldeutigen Versen – zur Antwort gegeben. Das klassische Beispiel ist die Weisung für den Lyderkönig Kroisos, der sich überlegte, ob er das Perserreich angreifen sollte:

Delphi/Apollonheiligtum

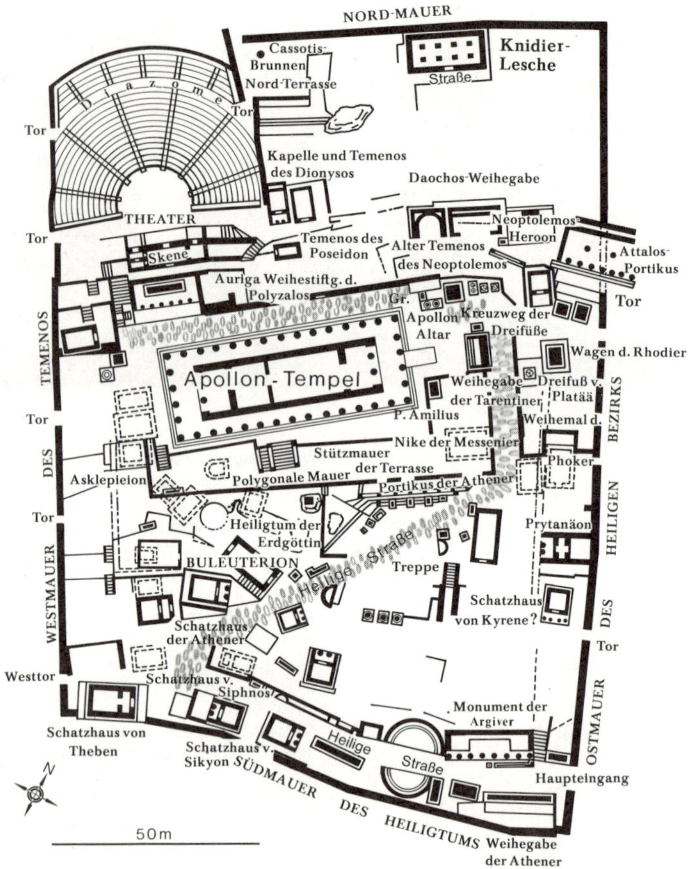

Heiligtum der Athena Pronaia

Theater und Apollontempel

Rundtempel des Athena-Heiligtums

„Wenn du den (Grenzfluß) Halys überschreitest, so wirst du ein großes Reich zerstören“. Kroisos glaubte, damit sei das Perserreich gemeint, in Wirklichkeit verlor er (545 v. Chr.) sein eigenes. Der Mensch entscheidet selbst über sein Schicksal.
In Delphi liefen viele Fäden und Informationen zusammen. So ist seine Rolle kaum zu überschätzen. Insbesondere während der griechischen Kolonisation im 8. und 7. Jh. v. Chr. war Delphi der entscheidende Ratgeber.
Zur Humanisierung der Kriegsführung hat die pythische Priesterschaft Außerordentliches beigetragen. Wichtig bleibt dabei die Überlegung, daß Griechenland im Altertum niemals eine Nation im modernen Sinn des Wortes war, sondern in eine Unzahl miteinander rivalisierender Stadtstaaten zerfiel. Delphi hat diesen innergriechischen Wettstreit, den *Agon,* niemals negiert. Schließlich ist nach Heraklit der Krieg der Vater aller Dinge. So war es nur konsequent, wenn Delphi den kämpfenden Parteien jeweils den für sie passenden Ratschlag gab.

Als die Perser von den Griechen Unterwerfung forderten, riet Delphi den kleinen Städten sofort dazu. Nur den Großmächten, Athen und Sparta, gab es eine verschlüsselte Ermunterung. Die Deutung des Spruches „Ihr sollt euch hinter hölzernen Mauern verteidigen!“, den Themistokles auf die Flotte übertrug, führte schließlich zum Sieg von Salamis (480 v. Chr.).
„Nichts zuviel!“ und „Erkenne dich selbst!“, das waren die Wahlsprüche, die in den Apollontempel eingraviert waren. Warnungen zum Maßhalten: dringend notwendig für ein so heißblütiges Volk. Delphi selbst hat diese Haltung vorgelebt; die Griechen haben diese Weisheiten öfter zitiert als beherzigt. Maß und Maßlosigkeit liegen auch in Delphi eng beieinander. Ein Gang durch das Heiligtum wird das zeigen.

Gang durch das Heiligtum

Die Pilger reinigten sich erst im *Kastalischen Quell,* der aus den *Phädriaden* entspringt und eine Art natürliches Weihwasserbecken bildet. Die *Heilige Straße* zum Tempel – war

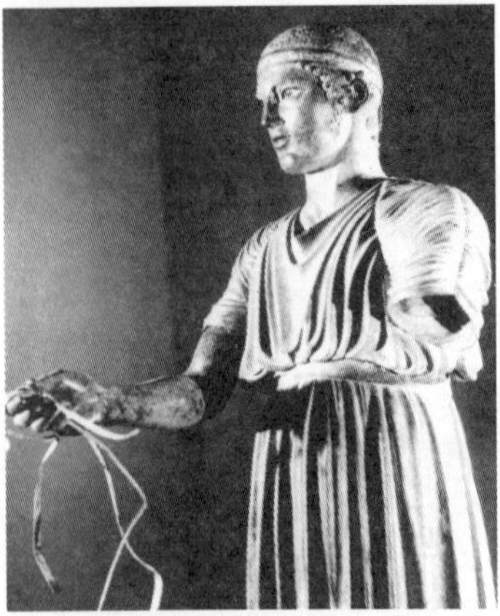

Der Wagenlenker (5. Jh. v. Chr.)

Fries vom Syphnier-Schatzhaus

eine Siegesallee. Hier stand Denkmal neben Denkmal, Schatzhaus neben Schatzhaus, und eines nach dem anderen kündete von Siegen der Griechen über Griechen. Hier, am heiligsten Ort Griechenlands, stellte man stolz und höhnisch die eigene Macht, den eigenen Reichtum, das Ansehen, die Beute zur Schau. Aber wenn auch Haß der Auftraggeber für diese Bauten war, so war doch Harmonie ihr Gestalter. Das wiederaufgerichtete Schatzhaus der Athener, der Fries des Syphnierschatzhauses im Museum, dokumentieren das deutlich.

Der Apollontempel:
Nur noch Ruinen sehen wir heute von dem etwa um 330 v. Chr. vollendeten Bau. Nachdem (373 v. Chr.) ein Erdbeben den älteren Tempel zerstört hatte, wurde er durch Spenden aus der ganzen griechischen Welt wieder errichtet. Die wenigen Reste dieses jüngeren Tempels weisen darauf hin, daß er nicht nur einem weiteren Erdbeben zum Opfer gefallen ist, sondern in christlicher Zeit von Menschenhand zerstört wurde. Möglicherweise im Zusammenhang mit der Schließung des Orakels durch Kaiser Theodosios II. (423 n. Chr.).

Theater, Stadion, Gymnasion:
Es ist charakteristisch für die Griechen, daß sie in ihren Heiligtümern nicht nur opferten und beteten, sondern auch spielten, tanzten und kämpften. Wobei sowohl der musische wie auch der sportliche Wettkampf selbst Teil des Gottesdienstes waren (die *Pythischen Spiele* genossen höchstes Ansehen und standen den Olympischen Spielen kaum nach). So liegt noch innerhalb des Heiligen Bezirks, oberhalb des Tempels, ein wunderschönes *Theater* aus dem 2. Jh. v. Chr., das etwa 5000 Zuschauer faßte. Es hat eine ausgezeichnete Akustik und mit dem Ausblick auf die Gebirgslandschaft den herrlichsten natürlichen Rundhorizont.
Noch eine Terrasse höher liegt das *Stadion,* das in der jetzt wieder aufgebauten Form aus römischer Zeit stammt. Es bietet etwa 7000 Zuschauern Platz. Die gerillten Startmarkierungen für die Läufer sind gut zu erkennen. Gegenüber der kastalischen Quelle liegt auf der anderen Seite der Straße im Talabhang das zum Training der Wettkämpfer bestimmte *Gymnasion* mit offenen und gedeckten Laufbahnen, Turnplätzen, Duschen und Bädern.

Apollon (6. Jh. v. Chr.)

Athena-Heiligtum:
Daran schließt sich die *Marmaria* an, der Bezirk der Athena-Pronaia, die ebenfalls zu den Schutzgöttern Delphis gehörte. Hier befinden sich die Überreste mehrerer Tempel und Schatzhäuser. Das imposanteste Bauwerk aber, *Tholos,* ein prächtiger Rundtempel aus Marmor, gibt den Archäologen noch immer Rätsel auf. Man weiß nicht, welchem Zweck er diente.

Museum:
Prachtstück des unbedingt besuchenswerten Museums von Delphi ist die berühmte Bronzestatue des *Wagenlenkers,* eines der großartigsten Bildwerke griechischer Kunst. Er gehörte zu einem Viergespann, das Polyzalos von Syrakus zur Erinnerung an seinen Wagensieg von 475 v. Chr. Delphi stiftete. Der Wagenlenker besitzt noch seine ausdrucksvollen naturgetreuen Augen, eine große Seltenheit. Denn bei den Marmorfiguren ist die Augenfarbe im Lauf der Jahrtausende verblaßt, den meisten Bronzefiguren wurden die eingesetzten Edelsteine wegen ihres Wertes ausgebrochen. So starren sie uns fast alle aus leeren Augenhöhlen an, was nicht im Sinne ihrer Schöpfer ist und zu völlig falschen Kunsttheorien Anlaß gab.
Besonders bemerkenswert im Museum sind weiter der *Omphalos,* der Nabel der Welt, die Giebelüberreste vom *Apollontempel* des 6. Jhs., die Reliefs vom *Schatzhaus der Insel Syphnos* (6. Jh. v. Chr.), die archaischen *Jünglingsfiguren* (Kleobis und Biton), die *Akanthussäule* mit den Tänzerinnen (4. Jh. v. Chr.) und die aus dem 2. Jh. n. Chr. stammende Figur des *Antinous,* des Lieblingsknaben des Kaisers Hadrian. Seit kurzem sind in einem neueröffneten Raum ganz einzigartige archaische Gold/Elfenbeinarbeiten aus dem 6. Jh. ausgestellt. Apollon und Artemis, außerdem ein lebensgroßer Stier aus zum Teil vergoldetem Silberblech.

Itea

Von Delphi, das mit 570 m Höhe schon fast im Hochgebirge liegt, senkt sich – in der Verlängerung der Phädriadenschlucht – das Tal des Pleistosbaches zur Ebene von *Amphissa* hinab und zum Hafen Itea, von dem aus man Delphi über den Seeweg erreichen kann. Im Altertum lauerte in dieser Papadia-Schlucht das menschenfressende Ungeheuer Lamia den Pilgern auf; heute windet sich die Straße durch uralte silbrige Olivenhaine, und beängstigend sind allenfalls tollkühne Busfahrer, die sich in den engen Kehren beweisen wollen, wer den stärkeren Motor hat. In Itea kann man den Parnass bewundern (der von Delphi aus nicht sichtbar ist), baden, Fische essen, mit der regelmäßigen Autofähre nach Ägion auf dem Peloponnes übersetzen (und nach Patras und Olympia weiterfahren).

Schöne Küsten mit Sandstrand laden zum Baden ein: in *Itea, Kira, Galaxidi* und *Eratini.*

Nafpaktos

Von Delphi nach Ioannina

Westgriechenland gehört zum unbekannteren Teil von Hellas. Vom Massentourismus ist es noch frei, doch warten auf den entdeckungsfreudigen Einzelreisenden Berge und Buchten, Tempel und Theater, Kirchen und Klöster. Denn Westgriechenland ist eine Region der Gegensätze.

Wer es eilig hat, wird in *Itea* auf die sehr gut ausgebaute Küstenstraße einbiegen, wer Zeit hat (und Lust am Fahren auf Bergstraßen) einen Abstecher nach *Amphissa* machen.

Amphissa (ΑΜΦΙΣΣΑ, 6000 E.)

ist Mittelpunkt des Bezirks Phokis, war in der Antike ein bedeutendes Zentrum und mehrfach in Streitigkeiten mit Delphi verwickelt. 338 v. Chr. wurde es von Philipp II. von Makedonien vollständig zerstört. Nach dem 4. (Lateinischen) Kreuzzug (1204) wurde es (unter dem Namen *Salona*) fränkischer (später katalanischer) Besitz, wovon die Ruinen der auf den Trümmern der antiken Akropolis erbauten mächtigen Festung zeugen. 1394 kam es unter türkische Herrschaft.

Von Amphissa kann man entweder auf abwechslungsreicher Strecke zur Küstenstraße hinunterfahren (die man bei *Eratini* erreicht) oder auf landschaftlich schöner, doch etwas beschwerlicher Straße durch das *Vardousia-Gebirge* über *Lidorikion* und durch das *Mornostal* sich zur Küstenstraße hinunterschlängeln, die man bei *Efpalion,* 13 km vor *Nafpaktos* erreicht.

Nafpaktos

(ΝΑΥΠΑΚΤΟΣ, 8000 E.)

ist ein malerischer Hafen in strategisch außerordentlich bedeutender Lage an der Durchfahrt durch die *Kleinen Dardanellen.* Mit seinem mittelalterlichen Namen *Lepanto* verbindet sich die Erinnerung an eine der wichtigsten Seeschlachten der Weltgeschichte. Lepanto war die Basis der türkischen Flotte, die (etwas weiter westlich) am 7. Oktober 1571 von der vereinigten christlichen Flotte unter dem Kommando des Juan d'Austria, einem natürlichen Sohn Kaiser Karls V., vernichtend geschlagen wurde. Durch diese Schlacht (bei der der Dichter Cer-

vantes einen Arm verlor) wurde der türkischen Expansion auf See ein Ende gesetzt.
An die venezianische Herrschaft erinnert die malerische Festung, die den Hafen überragt.

10 km westlich von Nafpaktos zweigt die Straße zum 2 km entfernten *Antirrion* (ANTIPPION), der engen (nur 2 km breiten) Durchfahrt zwischen dem Ionischen Meer und dem Golf von Korinth. (Laufend Fährverbindung nach Patras.) Neben der Brücke von Korinth (s.S. 56) die wichtigste Verbindung zur Peloponnes-Halbinsel.

Mesolongion

(ΜΕΣΟΛΟΓΓΙΟΝ, 14 000 E.)

Auf unserem Weg nach Westgriechenland folgen wir der Küstenstraße, die zunächst am Golf von Patras entlangführt und uns – sich an den Abhängen des Klokova entlangwindend – in das 44 km entfernte *Missolungi* bringt, das durch seine heldenhafte Verteidigung im griechischen Unabhängigkeitskrieg (1822/26) unsterblichen Ruhm errang. Wer Mesolongion deswegen besucht (und einen anderen Grund es zu besuchen, gibt es eigentlich nicht), wird mit gerührtem Erstaunen zur Kenntnis nehmen, wie geradezu lächerlich schwach und niedrig die Festungsmauern sind, die dem weit übermächtigen türkisch-ägyptischen Belagerungsheer so lange standhielten. Lord Byron, einer der größten Vorkämpfer für die Unabhängigkeit Griechenlands, starb hier am 10. April 1824 am Sumpffieber. Zwei Jahre später versuchten die Überlebenden in diesem Kampf, an dem ganz Europa leidenschaftlich Anteil nahm, einen verzweifelten Ausbruch. Die Zurückgebliebenen sprengten sich selbst in die Luft. An die Helden des griechischen Freiheitskampfes

Lord Byron (Th. Phillipps, 1814)

erinnert ein *Ehrenpark* (gleich rechts neben dem Eingangstor) und ein *Museum* (im Rathaus).

10 km nördlich von Mesolongion liegt *Ätolikon* auf einer Insel in der Lagune. (16 km westlich die Ruinen des antiken *Öniadä,* heute *Trikardo Kastro.*) Nach Passieren der *Klisura*-Schlucht rechts eine Abzweigung (bei *Mataranga*), die am *Trichonis-See* entlang zu dem 37 km entfernten *Thermos* führt.

Stadttor von Mesolongion

Thermos (ΘΕRΜΟΝ)

Archäologisch Interessierten ist der Abstecher, der durch landschaftlich reizvolle Gegend führt, zu empfehlen. Thermos war seit frühgriechischer Zeit (geometrischer Tempel) Versammlungsort der ätolischen Stämme, die hier ihr *Bundesheiligtum* hatten und alljährlich ihre Spitzenbeamten wählten. Philipp V. von Makedonien zerstörte in den Jahren 218 und 207 v. Chr. das prachtvolle Heiligtum, wobei an die 2000 Statuen vernichtet worden sein sollen. Der ausgedehnte Ruinenbezirk liegt heute in völliger Einsamkeit. Der *Tempel des Apollon Thermios* aus dem 6. Jh. befand sich an der Nordseite der Umfassungsmauer. In dem kleinen *Museum* im Gelände sind vor allem die bemalten Terrakottagiebel bemerkenswert.

Die Rückfahrt geht an der Nordseite des Sees entlang nach *Agrinion* (25 000 E.), das man so oder so durchfährt. Es ist das Handelszentrum der Region Ätolien/Akarnanien. Das nördlich gelegene *Stratos* (mit zum Teil gut erhaltener Stadtmauer aus dem 3. Jh. v. Chr.) war in der Antike Hauptstadt Akarnaniens und erlebte seine Blütezeit im Hellenismus. (Reste eines Theaters und – an der Stadtmauer – eines Zeustempels aus dem 3. Jh.). Durch abwechslungsreiche Hügellandschaft geht es nun weiter nach *Amfilochia* (ΑΜΦΙΛΟΧΙΑ, 5000 E.) an der Südseite des *Ambrakischen Golfs.* Am Golf entlang in das 38 km entfernte *Vonitsa* (ΒΟΝΙΤΣΑ, 2500 E.), einem kleinen Badeort, der von einer mittelalterlichen Festung überragt wird, von der aus man prachtvolle Ausblicke auf den Ambrakischen Golf und das Ionische Meer hat. (Von Vonitsa aus 19 km zur Insel *Lefkas.*)
Wir nehmen die Straße nach *Preveza*

und erreichen nach 15 km die schmale Wasserstraße, die das Ionische Meer mit dem Ambrakischen Golf verbindet. Bei dem kleinen Ort *Aktion* (Reste eines Apollontempels aus dem 7.Jh.v.Chr.) fand 31v.Chr. die entscheidende Seeschlacht zwischen Octavian und seinem Rivalen Mark Anton (und der Kleopatra) statt, die Octavian gewann und so Kaiser Augustus wurde. Zum Andenken an diesen Sieg gründete er auf dem gegenüberliegenden Ufer Nikopolis. Von Aktion gibt es eine ständige Fährverbindung nach *Preveza* (ΠΡΕΒΕΖΑ, 12000 E.), einer im 15.Jh. von Albanern gegründeten lebhaften Hafenstadt. Unser eigentliches Ziel ist aber das 8 km nördlich gelegene

Nikopolis,

die „Siegesstadt", die Octavian zur Erinnerung an seinen Sieg über Marc Anton um 30v.Chr. gründete und in die er die Bewohner der ganzen Umgegend umsiedelte. (Ruinen der zwangsweise aufgegebenen Siedlungen sind zum Teil noch heute nachweisbar.) 67n.Chr. wurde Nikopolis die Hauptstadt der Provinz Epirus, spielte im 6.Jh. noch eine bedeutende Rolle und wurde im 11.Jh. von Bulgaren zerstört.
Von Preveza kommend betritt man die Stadt durch das *Südtor* der mächtigen *byzantinischen Mauern,* die wahrscheinlich unter Justinian im 6.Jh. errichtet wurden (aber bereits ein wesentlich kleineres Stadtgebiet umfaßten als unter Augustus). Vorbei an dem 1972 eröffneten *Museum* kommt man zur *Doumetios-Basilika* aus dem 6.Jh. Hier und in dem daneben liegenden Bischofspalast sind die *römischen Mosaiken* aus dem 5.Jh. sehr sehenswert. Am Westende des ausgedehnten Ruinenfeldes (u.a. Trümmer von drei weiteren frühchristlichen Kirchen) liegt das wohl-

Tür der Alkyson-Basilika

erhaltene *Odeon* aus augusteischer Zeit, in dem im Sommer Aufführungen antiker Dramen veranstaltet werden.

Auf der anderen Seite der Straße nach Arta die eindrucksvollen Ruinen der *Alkyson-Basilika,* einer fünfschiffigen Kirche aus dem 5.Jh. Die meisten Reisenden werden von Nikopolis aus die direkte Straße nach Arta nehmen, die von uns weiter unten beschrieben wird (s.S. 95).

Der besondere Tip

Wer Zeit hat, auch mit schwierigen Straßen vorlieb nimmt, ein Stück unbekanntes Griechenland und das vielleicht merkwürdigste Orakel der alten Welt kennenlernen will – für den sei hier eine Variante eingefügt. Da die Küstenstraße erst ausgebaut wird, biegen wir bei *Kanali* auf die im Inneren laufende Parallelstraße ein, die uns durch eine ziemlich wilde Gebirgslandschaft zum Eingang des Hades bringt. 3 km nach *Kanalaki* im Dorf *Kastri* Abzweigung zum *Nekyomanteion,* dem Todesorakel, das erst in den sechziger Jahren freigelegt wurde.

Die Ortschaft *Mesopotamon,* über die sich der Hügel mit dem Heiligtum erhebt, ist wahrscheinlich das antike Ephyros von Thesprotios, das in der Odyssee erwähnt wird. Wieder einmal hatte sich ein Archäologe – Sotiris Dakaris, der seit 1958 hier gräbt – auf Homer verlassen und war fündig geworden. Kein Leser der Odyssee wird die Szene vergessen (X/XI), in der Odysseus die Toten beschwört und sich sein Schicksal weissagen läßt. Die Grabungsarbeiten haben die Beschreibung so genau bestätigt, daß man annehmen muß, Homer habe den Ort – wo der Totenfluß Acheron sich mit dem Kokytos vereinigt – selbst gekannt, und obwohl die Mauern des jetzt aufgedeckten Heiligtums aus dem 3. Jh. v. Chr. stammen, geht das Orakel sicher auf viel ältere Zeiten zurück. (Tatsächlich wurden Siedlungsspuren aus mykenischer Zeit gefunden.) So dürfen wir auch seiner Erzählung von der Opferhandlung durchaus Glauben schenken.

Über dem Heiligtum wurde im 18. Jh. eine Kirche errichtet und ein Friedhof angelegt. Bevor mit der eigentlichen Grabung begonnen werden konnte, mußte also erst der Friedhof verlegt und die Kirche abgestützt werden. Darunter fanden sich 2,60 m dicke polygonale Mauern, die einen Bezirk von 62,40 × 46,30 m umschließen. Ein düsterer Ort – und ein düsteres Schauspiel, in das der Ratsuchende nun hineingezogen wurde.

Ein dunkler Gang führt zu dunklen Zimmern, in denen der Gläubige tagelang verweilen mußte. Er durfte in dieser Zeit nur rituelle Speisen zu sich nehmen und zwar sehr schwer verdauliche: Fleisch von Opfertieren, Saubohnen und Meeresmuscheln, versetzt mit Lupinensamen, möglicherweise auch mit Haschisch. Schwefeldünste taten ein übriges, den Pilger in einen Rauschzustand zu versetzen. Nach tagelangem Warten im Halbschlaf wurde er in einen weiteren Gang geführt, warf zu Ehren des Hermes einen geweihten Stein hinter sich, um Unheil abzuwehren, und vollzog das Schlachtopfer. Taumelnd irrte er nun durch ein Labyrinth, das das Herumirren der Seele vor dem endgültigen Eintritt in den Hades symbolisiert. Erst jetzt durfte er den Eingang zum (dreischiffigen) Hauptheiligtum betreten. In ein Loch im Fußboden goß er das mitgebrachte Blut der Opfertiere, um Persephone zu versöhnen, die unterhalb dieser Halle ihren Wohnsitz hatte. (In dieser Krypta fand man dicke Schichten vermoderten Blutes.) Und nun hatte er seine Erscheinung: ein Bronzekessel senkte sich von der Decke nieder, in dem sich der Beschworene befand und seine Weissagung erteilte. Betäubt wurde der Pilger durch einen weiteren Gang in ein Zimmer geführt, Reinigungszeremonien unterworfen und dann ans Tageslicht entlassen. Man fand sowohl den Kessel wie auch die Zahnräder, die den unsichtbaren Flaschenzug in Bewegung setzten.

Alles nur Priesterbetrug also? Zweifellos wurde hier in jeder Hinsicht manipuliert. Aber man muß unterscheiden zwischen der Manipulation und ihrer Wirkung. Subjektiv erlebte (und erlitt) der Pilger im Nekyomanteion eine ganz reale Todeserfahrung, einen Durchgang durch den Hades, eine Reise, die sein Leben veränderte. Und: die Maschinerie stammt aus dem 3. Jahrhundert. Das Orakel aber ist mehr als tausend Jahre älter. Das hellenistische Zeitalter war eine rationalistische, verstandesmäßig geprägte Epoche, in der die Menschen nur noch glaubten, was sie sahen. Die kunstreiche Inszenierung der Priester verhalf auch den Aufgeklärten zu einem „Gang zu den Müttern", in die Tiefen des Unbewußten. Sie begegneten vielleicht nicht den Toten, jedenfalls aber den Schrecken der eigenen Seele.

Das Heiligtum wurde 168 v. Chr. zerstört. Doch zurück ans Tageslicht und in das 32 km entfernte *Parga!*

Hades-Heiligtum von Nekyomanteion: Über dem verschütteten Eingang wurde im 18. Jahrhundert eine Kirche errichtet

„Palast der Persephone" im Inneren des Hades-Heiligtums

Parga (ΠΑΡΓΑ, 5000 E.), das sich höchst malerisch an der Küste hinbreitet und von einer venezianischen Festung überragt wird, hat eine sehr bewegte Geschichte. Schon seit antiker Zeit besiedelt, war es im 14. Jh. wichtiger Vorposten des byzantinischen Reiches, wurde von den Türken nicht erobert, da es sich 1447 unter venetianischen Schutz stellte. 1452 und 1537 wurde es von türkischen Seeräubern geplündert, von den Venetianern aber wieder aufgebaut. Nach dem Fall Venedigs (1797) war es unter französischer Herrschaft, 1800–1807 unabhängiges Gebiet unter russischer Protektion, 1807–1814 wieder französisch, dann von Engländern besetzt, die 1819 Parga an den griechischen Todfeind Ali Pascha von Ioannina verkauften (s. S. 99). Die meisten Einwohner flohen nach Korfu. 1913 wurde es endlich griechisch.

Von Parga aus kann man auf neuer Straße das 50 km entfernte *Igoumenitsa* (ΗΓΟΥΜΕΝΙΤΣΑ, 4000 E.) erreichen, von dem wenig mehr zu sagen ist, als daß hier die Fähren von Korfu (18 sm, 1½ Stunden, sechsmal täglich) und Brindisi anlegen. Igoumenitsa, nach der Kriegszerstörung (1944) neu aufgebaut, kann also End- oder Anfangspunkt einer Autoreise durch Griechenland sein. Wer hier ankommt, kann entweder 100 km durch abwechslungsreiches, hügeliges Gelände nach Ioannina fahren (s. S. 98) oder die eben beschriebene Strecke in umgekehrter Richtung nach Nikopolis (s. S. 93).

Wir kehren nun zurück auf S. 93, auf die Strecke Nikopolis – Arta – Ioannina.

Kurz vor der Abzweigung nach Arta die mächtigen Ruinen eines *römischen Theaters* aus dem 2. Jh. n. Chr. (Auf der Höhe darüber, auf der sich wohl Octavians Lager befunden hat,

Parga mit venezianischer Festung

Reste eines Apollontempels.) 10 km vor Arta Abzweigung nach Ioannina, die wir links liegen lassen.

Arta (APTA, 20000 E.)

Das antike *Ambrakia* wurde im 7.Jh.v.Chr. als korinthische Kolonie gegründet, 295v.Chr. von König Pyrrhus zur Hauptstadt von Epirus gemacht und um 30v.Chr. von den Römern zerstört, die Bevölkerung in das neu gegründete Nikopolis umgesiedelt. Während nach dem 4. Kreuzzug (1204) die griechischen Provinzen in die Hände der fränkischen Barone fielen, konnte sich Epirus als byzantinisches Gebiet halten. Die mit dem Kaiserhaus verwandten Statthalter von Nafpaktos aus der Familie Angeloi übernahmen die Macht, nannten sich Despoten (= Herren, ein Titel ohne unangenehmen Beigeschmack) von Epirus, konnten 1224 den Franken Saloniki abnehmen, aber wegen bulgarischer Angriffe nicht nach Byzanz weitermarschieren.

Nach wechselnden Herrschaften kam es 1449 in türkischen Besitz, 1913 endgültig zu Griechenland.

Wahrzeichen der Stadt ist die im 17.Jh. erbaute geschwungene *Brücke,* von der ein weit verbreitetes Volkslied erzählt, der Baumeister habe seine Frau eingemauert, um der Brücke Festigkeit für die Ewigkeit zu geben.

Aus der Blütezeit des Despotats stammt die berühmteste Kirche Artas, die um 1295 erbaute ganz eigenartige Metropolitenkirche *Panagia Parigoritissa* (Kirche der trostreichen Mutter Gottes). Sie steht weithin sichtbar auf einer Terrasse. Über dem quadratischen Grundriß erheben sich acht Pfeiler, die zweigeschossige Säulen tragen und über diesen vier Paare von Säulenstützen für die Bogen, die die 5,80 m große Kuppel halten. Eine originelle Mischung der oktogonalen mit der Kreuzkuppelkirche. In der Kuppel herrscht der kolossale Pantokrator umgeben von Cherubim und Seraphim. Die Mosaiken stammen aus dem 13.Jahrhundert, die Wandfresken aus dem 16.Jahrhundert. Die obersten Säulen und die Bogengurte sind mit Reliefs geschmückt, was der byzantinischen Kunst eigentlich fremd ist. Sie sind Zeichen der engen Verbindung, die die Despoten zu den Anjou pflegten.

Blick auf Athen ▷

ΑΔΡΙΑΤΙΚΗ

Urlaub am Ägäischen Meer

Toren besuchen im fremden Land die Museen, Weise gehn in die Tavernen.

Erhart Kästner

In der Altstadt von Monemvasia

Gythion, der Hafen Spartas

Alltag der Fischer: Netzeflicken

Küste der Halbinsel Mani

Am Golf von Argolis

Bäuerin mit ihrer Schafherde

Bergdorf auf dem Festland

Berührt mein Land auch ein wenig Asien, lehnt mein Land auch leicht an Europa, sieh da steht es und ragt allein zwischen Äther und Meer!

Odysseas Elytis

Unverfälschte Folklore

Zwischen zwei Meeren: der Isthmus von Korinth

Im Hafen von Piräus

Platamon mit dem Olymposmassiv im Hintergrund

Olivenhain auf dem Peloponnes

Türkische Brücke in Arta

Die Anjou, von denen sie sich wahrscheinlich italienische Künstler ausliehen, residierten in Neapel.
Erwähnenswert sind ferner die Kirche *Ag. Theodora* (11./13. Jh.) mit dem Sarkophag der Stifterin (Gemahlin des Despoten Michael II.), *Ag. Vasilios* (14. Jh.) mit glasierten Fayencestücken in der Fassade sowie in der Umgebung die Klöster *Vlachernes* (im NO, die im 13. Jh. erbaute Grabkirche der Despoten), *Kato Panagia* (3 km südlich, 13. Jh., Fresken), *Brioni* (5 km südlich, 13. Jh.) und *Peta* (5 km östlich, mit einem Epitaphios aus dem 17. Jh.).
Die große Stadtfestung im Nordosten der Stadt (in die jetzt das Hotel Xenia hineingebaut ist) wurde im 13. Jh. über antiken Fundamenten errichtet.
Wir verlassen Arta auf der Straße, auf der wir gekommen sind (also Richtung *Preveza*), fahren bis zu der beschriebenen Kreuzung (10 km) und biegen nun in die Straße nach *Ioannina* ein, fahren durch das malerische *Lourostal* und nach Überwindung einer Paßhöhe (mit Erinnerungsmal an den Balkankrieg, der 1913 zur Befreiung von Epirus führte) nach Ioannina hinunter. 7 km vor der Stadt nach links Abzweigung zum antiken *Dodona,* das wir nach 21 km erreichen.

Dodona (ΔΩΔΩΝΗ)

hat zwar nie die Bedeutung von Delphi erreicht, ist aber doch das älteste Orakel des griechischen Festlandes. Funde weisen in das 3. Jahrtausend zurück und in der Ilias (XVI) ruft Achilleus den Gott von Dodona (Zeus) an, Patroklos zu helfen.
Zeus als blitzeschleudernder Wettergott hatte ursprünglich weder Statue noch Tempel, sondern offenbarte sich im Rauschen einer heiligen Eiche, aus dem Gurren der Tauben und aus dem Klingen eines Bronzekessels.
Im Gegensatz zu Delphi, das (jedenfalls in der Blütezeit) so gut wie ausschließlich in Staatsangelegenheiten um Rat gebeten wurde, sind die Fragen an das Orakel von Dodona von erfrischend persönlicher Konkretheit: Sind die Kinder dieser Frau wirklich meine Kinder? Zu welcher Gottheit soll ich beten, damit ich vernünftige Kinder bekomme, im Gegensatz zu den unvernünftigen,

Das Theater von Dodona

die ich schon habe? Soll ich nach Syrakus fahren oder hier bleiben? Zu welcher Gottheit soll ich beten, um erfolgreich und glücklich zu sein? Der Mensch hat sich nicht verändert seit damals. (Die Fragen wurden auf Bronze- oder Bleitäfelchen geschrieben, die – aufbewahrt im Museum von Ioannina – in großer Anzahl gefunden wurden. Antworten sind nur ganz wenige erhalten, wurden im Regelfall wohl mündlich erteilt.)

Die Bauten, die man heute sieht, stammen fast ausschließlich aus dem 3. Jh. v. Chr., als das Heiligtum seine größte Bedeutung erlangte. (Ausgrabungen seit 1873 durch Karpanos siehe Karpanossaal im Athener Nationalmuseum, seit 1952 fortgeführt und noch nicht abgeschlossen.)

Das *Theater* wurde unter Pyrrhos (292–272) errichtet, 219 von den Ätolern zerstört, aber schnell wieder aufgebaut. In römischer Zeit wurden die untersten Sitzreihen entfernt und das Theater in eine Arena für Gladiatorenspiele und Tierhetzen umgewandelt. Es faßt an die 16000 Zuschauer – ist also etwa gleich groß wie das von Epidauros –, wurde Anfang der sechziger Jahre restauriert und ist heute Schauplatz der Festspiele von Dodona (im Sommer).

Hinter dem Theater liegt ein *Säulensaal,* nach *Tempeln der Aphrodite* und einer unbekannten Gottheit folgen das *Zeusheiligtum* (mit der heiligen Eiche, die 391 n. Chr. gefällt worden sein soll), ein älterer und ein jüngerer *Tempel der Dione* (einer Nymphe, die hier zusammen mit Zeus verehrt wurde) und schließlich die Fundamente einer *frühchristlichen Basilika* aus dem 6. Jh., die über einem *Heraklestempel* erbaut wurde.

Wir fahren nun auf der gleichen Straße zurück und biegen links ein nach *Ioannina.*

Ioannina (IΩANNINA, 45000 E.)

Die Hauptstadt des Bezirks Epirus, zugleich wichtiges Handelszentrum, macht einen weniger griechischen als orientalischen Eindruck.

Gegründet wurde sie im 6. Jh., gewann Bedeutung aber erst nach der Eroberung Konstantinopels durch die Kreuzritter (1204). Michael Angelos, der erste Despot von Epiros, hatte hier vor Arta (s. S. 96) seine Residenz. Aus dieser Zeit stammen die Festung (Kastro) und die Mauern. 1345 kam sie unter serbische, 1431 unter türkische Herrschaft. Aus dem Schlummer einer türkischen Provinzstadt wurde Ioannina im späten

Teilansicht von Ioannina

18. Jh. durch Ali von Tebelen erweckt, einen albanischen Condottiere, der 1788 vom Sultan zum Pascha von Trikkala ernannt wurde und in Ioannina residierte.

Ali Pascha von Ioannina, wie er nun allgemein genannt wurde, brachte durch Rücksichtslosigkeit und Tatkraft bald den halben Balkan unter seine Kontrolle, über den er – als des

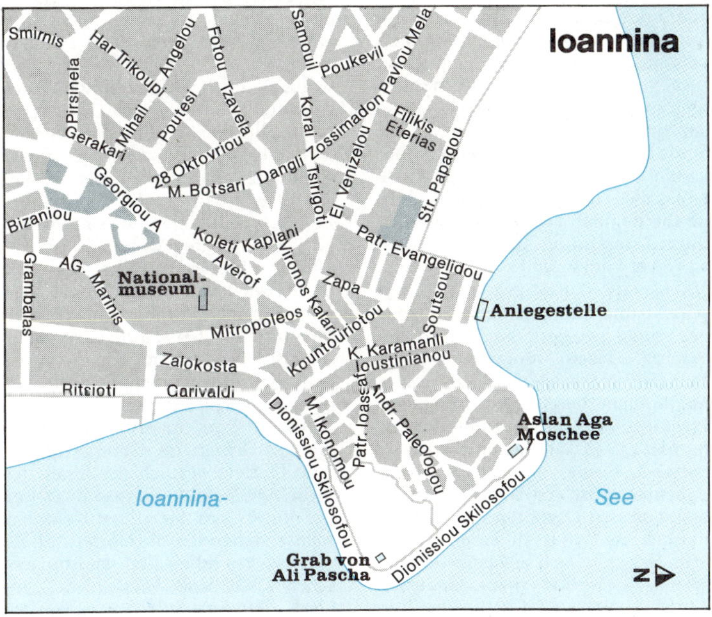

Der sterbende Ali Pascha

Sultans mächtigster und unabhängigster Vasall – fast unumschränkt herrschte. Eine der schillerndsten Figuren der Geschichte, dem selbst Byron eine gewisse Bewunderung nicht versagte. Durch seine Feindschaft zum Sultan wurde der Griechenfresser zum natürlichen Verbündeten der aufständischen Griechen, bedeutende Führer des Freiheitskampfes lebten an seinem Hof. Die Fustanella, die Tracht der Freiheitskämpfer (heute noch von den Evzonen getragen) stammt aus dieser Zeit. 1820 wurde er vom Sultan zum Staatsfeind erklärt, eine Armee gegen ihn ausgeschickt und Ioannina belagert, wobei der größte Teil der Stadt in Flammen aufging. Nach fünfzehnmonatiger Belagerung erklärte sich Ali zu Verhandlungen bereit, wurde auf eine Insel im See gelockt und dort ermordet. 1913 kam Ioannina in griechischen Besitz.

Sehenswert ist vor allem die mächtige, von den Despoten im 13. Jh. errichtete und von Ali Pascha erneuerte *Burg*, die sich auf einer Halbinsel über dem See erhebt. In der *Aslan Aga Moschee* (1619) in der Burg ist ein *Museum* mit epirotischen Volkstrachten und Erinnerungsstükken an Ali Pascha und den Freiheitskrieg. Ein Turm an der Spitze der Festung birgt Ali Paschas Grab.

In den malerischen Gassen der Altstadt kann man in vielen Silberschmieden und Antiquitätenläden epirotischen Schmuck und Kunstgewerbe aus alter und neuer Zeit verhältnismäßig preiswert erwerben.

Besuchenswert ist das 1970 eröffnete *Museum*, das außer den Funden von Dodona (s. S. 97) Stücke von der Steinzeit bis zur byzantinischen Epoche zeigt, außerdem eine Sammlung von Gemälden (19./20. Jh.).

A Ausflüge

An der Seepromenade ist die Anlegestelle für die Boote zu den Inseln, von denen zumindest die Hauptinsel einen Besuch wert ist. Außer dem *Ali Pascha Museum* – dem *Pantaleimon-Kloster*, in dem Ali ermordet wurde – noch weitere fünf Klöster: darunter das *Prodromoskloster* (13./15. Jh., Fresken 18. Jh.); das *Nikolaos Spanos* (13./17. Jh.), wird auch Philosophikon genannt, weil hier Fresken aus dem 17. Jh. antike Philosophen zeigen, was in einer byzantinischen Kirche sehr ungewöhnlich ist; das *Kloster Nikolaos Dilios* aus dem 11. Jh. mit Fresken aus dem 16. Jh.

4 km nördlich von Ioannina liegt die *Peramagrotte* (Ausfahrt nach Igoumenitsa, dann rechts Richtung Kalambaka), eine bemerkenswerte 800 m lange Tropfsteinhöhle.

Nördlich von Ioannina (Richtung Konitsa) liegen im Gebirge malerische Dörfer: westlich der Straße das für seinen Wein berühmte *Zitsa*, weiter nordöstlich die unter Denkmalschutz stehenden 46 Dörfer des *Zagoriagebietes* über der wildromantischen *Vikos-Schlucht*.

Nach *Dodona* s. S. 97.

Meteora-Felsen

Von Ioannina zu den Meteora-Klöstern (Kalambaka)

Die 124 km lange Strecke durch das Pindusgebirge gehört zu den landschaftlich schönsten Griechenlands, ist aber wegen der Schneefälle im Winter und oft weit bis ins Frühjahr hinein gesperrt. (In Ioannina bzw. Kalambaka erkundigen!) Wegen der vielen Kurven ist sie nur langsam zu befahren. Wer in *Metsovon* Rast machen will, nehme sich am besten einen ganzen Tag Zeit.

Am Kloster *Panagia Dourahan* (15. Jh.) und an *Perama* (s. S. 100) vorbei, führt die Straße zunächst auf den 945 m hohen *Kiri-Paß*, überquert den Fluß Arachthos und windet sich nun durch eine Hochgebirgslandschaft aufwärts. (Ausblicke auf die höchsten Pindusgipfel Smolikas 2637 m und Peristeri 2295 m.)

Metsovon (ΜΕΤΣΟΒΟΝ),

eine beliebte Sommer- und Winterfrische, wird auf der Höhe von 1180 m erreicht. Man sollte an dem pittoresken Städtchen, das 2 km unterhalb der Hauptstraße liegt, nicht vorbeifahren. Außer den Kirchen *Ag. Paraskevi* und *Ag. Dimitrios*, den Klöstern *Panagia* (bei der Schlucht) und *Ag. Nikolaos* (etwas nördlich) ist das *Patrizierhaus Tositsas* sehenswert, in dem ein *Museum* mit Möbeln und Volkskunst untergebracht ist.

Nach Metsovon geht es weiter in Kehren aufwärts bis zum 1705 m hohen *Katara-Paß*, dem höchsten befahrbaren Paß Griechenlands. Hier, an der Grenze zwischen Epirus und Thessalien, verlief im Zweiten Weltkrieg die Front zwischen griechischen und italienischen Truppen. Nun geht es durch Bergwälder langsam hinunter in die thessalische Ebene.

Etwa 10 km vor Kalambaka nach links Abzweigung nach *Kastoria*. Denjenigen, die an byzantinischer

Die bizarren Felsen, auf denen die Meteora-Klöster erbaut sind

Kunst interessiert sind und etwas Zeit haben, ist dieser Abstecher (153 km einfache Strecke) sehr zu empfehlen. (Wer über Jugoslawien einreist, erreicht Kastoria über Prilep – Bitola – Florina und kommt auf der hier genannten Strecke nach Mittelgriechenland und zu den Meteora-Klöstern.) Die über Grevena führende Strecke ist weder landschaftlich, noch historisch interessant, doch bringt sie uns zu dem reizvoll auf einer Halbinsel über dem gleichnamigen See liegenden *Kastoria.*

Kastoria (ΚΑΣΤΟΡΙΑ, 15000 E.) hat sich – nach dem Ausbau der Straßen – in den letzten Jahren zu einem beliebten Urlaubsort entwickelt und besitzt gute Hotels. Die Hauptsehenswürdigkeit von Kastoria sind die über 70 byzantinischen Kirchen

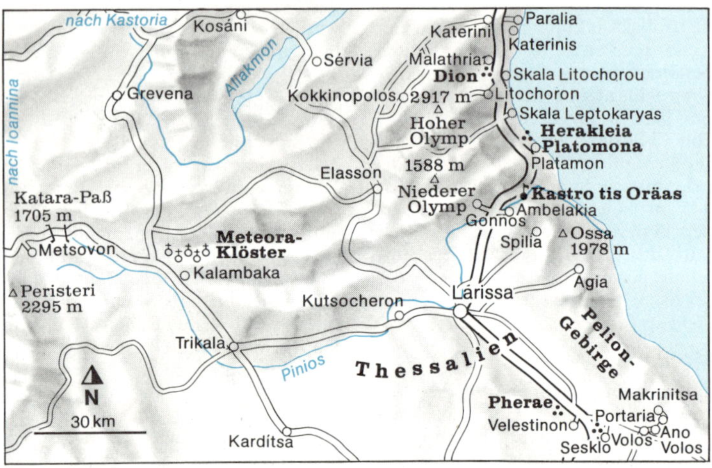

Roussanou-Kloster

und Kapellen aus dem 11. bis 18. Jh., die einen lebendigen Anschauungsunterricht in byzantinischer Kunstgeschichte vermitteln. Zusammen mit den alten Holzhäusern aus türkischer Zeit bilden sie ein in ganz Griechenland einzigartiges Stadtensemble, in dem die Zeit still zu stehen scheint.

Günstige Einkaufsmöglichkeit für Pelze, vor allem aus der hier seit 150 Jahren betriebenen Biberzucht.

Nun zurück auf unsere Straße nach Kalambaka! Kurz vor der Stadt Abzweigung zu den *Meteora-Klöstern,* die – neben dem Athos – zu den wichtigsten byzantinischen Sehenswürdigkeiten Griechenlands zählen.

Meteora-Klöster

Wörtlich bedeutet ihr Name „die zwischen Himmel und Erde schweben" – und das ist wahrlich keine Übertreibung. Wer die bizarren Felsen, die sich stalagmitenhaft bis zu 300 m hoch über die Ebene recken, zum ersten Mal erblickt, glaubt ein Traumgebilde zu sehen. Der visionäre Charakter des Bildes wird noch einmal gesteigert durch die unwahrscheinliche Architektur der Klöster, die völlig unglaubhaft auf die Bergzinnen geklebt sind. Einsamste Zuflucht für diejenigen, die mit ihrem Gott Zwiesprache halten wollen. Die merkwürdige geologische Formation (mit auffallender Ähnlichkeit zu den Sandsteintürmen der Sächsischen Schweiz) wird als Geröllablagerung eines Stromes erklärt, die im Tertiär entstand und später durch Bäche ausgewaschen wurde, die sich zwischen den Felsen hindurchfraßen. Früher konnte man die Klöster nur über Strickleitern erreichen oder wurde in Körben hochgezogen. Heute führt eine Asphaltstraße durch das ganze Gebiet, der Zugang zu den Klöstern führt über Brücken und Felsstufen. Seitdem ist es natürlich mit der Ruhe der Klöster vorbei.

Geschichte

Die Geschichte der Mönchsrepublik Meteora beginnt im 11. Jh. Damals zogen sich Eremiten in die Schluchten und Höhlen der Felsen zurück. Sie versammelten sich zum Gottesdienst in einer einfachen Kirche auf dem Doupiani-Felsen, wo später das Marienkloster erbaut wurde. Die

Kloster Dochiariou

Martyrium des hl. Ignatius

Klöster (oder ihre Ruinen), die wir heute sehen, stammen aus dem 14. Jh. Damals war eine sehr unruhige Zeit. Das byzantinische Reich, das sich noch kaum von dem Überfall durch die Kreuzritter und der daraus folgenden Frankenherrschaft (1204–1261) erholt hatte, wurde von allen Seiten bedrängt. Thessalien war von den Serben besetzt, die ihre Residenz in Trikala hatten. Um sich vor den Räuberbanden zu schützen, die die Gegend plünderten, baute der Abt von Doupiani 1367 vier Kirchen auf die unzugänglichen Felsen.

Etwa um die gleiche Zeit gründete Athanasios auf dem Platys Lithos (Breiter Felsen) das Kloster Metamorphosis (Verklärung Christi), das sich unter seinem Nachfolger Joasaph – einem Prinzen, der der Welt entsagt hatte – zum Mittelpunkt der Meteora-Klöster entwickelte. Insgesamt entstanden auf den Felsnadeln 24 Klöster, deren Mönche aber die christlichen Tugenden der Demut und Duldsamkeit auf die Dauer vermissen ließen und sich um Vorrechte und die fruchtbaren Ländereien Thessaliens stritten. Dies führte im 16. Jh. zum Niedergang der Mönchsrepublik. Die Klöster wurden verlassen und verfielen. Heute sind nur noch fünf Klöster bewohnt: *Ag. Nikolaos, Metamorphosis* (Meteoron), *Varlaam, Ag. Triada* und *Ag. Stephanos.*

Rundfahrt

Kalambaka-Meteora-Kalambaka (21 km)

Auf der Rundfahrt kommt man zunächst zu der *Doupinai-Säule* und zur *Muttergotteskirche* aus dem 16. Jh., die auf das 12. Jh. zurückgeht. Dann steigt man zum *Nikolaos-Kloster* hinauf, das 1388 erbaut und 1628 vergrößert wurde. Es besitzt ausgezeichnete Fresken der kretischen Schule von Theophanes. Besonders bemerkenswert sind das Paradies und das Jüngste Gericht.

Beim *Roussanou-Kloster* (16. Jh.), das nicht besichtigt werden kann, teilt sich die Straße und führt rechts zum *Kloster Ag. Triada* (Hl. Dreifaltigkeit), das 1476 erbaut wurde. Die Fresken im Narthex stammen von 1692, im Hauptraum von 1741. Zum Kloster führt eine Rundtreppe mit 140 Stufen.

Adam gibt den Tieren ihre Namen

Am südlichsten Ende der Straße steht das *Kloster Ag. Stephanos* auf einem Felsen, der mit der Straße durch eine Brücke verbunden ist. Es ist schon im 12. Jh. bezeugt. Die alte einschiffige Basilika wurde 1350 erbaut, 1501 ausgemalt. Die große Kirche entstand 1798 und enthält eine prachtvolle Ikonostase von 1814. Im Refektorium ist ein kleines *Museum*. Das Kloster wird heute von Nonnen bewohnt und bewirtschaftet.

Wir fahren nun auf der gleichen Straße zurück und finden gleich nach der beschriebenen Kreuzung das *Kloster Varlaam* (1518 gegründet). Die Allerheiligenkirche stammt von 1544, die Fresken (der kretischen Schule) im Hauptraum sind von 1548, im Narthex von 1566.

Die Straße endet beim *Kloster Meteoron*, dem größten und bedeutendsten der Meteora-Klöster. Es wurde 1344 von dem hl. Athanasios gegründet, die Kirche unter seinem Nachfolger Joasaph (s. o.) 1388 vollendet, 1540 erweitert. In der Metamorphosiskirche hervorragende Fresken (Chorapsis 15. Jh., Hauptraum 16. Jh.). Im Refektorium sehr sehenswertes *Museum* mit Ikonen, liturgischem Gerät, Büchern und Dokumenten. Im Kloster gibt es Unterkunftsmöglichkeit.

Kalambaka

(ΚΑΛΑΜΠΑΚΑ, 5000 E.),
am Fuß der Meteora-Felsen gelegen, wo der Pinios das Gebirge verläßt, ist Ausgangspunkt für die Besichtigung der Klöster. (Gute Hotels; während der Saison dringend Voranmeldung zu empfehlen!)

Im Ort ist sehenswert die *Metropolitankirche* (in byzantinischer Zeit war Kalambaka Sitz eines Erzbischofs), die sich auf einem kleinen Hügel erhebt. Sie wurde 1309 von Andronikos Palaiologos erbaut über einer älteren Kirche, die möglicherweise bis ins Zeitalter Justinians zurückreicht (Reste eines Mosaikfußbodens). In die Südwand der Kirche sind Reste eines antiken Tempels vermauert. Besonders bemerkenswert ist die in der Mitte stehende Kanzel, die der Kanzel der Hagia Sophia in Konstantinopel nachgebildet ist. Die Fresken wurden 1573 von Neophytos, einem Sohn des Theophanos (s. o.) geschaffen. Neben der Kirche steht die Allerheiligenkapelle mit Fresken aus dem 18. Jh.

Mohnfelder im Frühsommer in Thessalien

Von Kalambaka nach Volos

Trikala (ΤΡΙΚΑΛΑ, 45000 E.),
21 km von Kalambaka entfernt, ist das von Homer erwähnte *Trikki* (war aber schon weit früher besiedelt), dessen mythischer König der Heilgott Asklepios gewesen sein soll. Jedenfalls breitete sich der Kult des Asklepios von hier aus. (Reste eines *Asklepiostempels* südwestlich der Festung.) In der Ebene von Trikala wurden die berühmten thessalischen Pferde gezüchtet.

Wegen seiner zentralen Lage war Trikala von allen „Einwanderern" begehrt und wurde deswegen unzählige Male erobert und ausgeplündert. An die byzantinische Zeit erinnert die über der antiken Akropolis erbaute *Festung* (schöner Ausblick); im 14. Jh. war Trikala die Hauptstadt der Serben, die sich Thessaliens bemächtigt hatten; aus der Türkenzeit stammt die reizvolle *Koursoum Moschee* von 1550. In der Altstadt der malerische Basar und alte Herrenhäuser.

21 km von Trikala entfernt (Ausfahrt Pighi) der *Portas-Engpaß* und die Kirche *Panagias Portas* oder *Megalon Pylon* von 1283 mit Mosaiken aus der gleichen Zeit und Fresken aus dem 15. Jh.

Die Straße nach Larissa (61 km) führt durch die eintönige thessalische Ebene und überquert vor Kutsocheron den Pinios in einer Schlucht.

Larissa (ΛΑΡΙΣΑ, 102000 E.),
seit der Steinzeit besiedelt, erlebte eine außerordentlich bewegte Geschichte, von der allerdings kaum Spuren zurückgeblieben sind. Sehenswert ist eigentlich nur das in einer Moschee in der Stadtmitte untergebrachte *Museum* (Funde aus der Stein- und Bronzezeit, Grabstelen, frühchristliche Sarkophage).

Von Larissa aus kann der *Ossa* (1978 m) bestiegen werden. Führer in *Agia* oder in *Spilia* (Aufstieg jeweils etwa 7 Stunden).

Wer *Volos* (Entfernung 63 km) ganz schnell erreichen will, wird die (mautpflichtige) Schnellstraße benützen. Archäologisch besonders Interessierte werden die alte Straße neh-

men, in deren Nähe einige Ruinenfelder liegen.
Östlich von Niki (bei Petra) die Überreste des antiken *Kerkinion* mit einer kyklopischen Mauer von 8 km Umfang. An der Kreuzung der alten Straße mit der Autobahn rechts Abzweigung nach *Velestinon* mit geringen Spuren des antiken *Pherae* (Pharis), das im 4. Jh. seine Blütezeit erlebte. Nach mythischer Erzählung herrschte hier König Admetos, dessen Frau Alkestis an seiner Stelle den Tod auf sich nahm, aber durch Herakles gerettet wurde. (Tragödie von Euripides, Oper von Gluck.) Kurz nach der erwähnten Kreuzung nach rechts Abzweigung nach *Sesklo* mit Resten einer vorgeschichtlichen Akropolis. Kurz vor der Einfahrt nach Volos rechts Abzweigung nach *Dimini* mit den Ruinen einer vorgeschichtlichen Siedlung aus dem 4. Jahrtausend. (Funde von Sesklo und Dimini im Museum von Volos.)

Volos (ΒΟΛΟΣ, 107 000 E.),
der drittgrößte Hafen Griechenlands, über den die Erzeugnisse Thessaliens ausgeführt werden (Getreide, Obst, Gemüse, Olivenöl, Tabak, Baumwolle), wurde durch ein Erdbeben 1955 fast völlig zerstört. Es wurde wieder aufgebaut, doch wird man bemerkenswerte historische Bauwerke vergebens suchen. Unbedingt sehenswert ist jedoch das *Museum* (Athanasaki-Str. 1), das zeigt, daß Volos von der Steinzeit bis zum Hellenismus eine bedeutende Rolle spielte. Besonders interessant sind die steinzeitlichen Funde aus *Sesklo* und *Dimini* sowie die ganz einzigartigen bemalten Grabstelen aus der hellenistischen Stadt *Demetrias.*
Auf die steinzeitliche Besiedelung folgte das frühmykenische *Jolkos* (am Westausgang der Stadt). Hier herrschte nach der Sage Pelias, ein Sohn des Poseidon und Vater der Alkestis. Vom südlich gelegenen Hafen *Pagasae* zog Jason mit den Argonauten aus, das Goldene Vlies zu erobern. Im 4. Jh. war Pagasae Hafen von *Pherae,* in der makedonischen Epoche entwickelte sich das etwas nördlich gelegene *Demetrias* zu einer blühenden Stadt (s. S. 109).
Von Volos aus Fährverbindung zu den Sporadeninseln und nach Euböa.

Villa in Ano Volos

Makrinitsa

A Rundfahrt durch das Pelion-Gebirge

Hier sollen einst die Kentauren gehaust haben. Ihr berühmtester war Chiron, der weise Lehrmeister des Asklepios.

Das Peliongebirge, das bis zu einer Höhe von 1421 m ansteigt, schirmt den Golf von Volos gegen den Wind und die Wolken ab, die vom Meer her kommen und sich hier fangen. Die so entstehenden Niederschläge bescheren der Halbinsel *Magnesia* eine für Griechenland ungewöhnliche Niederschlagsmenge und eine entsprechend außergewöhnliche Vegetation. Nicht kahle Bergwände umschließen hier die Buchten, sondern üppiger Wald (Eichen, Buchen, Platanen, Kastanien, Nuß- und Mandelbäume). Eine für Griechenland einzigartige Situation.

Die Rundfahrt (je nach Streckenwahl und Abstechern 100–200 km) erfordert wegen der engen, sehr kurvenreichen Straßen einen ganzen Tag und ist äußerst lohnend, sowohl wegen der landschaftlichen Schönheiten wie auch wegen der besonders reizvollen Dörfer, die sich in dieser abgelegenen Gegend unversehrt erhalten haben. Engadin am Meer.

Wer nicht so viel Zeit hat, aber wenigstens einen Eindruck gewinnen will, sollte jedenfalls einen Abstecher nach *Ano Volos, Portaria* und *Makrinitsa* machen (alle auch mit Autobus erreichbar).

In Makrinitsa gibt es Unterkunftsmöglichkeit in schönen alten Patrizierhäusern.

i Auskünfte: Griechische Zentrale für Fremdenverkehr (EOT) Volos, Riga Fereou Platz, Tel. 23500 und 24915.

Touristenpolizei Volos, Hatziargyris-Str. 87, Tel. 27094.

Griechischer Automobilclub ELPA, Volos, Tel. 25001.

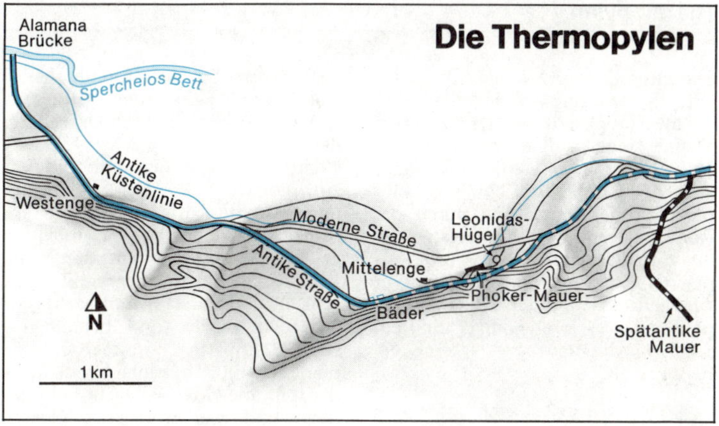

Schlachtfeld bei den Thermopylen (nach Ernst Kirsten/Wilhelm Kraiker: Griechenlandkunde. 5. Aufl., Hamburg 1967, 2 Bde.)

Von Volos nach Athen

Wir verlassen Volos in Richtung Süden (erst Straße nach Larissa, dann an der Stadtgrenze Richtung Farsala). Nach etwa 3 km erreichen wir das Gebiet von *Demetrias,* der von Demetrios Poliorketes (dem Städtezertrümmerer) 294 v. Chr. gegründeten hellenistischen Stadt. Sie ist in strategisch günstigerer Lage errichtet als das alte *Pagasae,* das etwa 1 km südlich liegt. (Die Stadtgebiete überschneiden sich.) In die (gut sichtbaren) Wälle wurden Grabsteine vermauert, deren Bemalung sich deshalb gut erhalten hat, sie bilden heute eine Zierde des Museums von Volos.

Die Straße führt weiter am Meer entlang nach *Nea Anchialos,* einer Neugründung an der Stelle des antiken Pyrasos, des frühchristlichen „Kleinen Theben" von Thessalien. Außer einem kleinen *Museum* sind hier (in einem Park rechts der Straße) die Ruinen von vier frühchristlichen Kirchen zu besichtigen (4.–7. Jh.).

In *Mikrothivai* (Reste einer kyklopischen Mauer, einer Stoa und eines Theaters) erreichen wir die Schnellstraße nach Athen. Von hier geht auch die Abzweigung zum 51 km entfernten *Farsala,* einem 1954 durch ein Erdbeben fast völlig zerstörten Städtchen, in dessen Nähe 48 v. Chr. die entscheidende Schlacht zwischen Cäsar und Pompejus stattfand. Pompejus erlitt eine vernichtende Niederlage (er soll 15 000 Mann verloren haben, Cäsar nur 200), konnte sich mit einigen Getreuen nach Ägypten einschiffen, wo er ermordet wurde. Von Farsala auf der alten sehr kurvenreichen Strecke nach Lamia, das man auf der Schnellstraße leichter erreicht.

Diese führt nun nach Süden (nach 15 km Abzweigung nach *Almyros* mit einem kleinen *Museum,* vor allem prähistorischer Gegenstände, bei Glyfa Fährverbindung nach Euböa s. S. 112), später nach Westen am Golf von Lamia entlang, und erreicht *Lamia* nach 85 km.

Lamia (ΛΑΜΙΑ, 38 000 E.),

heute Marktplatz für Tabak, Öl, Wein, Baumwolle, Getreide und Gemüse, spielte wegen seiner strategischen Schlüsselstellung als Verkehrsknotenpunkt seit dem 5. Jh. v. Chr. eine bedeutende Rolle. Seit 413 v. Chr. Hauptstadt der thessalischen Malier; seit 344 v. Chr. im Besitz der Makedonier, im Lamischen Krieg (323/22 v. Chr.) Sieg über die Athener. Mit der Eroberung durch die Römer begann der Niedergang Lamias. In der Frankenzeit wurde Lamia *Gipton,* unter den Katalanen *El Cito* genannt. Von der antiken Akropolis gibt es nur geringe Spuren. 1834 wurde hier eine Kaserne errichtet.

A Von Lamia führt eine Straße zum Heilbad *Loutra Ypati* und durch das Spercheiostal zum Gebirgsort *Karpennissi* (1000 m, Ausgangsort für die Besteigung des *Tymfristos,* 2315 m).

Von Lamia aus führen zwei Strecken nach Athen: wer von Norden kommt, und auf diesem Weg Delphi und Osios Loukas besuchen will (s. S. 85 und 82), nimmt die landschaftlich besonders schöne Strecke über Amphissa, eine weitere Straße führt über *Bralos, Amphiklia, Levadia* und *Theben,* und die mautpflichtige Schnellstraße, die der Eilige wählen wird, erreicht nach 217 km die Hauptstadt.

Thermopylen

Über die Schnellstraße gelangt man nach ca. 15 km zum Westdurchgang der Thermopylen. Hier fand 480 v. Chr. die berühmte Schlacht der Griechen gegen die Perser statt. Die Ablagerungen des Spercheios haben das Meer in den letzten 2500 Jahren weit zurückgedrängt. In antiker Zeit reichte es bis zu den Felsen und ließ nur einen schmalen Durchgang frei, der durch eine Mauer gesperrt wurde. 300 Spartaner und etwa 5000 schwerbewaffnete Krieger aus Mittelgriechenland versuchten hier den persischen König Xerxes mit seinem weit überlegenen Heer aufzuhalten. Ein griechischer Überläufer verriet jedoch dem Xerxes einen Hirtenpfad, der eine Umgehung des Passes möglich machte. Die persische Leibgarde überrannte die dort zur Vorsicht aufgestellten Phoker und bedrohte damit die Griechen im Rücken, deren Stellung so unhaltbar geworden war. Der Spartanerkönig Leonidas, der den Oberbefehl hatte, schickte nun die Hauptmacht der Griechen zurück und behielt nur seine 300 Spartaner sowie 700 Thespier und 400 Thebaner bei sich. In der nun folgenden Schlacht fiel Leonidas (und zwei Brüder des Xerxes), die Böoter ergaben sich, die Spartaner fielen in wütender Gegenwehr bis zum letzten Mann. An eine Rettung war längst nicht mehr zu denken, sie kämpften nur noch für die Erfüllung ihrer Pflicht. Der Dichter Simonides widmete ihnen Verse (die am Schlachtort eingemeißelt wurden), die in Schillers Übersetzung auch in Deutschland unsterblich wurden:

„Wanderer, kommst du nach Sparta, verkündige dorten
Du habest uns hier legen gesehn, wie das Gesetz es befahl."

Ein modernes Denkmal erinnert an die Schlacht, Lagepläne erleichtern den Überblick über die damalige Situation. (Die strategische Lage hat sich mehrfach wiederholt: 279 v. Chr. umgingen die Gallier ebenfalls auf dem Anopäa-Pfad die Thermopylen, 191 durchbrachen die Römer, 395 n. Chr. die Goten die Thermopylensperre; im 6. Jh. n. Chr. ließ Justinian eine neue Mauer errichten.)

Nach 41 km erreicht man *Kamena Vourla,* ein Heilbad mit stark radioaktiven Quellen (gegen Arthritis, Rheuma) und vielbesuchter Erholungsort mit Badestrand (Fährverbindung nach Euböa). In *Arkitsa* Fährverbindung nach Euböa (Loutra

Edipsou) und bei *Livanates* Verbindung nach Levadia (über *Nea Atalanti*). Bei *Skala* Schiffsverbindung nach *Chalkis;* in *Proskina* Abzweigung zu den nur für Fachleute interessanten Ausgrabungen von *Alä* (Wallanlagen und Reste eines Athenaheiligtums aus dem 6. Jh.). Von *Kastro* aus kann man die (gut 3 km entfernten) Überreste der mykenischen Siedlung *Arni* (Paläokastro) besuchen, die sich auf einer Insel im jetzt trockengelegten Kopais-See erheben (16. Jh. v. Chr., Umfassungsmauer, Reste von Türmen, Spuren des Palastes).

Von Kastro aus kann man zu Fuß (ca. 2 Stunden) die *Katabothren* besuchen, Felsschlünde, in denen der Kopais-See verschwand und unterirdisch abfloß. Bei km 112 nach links Abzweigung nach *Akräphion* mit Ruinen von Kultbauten und Wallanlagen (7.–4. Jh. v. Chr.). Von Akräphion Fahrweg nach *Kokkinon.* Dieser Fahrweg führt zu der Schlucht, die die antike Siedlung von der modernen trennt, und zur (etwa 5 km entfernten) *Perdiko-Vrysi-Quelle* am Südwestabhang des Pelagia-Berges (724 m). Hier befand sich eine berühmte Orakelstätte des Apollon, das *Ptoion* (im Alterum hieß der Berg Ptoon), das sich auf drei Terrassen erhob. Auf der obersten Terrasse die Ruinen eines dorischen Tempels aus dem 7. Jh., im 3. Jh. v. Chr. erneuert.

Die Schnellstraße führt nun am *Iliki-See* entlang (in den früher der Kopais-See abfloß und der heute zur Trinkwasserversorgung Athens dient) und kommt bei km 131 zur ersten Ausfahrt nach Theben (s. S. 82); bei km 145 Straßenkreuzung: rechts wieder nach Theben, links über *Ritsona* nach *Chalkis* auf Euböa (s. S. 113). Rechts von dieser Straße die Ruinen des Artemis-Tempels von *Aulis* (5. Jh. v. Chr.), der daran erinnert, daß hier Iphigenie von ihrem Vater Agamemnon geopfert worden sei, um günstigen Wind für die Überfahrt nach Troja zu erhalten.

In *Skimatari* kleines Museum mit Funden aus dem benachbarten *Tanagra,* das für seine charmanten Kleinplastiken berühmt war, heute einen Besuch aber nicht lohnt. Nach km 186 nach links Ausfahrt zum *Amphiarion* (s. S. 50). Die Schnellstraße führt nun um das Parnes-Gebirge (1413 m) herum durch Attika in das Gebiet von Athen (s. S. 24 und S. 45 ff., Ausflüge von Athen).

Ausgrabungsstätte Eretria

Euböa

(Evia, ΕΥΒΟΙΑ, **170 000 E.)**
Die – nach Kreta – zweitgrößte griechische Insel ist geologisch, geographisch und historisch so eng mit dem Festland verbunden, daß sie hier wenigstens kurz beschrieben werden soll, zumal sie in letzter Zeit zunehmend für den Tourismus erschlossen worden ist.
Euböa ist etwa 175 km lang, aber nur 6–50 km breit und erstreckt sich entlang der soeben beschriebenen Strecke vom Golf von Volos bis auf die Höhe von Athen. Die Insel ist nur durch einen schmalen Wasserarm vom Festland getrennt, der sich bei Chalkis (Kanal von Euripos) bis auf 40 m verengt und seit dem Altertum durch eine Brücke überspannt wird. Trotz der hohen Bergketten, (im Norden Telethrion 1060 m, Xyron 1110 m, im Zentrum Dirphis 1745 m, im Süden Ochi 1404 m) ist Euböa eine sanfte, bewaldete Insel mit viel Grün, ganz im Gegensatz zu den benachbarten Kykladen. Archäologische Sehenswürdigkeiten gibt es nicht viele, doch eignet sich die noch nicht überlaufene Insel für einen geruhsamen Urlaub.
Verbindungen: mit dem Auto erreichen Sie Chalkis von Athen aus in etwa 2 Stunden (88 km), außerdem Fährverbindungen (von Süd nach Nord) von Rafina, Agia Marina, Oropos, Arkitsa, Glyfa und Volos.

Geschichte

Euböa, schon seit mykenischer Zeit besiedelt, wurde nach der dorischen Wanderung von ionischen Stämmen besetzt, die seit dem 8. Jh. eine reiche Kolonisationstätigkeit entfalteten (Makedonien, die Chalkidike, deren Namen sich von Chalkis herleitet, Sizilien und Süditalien). Hauptorte waren Chalkis und das nahegelegene (und meist mit Chalkis verfeindete) Eretria. 506 v. Chr. besiedelte Athen das Gebiet um Chalkis mit 4000 Bauern, die das Land jedoch beim Einfall der Perser 490 wieder verließen. 447 zweite Besiedelung durch Athen, das – nach einem Aufstand – 446 v. Chr. die ganze Insel in Besitz

nahm. 411 – nach einer verlorenen Schlacht gegen die peloponnesische Flotte – wurden die Athener aus fast ganz Euböa vertrieben. Im gleichen Jahr wurde die Brücke bei Chalkis gebaut, die Euböa mit Böotien verband, das nun zeitweilig zur Vormacht aufstieg.
Nach wechselvollen Herrschaften wurde Euböa 338 v. Chr. an Makedonien angeschlossen, 194 v. Chr. schließlich von den Römern unterworfen. Nach dem 4. Kreuzzug wurde es 1205 von Bonifacio de Montferrat, dem König von Thessaloniki usurpiert, der das Land in drei Teile teilte, die er an Veroneser Adelige abtrat. Ende des 14. Jhs. kam die Insel unter die Herrschaft Venedigs (unter dem Namen Negroponte), 1470 wurde sie von den Türken besetzt. Seit 1830 gehört sie zu Griechenland.

Chalkis (ΧΑΛΚΙΣ, 36 000 E.)

Ausgangspunkt für die Besichtigung der Insel ist die Hauptstadt Chalkis. Sie verdankt ihre Bedeutung seit dem Altertum ihrer strategischen Lage an der hier nur 40 m breiten Meerenge. Der Kanal von Euripos („schneller Fluß") wechselt hier etwa siebenmal am Tag die Richtung – ein Naturphänomen, das bis heute nicht endgültig geklärt ist. Einer hübschen Überlieferung nach soll sich Aristoteles – der jedenfalls in Chalkis starb – hier ins Meer gestürzt haben, weil er den Grund nicht herausbringen konnte. Die Durchfahrt ist daher auch für größere Schiffe nicht ungefährlich. Eine rote Kugel kennzeichnet die Nord-Süd-Strömung, eine weiße die Süd-Nord-Strömung. Seit 411 v. Chr. verbindet eine Brücke die Insel mit dem böotischen Festland. Die heutige Drehbrücke (die nur bei günstiger Strömung geöffnet wird) stammt von 1896.
Vom antiken Chalkis ist nichts erhalten, vom mittelalterlichen ein *türkischer Brunnen,* eine restaurierte *Moschee* (in der ein kleines *Museum* mittelalterlicher Gegenstände untergebracht ist), ein venezianisch-türkischer *Aquädukt* und die byzantinische Basilika *Agia Paraskevi,* die den fränkischen Kreuzrittern als Kathedrale diente.
Sehenswert ist jedoch das *Archäologi-*

Westküste von Euböa

Küste bei Nea Stira

sche Museum (beim Justizpalast), in dem vor allem Funde aus Eretria ausgestellt sind. Besonders wichtig sind die Teile des Giebels vom *Apollon-Daphnephoros-Tempel* aus dem 6.Jh.v.Chr., in dem der Kampf des Theseus gegen die Amazonen dargestellt wurde. Ein Meisterwerk spätarchaischer Kunst.

Die nicht sehr gutausgebaute und außerordentlich kurvenreiche Strekke in das 151 km entfernte *Loutra Edipsou* im Norden ist wegen ihrer landschaftlichen Schönheit empfehlenswert. Bei *Arkadi* Ausfahrt nach *Steni,* dem Ausgangspunkt für die Besteigung des *Dirphys* (Führer!); in *Psachna* byzantinische Kirche Ag. Trias Krietsoti und 4 km weiter das *Kloster Makrimalli* (wo Nonnen handgewebte Stoffe herstellen); in *Prokopi* byzantinische Kirche mit den Reliquien des hl. Johannes „des Russen"; in *Mandoudi* Abfahrt zu Strand und Hafen von *Kimassi;* in *Strophylia* nach links Abfahrt zu dem an der Westküste gelegenen Hafen und Ferienort *Limni;* nach 115 km *Artemision* am gleichnamigen Kap, in dessen Nähe 480v.Chr. die griechische Flotte die weit überlegene der Perser schlug (Überreste eines Artemistempels; in der Nähe des Kaps wurde die berühmte Poseidonstatue geborgen, die heute im archäologischen Museum Athen steht). Über *Orei* (dem antiken Histiaia) mit antiken und mittelalterlichen Resten und *Agioskampos* (Anlegestelle der Fähre von Glyfa) gelangt man schließlich nach *Loutra Edipsou,* dem seit der Antike bekannten Thermalbad, in dem schon Hadrian, Sulla und Augustus kurten. Heute wieder ein beliebter Kur- und Badeort.

Eretria (EPETPEIA)

Die wichtigste Ausgrabungsstätte Euböas befindet sich in dem 22 km südlich von Chalkis gelegenen Eretria, das in der Antike stets mit Chalkis um die Vorherrschaft über die fruchtbare Insel stritt. Da es sich dem Ionischen Aufstand (499–494 v.Chr.) gegen die Perser angeschlossen hatte, wurde es 490 von den Persern zerstört, später aber wieder aufgebaut. Am besten erhalten ist das *Theater* aus dem 4.Jh. (später erneu-

Segelparadies Euböa

Zitadelle in Karystos

ert), das besonders bemerkenswert ist durch einen unterirdischen Gang, der vom Untergeschoß des Bühnengebäudes zur Mitte der Orchestra führt. Durch ihn konnten die Gestalten aus der Unterwelt wirkungsvoll auftreten. In der Nähe die Fundamente eines *Dionysostempels* und des *Tempels des Apollon Daphnephoros* (des lorbeertragenden Apollon) aus dem 6.Jh., dessen bedeutende Giebelfragmente im Museum von Chalkis ausgestellt sind (s.d.). Außerdem Reste einer kyklopischen Mauer und von zwei Palästen.
Eretria, in dem sich eine Künstlerkolonie angesiedelt hat, ist ein vielbesuchter Badeort.

Von Eretria (Nea Psara) aus kann man über *Amarynthos* (Heilquellen) und *Lepoura* das 72 km entfernte *Kymi* erreichen, das in 160 m Höhe wie ein Balkon über dem ägäischen Meer liegt. (Von Kymi aus kann man in einem etwa einstündigem Fußmarsch zum Erlöserkloster *(Moni Sotiros)* gehen, das von einer byzantinisch-venezianischen *Festung* überragt wird. In dieser Gegend wird das antike Kykmi vermutet.) Vom 4 km entfernten *Paralia Kymi* aus Schiffsverbindung zu den Sporaden.
Das 109 km entfernte *Karystos* erreicht man über die gleiche Straße, wenn man in Lepoura nach rechts abbiegt. (7 km weiter Fahrweg zu den Ruinen des antiken *Dystos*.) *Ano Stira* in den Bergen und *Nea Stira* am Meer (Fährverbindung nach Ag. Marina) sind zwei hübsche Dörfer. *Marmari* an der gleichnamigen Bucht (Fährverbindung nach Rafina) hat sich zu einem lebhaften Ferienort entwickelt.
Karystos schließlich (Fährverbindung nach Rafina) ist die südliche Zitadelle Euböas und war schon in der Antike wegen seines grünen Marmors berühmt. Die venezianische Festung (*Castel Rosso,* wegen ihrer roten Steine) erhebt sich über der antiken Akropolis, *Paläo Choro* über der antiken Stadt. Sehenswert sind die *Marmorsteinbrüche* und die Tropfsteinhöhle *Agia Trias.* Von Karystos aus kann man den *Ochi* besteigen (Südgipfel, Agios Ilias 1404 m, sieben Stunden hin und zurück, Führer).

Saloniki (Thessaloniki, ΘΕΣΣΑΛΟΝΙΚΗ, ca. 950 000 E.)

Die Hauptstadt Makedoniens und ganz Nordgriechenlands ist die zweitgrößte und zweitwichtigste Stadt Griechenlands und nach Piräus der wichtigste Hafen. In ihrer bedeutenden Universität, deren Ruf der von Athen nicht nachsteht, werden etwa 30 000 Studenten ausgebildet. (Ihre Institute liegen in einem großzügig angelegten Campus am Rande der Innenstadt.) Saloniki ist wichtiger Verkehrsknotenpunkt und Zentrum einer stets wachsenden Industrie. Alljährlich im September findet eine internationale Industrie und Handelsmesse statt. Im Zusammenhang mit der Industriemesse werden internationale und nationale Filmfestspiele abgehalten; im Oktober folgen dann die „Demetria", die der byzantinischen Tradition der Stadt gewidmet sind.

Saloniki wurde immer wieder von verheerenden Brandkatastrophen heimgesucht (die letzte 1917), so daß von der mittelalterlichen und der türkischen Stadt außer den Großbauten – der Zitadelle, den byzantinischen Kirchen und einigen Moscheen – kaum etwas zu sehen ist. Die rapide Bevölkerungszunahme nach dem 2. Weltkrieg tat ein Übriges. So ist Saloniki heute eine moderne Großstadt in (relativ) aufgelokkerter Bauweise mit breiten Boulevards und vielen Plätzen. Außer seinen Kirchen (s. Stadtrundgang) – die zu den wichtigsten byzantinischen Denkmälern überhaupt gehören – ist Saloniki der gegebene Ausgangspunkt für eine Reihe von kulturhistorisch und landschaftlich interessanten Ausflügen (s. S. 128 ff.); ein Besuch von mehreren Tagen lohnt sich also in jedem Fall.

Davon ganz abgesehen bietet Saloniki alle Annehmlichkeiten der Großstadt.

Thessaloniki
(SALONIKI)
1 Weißer Turm (Lefkos Pyrgos)
2 Hippodrom, Palastanlage
3 Triumphbogen des Galerius
4 Rotonda (St. Georgskirche)
5 Agia Paraskevi (Panagia Achiropiitos)
6 Agia Sophia
7 Panagia Chalkeon (Theotokos-Kirche)
8 Römische Agora
9 Basilika Agios Dimitrios
10 Ag. Apostoli
11 Ag. Äkaterini
12 Profitis Ilias
13 Osios David
14 Vlatadon-Kloster
15 Zitadelle
16 Taxiarchen-Kirche
17 Ag. Nikolaos-Orfanos-Kirche
18 Archäologisches Museum
Messegelände
Ministerium für Nordgriechenland
Diikitiriou-Platz
Volkskunde-museum
ELPA (Automobilclub)
Aristotelous-Platz
Griechische Zentrale für Fremdenverkehr
zum Flugplatz
N
Dragatsaniou
Eptapirgiou
Xenokrátous
Zografou
Amfitrionos
Akropoleos
Kodrou
Evangelistrias
Kalis Elpidos
Alsous
40 Eklission
Vizilis
Anapáfseos
Agiou Dimitriou
Athinás
Evdoxou
Argonafton
Piléos
Akrita
Ag. Sofias
Sofokléous
Ag. Nikoláou
Vlaháva
Kassándrou
Ag. Dimitriou
Gounari
Melenikou K.
Evripidou
Eshilou
Ioulianou
Paleologou K.
Arianou
Patriárhou Ioakim
Egnatia
Gemistou
Kaftantzoglou
Stratou
Angelaki
Desperé
Nikoláou
Filikis Eterias
Vassil.
Tsimiski
Sofias
Olibou
Olibiádos
Anton P.
Karolou B.
Paleon Patron Germanou
Prig.
Vassileos Georgiou A
V.Georgiou A
Pávlou Melá
Kastritsiou
Theodoras
Stávrou G.
Vogatsikou
Mitropoleos
Koromila
Leof. Nikis
Diikitiriou (Diikitiriou)
Filipou
Venizélou El.
Dragoumi
Amvrossiou
Ptoleméon
Solomou
Askitou
Ermou
Aristotelous
Valaoritou
Ionos
Vassil. Irakliou
Komminon
Sofou L.
Verias
Edéssis
Dodekanisson
Karaoli-Dimitriou
Panagias Faneroménis
Kap. Agra
Gládstonos
Borou
Ag. Néstoros
P.A.V.
Langada
Irinis
Koloniari
Odisséos

Geschichte

Athen ist die Hauptstadt des klassischen Griechenlands, Saloniki die des byzantinischen. Beides kein Wunder. Denn noch zu Philipps und Alexanders Zeiten war Saloniki gar nicht existent; umgekehrt spielte Athen in byzantinischer Zeit keinerlei Rolle, während Saloniki über viele Jahrhunderte nach Konstantinopel die zweitwichtigste Metropole des byzantinischen Imperiums war. Saloniki wurde 315 v. Chr. in der Nähe des antiken Thermai von dem Makedonier Kassandros gegründet und nach seiner Gemahlin Thessalonike, einer Halbschwester Alexanders des Großen, benannt.

Ihre eigentliche Bedeutung gewann die Stadt, in der sich die wichtigsten See- und Straßenwege kreuzten, erst in römischer Zeit. 168 v. Chr. wurde Saloniki Hauptstadt einer der vier Provinzen, in die die Römer das makedonische Reich zunächst aufteilten, 146 v. Chr. politisches, wirtschaftliches und kulturelles Zentrum des ganzen Gebietes und nach der Zerstörung Korinths (im gleichen Jahr) entwickelte es sich zur wichtigsten Stadt der griechischen Halbinsel. Cicero ging hierher ins Exil (58 v. Chr.), im Winter 49/50 n. Chr. und im Winter 56 predigte der Apostel Paulus in Saloniki und gründete eine der ersten christlichen Kirchen auf europäischem Boden, an die er später seine Briefe „an die Thessalonicher" schrieb.

Um 300 n. Chr. machte der „Cäsar des Ostens", Galerius Maximianus (Adoptivsohn und Mitregent Kaiser Diokletians), Saloniki zu seiner Residenz und ließ einen prunkvollen Palast, einen Triumphbogen und als Grabmonument die Rotonda erbauen und die Stadtmauern erweitern. Unter seiner Herrschaft fanden die letzten großen Christenverfolgungen statt. 303 erlitt Demetrios den Märtyrertod. Später heiliggesprochen wurde er zum Schutzpatron Salonikis. 305 wurde Galerius Nachfolger Diokletians, Saloniki Kaiserstadt. Konstantin der Große ließ den künstlichen Hafen anlegen; 380 erklärte Theodosios I. hier das Christentum zur Staatsreligion, 392 ließ er einen Aufstand der Stadtbevölkerung gegen die von ihm begünstigten Goten grausam niederschlagen. Nach seinem Tod (395) wurde das Römische Reich geteilt, Saloniki kam – mit ganz Griechenland – zu Ostrom und blieb das ganze Mittelalter hindurch die zweitwichtigste Stadt des Byzantinischen Reiches.

Nach einer Blütezeit unter Justinian wurde Saloniki im 6. und 7. Jh. von Goten, Avaren und Slaven heimgesucht, doch konnten die Slaven 688 von Justinian II. besiegt werden. Im 9. Jh. zogen von hier aus die beiden Brüder Kyrill und Methodios, die „Slavenapostel", aus und brachten den Slaven die orthodoxe Religion und die byzantinische Kultur. 904 wurde Saloniki von sarazenischen Seeräubern erobert und geplündert, 20 000 Einwohner wurden in die Sklaverei verschleppt. Den ständigen Überfällen der Bulgaren machte 1018 Basilios II. (der „Bulgarentöter") ein Ende. 1185 wurde Saloniki von den Normannen erobert und geplündert und nach dem vierten (lateinischen) Kreuzzug und der Eroberung Konstantinopels durch die Kreuzritter (1204) wurde Saloniki die Hauptstadt eines Lateinischen Königreichs unter Bonifatius von Montferrat. 1224 gelang es den Herrschern des byzantinischen Despotats von Epirus Saloniki einzunehmen, 1246 wurde es an das Kaiserreich von Nikäa angeschlossen und nach der Rückeroberung Konstantinopels 1261 durch Michael VIII. Paläologos wieder Teil des Byzantinischen Reiches.

Im 14.Jh. führten heftige religiöse und soziale Auseinandersetzungen zu bürgerkriegsartigen Zuständen (Zelotenaufstand 1342–49), und von 1391–94 kam es zu einer ersten Besetzung durch die Türken. Sie konnten zwar wieder vertrieben werden, doch mußte der byzantinische Gouverneur 1423 die Stadt den Venezianern übergeben. 1430 kamen die Türken wieder und eroberten die Stadt nach dreitätiger Belagerung. Saloniki wurde geplündert, der Großteil der Bevölkerung niedergemacht oder in die Sklaverei deportiert. 1492 erlaubten die Türken 20000 „Spaniolen", spanischen Juden, die wegen ihres Glaubens ihr Heimatland verlassen mußten, die Ansiedlung, wodurch neues Leben in die ausgeblutete Stadt kam. Ihnen verdankt Saloniki eine neue wirtschaftliche und geistige Blüte. Griechen siedelten sich erst ganz allmählich wieder an. Jahrhundertelang war Saloniki eine orientalische Stadt.
Versuche der Griechen, sich am Aufstand von 1821 zu beteiligen, wurden von den Türken blutig niedergeschlagen. Erst während des ersten Balkankrieges konnten (am 8. November 1912) griechische Truppen – nach fast fünfhundertjähriger Türkenherrschaft – in Saloniki einziehen. 1913 wurde König Georg I. in Saloniki ermordet, woran ein Gedenkstein erinnert. Im Ersten Weltkrieg landete in Saloniki eine alliierte Expeditionsarmee, die Stadt war von 1915–1918 Hauptquartier der französischen Truppen. Ein verheerender Großbrand zerstörte 1917 den größten Teil der malerischen Altstadt. So prägen heute moderne Bauten das Bild der Stadt. Im Zweiten Weltkrieg war Saloniki von 1941–44 von deutschen Truppen besetzt. In diesen Jahren wurde ein großer Teil der jüdischen Bevölkerung verschleppt und ermordet.

Weißer Turm

Stadtbesichtigung

Vorbemerkung: Die wichtigen Baudenkmäler Salonikis kann man am besten in zwei getrennten Rundgängen besichtigen: einen durch die Unterstadt, einen durch die Oberstadt. Für eine einigermaßen gründliche Besichtigung benötigt man pro Rundgang etwa einen halben Tag. Da viele Kirchen nachmittags geschlossen haben, empfiehlt es sich also nach Möglichkeit zwei Vormittage vorzusehen. Wer nicht so viel Zeit hat, muß sich mit der Besichtigung der Unterstadt und der Zitadelle begnügen. (Die Nummern in runden Klammern beziehen sich auf den Stadtplan S. 117.)

Gang durch die Unterstadt

Wir beginnen unseren Rundgang an der Hafenpromenade, beim **Weißen Turm** (Lefkos Pyrgos), dem Wahrzeichen Salonikis **(1)**. Diese mächtige Bastion (Durchmesser 10 m, Höhe 30 m) wurde zu Anfang des 15. Jhs. entweder noch zu venezianischer Zeit oder kurz nach der Eroberung von venezianischen Meistern in türkischen Diensten erbaut und

Triumphbogen des Galerius

schloß die Festungsmauern zum Meer hin ab. Da er später von den Türken als Gefängnis benutzt wurde, nannte man ihn im Volk auch Blutturm.

Wir folgen nun der Küstenstraße (Leoforos Nikis) kurz stadteinwärts und biegen dann nach rechts in die Gounari ein, die uns – an den Resten von *Hippodrom* und *Palastanlage* **(2)** vorbei – zum

Triumphbogen des Galerius (3) bringt. Er wurde 303 n.Chr. zur Erinnerung an die Siege des Galerius über die Perser in Mesopotamien und Armenien errichtet (297 n.Chr.). Er stand an einer der wichtigsten Straßen des Römischen Reiches, der Via Egnatia, die weitgehend mit der Seidenstraße identisch ist und von Rom über Saloniki nach Adrianopel und Byzanz und von dort nach Asien führte. (Der moderne Odos Egnatia ist wahrscheinlich mit der antiken Straße nicht identisch.) Von der Anlage ist nur ein verhältnismäßig kleiner Teil erhalten. Denn ursprünglich stand östlich ein weiterer Triumphbogen und über beiden wölbte sich eine mächtige Kuppel. Der 21 m hohe Bogen ist aus Ziegeln ausgeführt und mit Marmorreliefs geschmückt, die die Taten des Kaisers rühmen. Sie sind großenteils stark verwittert und auch nicht von erstrangiger Qualität, trotzdem aber das bedeutendste Beispiel spätrömischer Reliefkunst auf dem griechischen Festland. Gut erkennbar (in der zweiten Zone von unten) Diokletian und Galerius (in Uniform), die gemeinsam das Dankopfer für den Sieg darbringen. Auf den Altarseiten die Schutzgötter Zeus und Herkules. In der Zone darunter eine Schlachtszene mit Elefanten. Im südlichen Durchgang Kampf des Galerius mit dem persischen Großkönig und die vier Herrscher des Römischen Reiches (Tetrachen): die beiden Kaiser (Augusti) des Ostens und des Westens und ihre beiden Stellvertreter und Nachfolger (Cäsares), denen Abendland und Morgendland huldigen. Vom Triumphbogen führt eine (ursprünglich wesentlich breitere) Straße zur

Rotonda (St. Georgskirche) (4), einem mächtigen Rundbau, der ebenfalls von Galerius erbaut wurde und wahrscheinlich als Mausoleum dienen sollte. Diese Straße war mit

Rotonda: Mosaik (5. Jh.)

Rotonda: Kuppelmosaik (5. Jh.)

Säulenhallen geschmückt und führte durch den Triumphbogen hindurch zum *Hippodrom* (Pferderennbahn) und zu dem gewaltigen kaiserlichen *Palast* **(2)**. Die grandiose Anlage – mit 180 000 qm eine der größten des Römischen Reiches – muß zu des Galerius Zeiten einen überaus prächtigen Anblick geboten haben. Während von Hippodrom und Palast wenig mehr als die Grundmauern freigelegt werden konnten, beeindruckt die Rotonda noch heute. Die 6,30 m dicken Backsteinmauern tragen eine riesige Kuppel von 24,15 m Spannweite.

Um 400 wurde die Rotonda in eine christliche Kirche umgewandelt: an der Ostwand wurde eine Apsis hinzugefügt und der ganze Bau mit einer runden Mauer umgeben, im Westen ein neuer Eingang angelegt und Umgangsnischen und Kuppel wurden mit wertvollen, zum Teil erhaltenen Mosaiken geschmückt. (In den Nischen über dem Eingang geometrische Dekorationen, pflanzliche Motive und Vögel; in den Feldern unter der Kuppel eine reiche hellenistische Scheinarchitektur mit betenden Heiligen mit durchaus individuellen Zügen; von der großen Christusdarstellung der Kuppel sind nur geringe Reste und die Vorzeichnung des Mosaiks erhalten.) In der Apsis Reste von Fresken aus dem 10. Jh. Im 16. Jh. wurde die Rotonda von den Türken in eine Moschee verwandelt (daher das Minarett), nach 1912 wieder in eine christliche Kirche. Heute ist sie Museum für byzantinische Kunst (z. Zt. wegen Restaurierung geschlossen).

Auf dem Rückweg in die Egnatia kommen wir an der etwas westlich von der Rotonda stehenden *Pantaleimonkirche* aus dem 13. Jh. vorbei. Wir folgen nun der Egnatia bis zur Ag. Sofias; dort steht gleich rechts nach der Kreuzung die Kirche

Agia Paraskevi (5), auch *Panagia Achiropiitos* genannt (nach einem angeblich nicht von Menschenhand gemalten Muttergottesbild). Die dreischiffige Basilika stammt ursprünglich aus dem 5. Jh., wurde mehrfach umgebaut und fiel der Brandkatastrophe von 1917 zum Opfer, wurde aber wieder aufgebaut. Die Marmorsäulen, die das Hauptschiff von den Seitenschiffen trennen, sind im Untergeschoß mit korinthischen, im

Agia Sophia

Mosaik in der Agia Sophia (8. Jh.)

Obergeschoß mit ionischen Kapitellen geschmückt. In den Arkaden einige Mosaikreste. Am linken Seitenschiffende Reste eines Mosaikfußbodens, der zu einer römischen Villa gehörte, über der die Kirche erbaut wurde.
Wir gehen die Sofias zurück, überqueren die Egnatia und kommen so zu einem Platz mit der Kirche
Agia Sophia (6), die im 8. Jh. erbaut und der hl. Weisheit geweiht wurde. Eine der Hauptkirchen von Saloniki. Sie ist nicht nach dem Vorbild der Ag. Sophia in Konstantinopel errichtet, sondern ist eine eigentümliche Mischung zwischen der dreischiffigen Basilika und der Kreuzkuppelkirche. (Von der Basilika: die drei Schiffe, die (abwechselnd) durch Säulen und Pfeiler voneinander getrennt sind, und die Emporen über den Seitenschiffen; von der Kreuzkuppelkirche: das Tonnengewölbe des Mittelschiffs und die mächtige Kuppel.) Bemerkenswert sind im Inneren die Säulenkapitelle (mit Akanthusblättern), die wohl von einem früheren Bau aus dem 4. oder 5. Jh. stammen, über dem die Kirche errichtet ist und von dem Reste (auf dem Platz vor der Kirche aufgestellt) gefunden wurden. Besonders schön sind die nach dem Bilderstreit zu Ende des 9. Jhs. entstandenen Mosaiken, die zu den wichtigsten Zeugnissen der byzantinischen Kunst dieser Zeit gehören: in der Apsis eine strenge Darstellung der Gottesmutter mit dem Kind, in der Kuppel die „Verklärung", Christus in der Glorie, zwei Engel, umgeben von der betenden Maria und den zwölf Aposteln.
Die Ag. Sophia wurde Ende des 16. Jhs. in eine Moschee umgewandelt, 1890 durch eine Brandkatastrophe beschädigt, 1907/10 restauriert, seit 1912 wieder christliche Kirche.
Wir gehen zur Egnatia zurück, biegen links ein, überqueren den Dikastirionplatz mit türkischen Bädern und sehen dann rechts die
Panagia Chalkeon (7), die „Kirche der Muttergottes der Kupferschmiede", offiziell *Theotokos-Kirche.* Die 1028 erbaute Kreuzkuppelkirche wurde über dem Grundriß eines (gleichschenkeligen) Griechenkreuzes errichtet. Der elegante Ziegelbau wurde zum Vorbild für unzählige byzantinische Kirchen und Kirchlein. Die aus der Entstehungszeit stammenden Fresken im Narthex sind gut erhalten und zeigen an der Ost- und Westwand Szenen des Jüngsten Gerichts. In der Kuppel eine Dar-

Mosaik in der Agia Sophia (9. Jh.)

Römische Agora

stellung der Himmelfahrt Christi. Die beiden Kuppeln über dem Narthex stammen wahrscheinlich vom Ende des 11. Jhs., die Fresken über dem Westportal (Mariae Tod) aus dem 14. Jh.
Wir gehen nun durch die Aristotelous in nördlicher Richtung zur Ag. Dimitriou und kommen zur **Römischen Agora (8)** und weiter zur Basilika

Agios Dimitrios (9), der dem Stadtheiligen geweihten größten Kirche Salonikis. An dieser Stelle befanden sich ausgedehnte römische Thermenanlagen, in denen der später heiliggesprochene Demetrios im Jahre 303 unter Galerius den Märtyrertod erlitten haben soll. Gegen Ende des Jahrhunderts wurde über der Hinrichtungsstätte ein kleines Heiligtum errichtet und im 5. Jh. über diesem

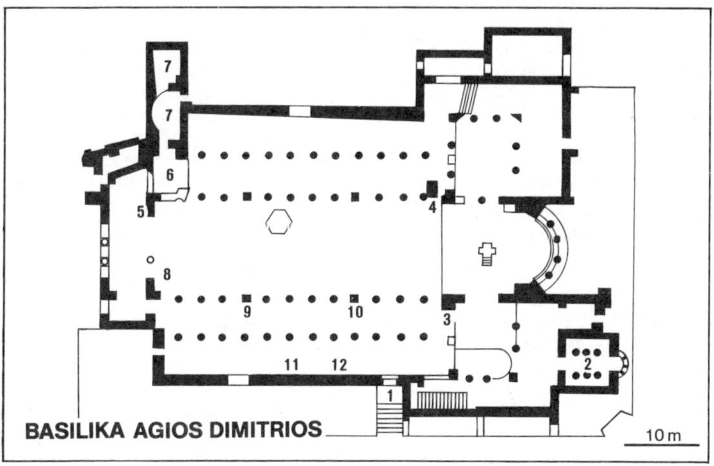

Agios Dimitrios

Mosaik des Demetrios (7.Jh.)

die fünfschiffige Basilika. Nach einem Brand wurde sie im 7.Jh. erneuert und dabei wurden über den Seitenschiffen Emporen eingezogen. Die 904, 1185 und 1430 durch Kriegseinwirkungen beschädigte Kirche wurde bei dem Brand von 1917 fast völlig zerstört und in den Jahren 1926–49 rekonstruiert. (Die Nummern in eckigen Klammern beziehen sich auf die Skizze S. 123.)
Das Portal [1] befindet sich an der Südseite; rechts an der Ostwand die im 13.Jh. geweihte Euthymioskapelle [2] mit Fresken von 1303; vor dem Altarraum führt eine Treppe zu der erst 1917 entdeckten Krypta [3], die jetzt ein kleines Museum beherbergt; hier, wo sich der Kerker des Demetrios befunden haben soll, wurde ein Fläschchen mit menschlichem Blut entdeckt und über dem vermutlichen Kerker des Heiligen eine erste Kapelle errichtet; in der mittleren Nische eine Öffnung, aus der wundertätiges Öl floß; außerdem Gräber, Reste der Thermen und Mosaikfragmente.
An einem Pfeiler [4] neben der Treppe eines der ältesten Mosaiken Demetrios mit einem Bischof (7.Jh.); am gleichen Pfeiler auf der anderen Seite der hl. Sergius und Demetrios mit einem Geistlichen und dem Stifter (Leontius), beide aus dem 7.Jh. Auf der gegenüberliegenden Seite des Chorraums an einem Pfeiler [5] Mosaik Demetrios mit zwei Kindern (7.Jh.) und Madonna mit einem Heiligen (12.Jh.); wenn Sie nun zur Westwand gehen, kommen Sie an einem Marmorsockel vorbei, der ein Ciborium trug, und beim Eingang der Kapelle zu einem florentinischen Sarkophag; auf der anderen Seite Tafeln mit einem kirchlichen Kalender für die Jahre 1474–93 [5]; daneben Mosaikreste; im Eingang zur Kapelle Mosaikfragment Demetrios mit Engeln [6]; die folgende Kapelle [7] soll das Grab des Demetrios enthalten haben und ist 1303 ganz ausgemalt worden; auf der südlichen Seite des Westeingangs Darstellung eines Menschen, der von einem Einhorn gejagt wird [8]; an den Pfeilern des rechten Seitenschiffs: St. Joasaph und St. Gregorius Palamas [9] und der hl. Lukas [10]; an der Südwand Fresken: St. Demetrios [11] und Barbaren plündern Saloniki [12].
Sie gehen nun die Dimitriou stadtauswärts fast bis zum Ende, biegen bei dem kleinen Durchgang Amaso-

Ag. Apostoli

Osios David: Christusmosaik (5. Jh.)

non nach links ein und finden dort, innerhalb der Mauern, die Kirche **Agii Apostoli (10),** 1312–15 errichtet, eine der anmutigsten Kirchen der Stadt. Die Fassade der ganz aus Backsteinen erbauten Kirche ist reich gegliedert und ornamentiert, im Inneren sind die Zentralkuppel und die Tonnengewölbe mit Mosaiken und Fresken geschmückt, die von den Türken (die seit 1430 die Kirche als Moschee benützten) überdeckt worden waren. Ausgezeichnete Zeugnisse spätbyzantinischer Kunst unter den Paläologenkaisern. (In der Kuppel Christus als Pantokrator und zehn Propheten, in den Zwickeln die Evangelisten, in den Gewölben Geburt, Taufe, Verklärung, Einzug in Jerusalem, Kreuzigung; an der Westwand Tod Mariä.) In der Seitenkapelle Geburt Johannes des Täufers und Salomes Tanz. Die Kapitelle der vier Säulen, auf denen die Zentralkuppel ruht, stammen aus einer früheren Kirche.

Gang durch die Oberstadt

Wer viel Zeit hat, beginnt diesen Rundgang bei der Kirche **Ag. Äkaterini (11),** einen im späten 13. Jh. errichteten Backsteinbau, der in Grundriß und Aufbau an die Apostelkirche erinnert. Im Inneren einige Fresken und Mosaiken aus der Entstehungszeit.

Über die Olibiados erreichen Sie in östlicher Richtung die nördlich von Ag. Dimitrios gelegene Kirche **Profitis Ilias (12),** die zu dem im 14. Jh. gegründeten Kloster *Nea Moni* gehörte. Sie hat einen kleeblattförmigen Grundriß wie viele Athos-Klöster. Im Narthex wurden unter dem türkischen Putz einige Wandmalereien entdeckt.

Sie folgen nun der Olibiados stadteinwärts bis zur Ag. Sophias und biegen links in deren Verlängerung, die Vlatadonstraße ein, um zu der sehr kleinen und etwas versteckt liegenden Kirche **Osios David (13)** zu kommen. Sie wurde um 500 erbaut, gehörte zum Latomou-Kloster, wurde in der Türkenzeit stark verändert und birgt in der Apsis ein Hauptwerk frühbyzantinischer Mosaikkunst aus der Entstehungszeit: der bartlose Christus zwischen den Propheten Habakuk (links) und Ezechiel (rechts). Man kann den Rundgang durch die Oberstadt auch bei Osios David beginnen.

Zitadelle

Der heilige Nikolaos (14. Jh.)

Oberhalb von Osios David liegt auf einer Terrasse das
Vlatadon-Kloster (14), das im 14. Jh. gegründet wurde, als einziges Kloster Salonikis erhalten blieb und eine Bibliothek mit wertvollen Handschriften besitzt. In der kleinen Metamorphosis-Kirche (die wahrscheinlich als Klosterkapelle diente) rechts vom Altar einige Fresken der makedonischen Schule aus der Entstehungszeit. Vom Klostergarten hat man einen schönen Blick auf Stadt und Golf.
Über dem Vlatadon-Kloster beginnt die
Zitadelle (15), die Befestigungsanlagen, die in byzantinischer und türkischer Zeit über der hellenistischen Akropolis erbaut wurden. Die Befestigungsanlagen hatten ursprünglich eine Länge von 8 km, von denen etwa die Hälfte erhalten ist. Die hellenistischen Wälle aus dem 3. Jh. wurden im 4. Jh. (unter Theodosios I.) und im 6. Jh. (unter Justinian) neu aufgebaut, im 10., 14. und 15. Jh. weiter verstärkt. Von den Seemauern, die im 19. Jh. abgerissen wurden, ist nur noch der *Weiße Turm* erhalten, der die Seebefestigung mit der Akropolis verband.
Vom Vlatadon-Kloster aus erreicht man das Südwestende der Akropolis beim *Paläologos-Turm* aus dem 14. Jh. Wenn Sie die Akropolis nach Westen durch das *Eski-Delik-Tor* (Alter Durchbruch) verlassen, kommen Sie zum *Turm des Manuel Paläologos* (14. Jh.), wenn Sie nach Osten gehen, zum *Turm des Andronikos* (14. Jh.) und durch das *Tor der Anna Paläologa* zur Eckbastion mit dem *Runden Turm* oder *Kettenturm* (Gingirli-Kule), der im 15. Jh. – ebenso wie der Weiße Turm – von Venezianern oder Türken errichtet wurde. Auf der Anhöhe die mächtigen Reste des *Heptapyrgion* (Yedi-Kule, Schloß der Sieben Türme), dessen Inneres nicht besichtigt werden kann, da es als Gefängnis dient. Wer an den Ostmauern entlang meerwärts geht, kommt am *Hormisdasturm* aus dem 4. Jh. vorbei und sieht links die Anlagen der *Universität* Saloniki. Wer die im 19. Jh. sehr unglücklich restaurierte
Taxiarchen-Kirche (16) besichtigen will, biegt in die Akropoleos ein. Sie wurde vermutlich im 14. Jh. über einer Unterkirche erbaut, die wohl aus dem 4. Jh. stammt. In dieser Krypta – dem interessantesten Bauteil – wurden die Mönche einer früheren Klosterkirche begraben.
Wenn Sie über die Kaliopis/Amfitrionos-Straße zum Ostwall zurück-

Goldmedaillon (3. Jh., Arch. Museum)

gehen, sollten Sie unbedingt die etwas südlich gelegene
Ag. Nikolaos-Orfanos-Kirche (17) besichtigen, die im 14. Jh. erbaut wurde und mit gut erhaltenen Fresken aus der Bauzeit geschmückt ist.
Das Archäologische Museum (18) gegenüber dem Messegelände birgt seit einiger Zeit als kostbarsten Schatz die überwältigenden Funde aus den Königsgräbern von Vergina (s. S. 131). Sie bedeuten für die makedonische Zeit soviel wie die Entdeckungen Schliemanns für die mykenische. Außer dem Skelett Philipps II. sind zu sehen: die Goldtruhen, in denen seine Gebeine sowie (vermutlich) die seiner letzten Gemahlin Kleopatra aufbewahrt wurden, seine Rüstung, goldene Kränze und weitere reiche Grabbeigaben. Außer früheren Funden aus makedonischen Gräbern sind vor allem bemerkenswert ein vergoldeter Bronzebecher (Krater) aus dem Gräberfeld von Derveni, der Ariadne und Dionysos zeigt (4. Jh. v. Chr.), Kleinkunst von der neolithischen bis zur spätbyzantinischen Zeit, Architektur- und Skulpturenfragmente, römische Kopien griechischer Bildwerke sowie ein hervorragender Mosaikfußboden aus dem 3. Jh. n. Chr. mit Dionysos und Ariadne, Apollon und Daphne, Zeus und Ganymed.
Im Volkskundemuseum (Vassilissis Olgas 68, Richtung Flugplatz) sind Schmuck, Waffen, Haushaltsgegenstände der letzten 250 Jahre sowie eine Sammlung von Volkstrachten aus Nordgriechenland ausgestellt.

Nützliche Adressen in Saloniki

Konsulate siehe S. 157.
Griechische Zentrale für Fremdenverkehr (EOT): Aristotelous-Platz 8, Tel. 222.935, 271.888; Flughafen, Tel. 425.011.
Touristenpolizei: Egnatiastr. 10, Tel. 522.587; Flughafen, Tel. 425.011; Neuer Bahnhof, Tel. 517.000.
Ministerium für Nordgriechenland: Diikitiriou-Platz, Tel. 270.092.
Ausländeramt: Politechniou Str. 41, Tel. 521.065.
ELPA (Automobilclub): Vassilissi Olgas Str. 228 und Egeou Str., Tel. 426.319/20; OVELPA (Straßenhilfsdienst), Tel. 104.
Polizei: Tel. 100; Feuer: Tel. 199.

Sport

Segeln: Segelclub, Megalou Alexandrou-Str., Tel. 830.939.
Marineclub: Themistokli Sofouli-Str. 96, Mikro Emvolo, Tel. 414.521.

Von der Griechischen Zentrale für Fremdenverkehr (EOT) eingerichtete Strandbäder: *Strandbad Thermaikos* (26 km vom Stadtzentrum entfernt).

Tennis: Tennisclub, Kyprou-Str. 16, Tel. 411.569.

Reiten: Reitclub, Aretsou-Str., Tel. 416.895.

Rudern: Kalamarias Marineclub, Mikro Emvolo, Tel. 412.068.

Basket-Volley-Ball: Byzantinischer Sportclub, Kouskoura-Str. 7, Tel. 270.379.

Bergsteigen, Skilaufen: Griechischer Ski- und Bergsteigerverband, Karolou Dil-Str. 19, Tel. 278.288.

Kieselsteinmosaik „Die Löwenjagd" in Pella (300 v. Chr.)

Ausflüge von Saloniki

Saloniki – Pella – Edessa – Veria – Vergina – Saloniki

(ca. 250 km)

Wir verlassen Saloniki auf der Odos Monastiriou (Fortsetzung der Egnatia) in Richtung Edessa. Nach etwa 40 km dehnen sich links und rechts der Hauptstraße die Ruinen des antiken *Pella* aus, die seit 1957 systematisch ausgegraben werden.

Pella (ΠΕΛΛΑ)

wurde kurz vor 400 v. Chr. die Hauptstadt Makedoniens, als König Archelaos die alte Hauptstadt Agä (Vergina s. S. 132) verließ und sich in Pella einen neuen Palast baute. Archelaos zog viele bedeutende Künstler an seinen Hof, u. a. Euripides (der auch ein Drama mit dem Titel Archelaos schrieb). Es war die Residenz Philipps II. und Alexanders d. Gr., möglicherweise auch dessen Geburtsort. Nach der Schlacht von Pydna (168 v. Chr.) fiel Pella in die Hände der Römer und seit der römische Statthalter (seit 148 v. Chr.) in Saloniki residierte, verlagerte sich der Schwerpunkt dorthin. Pella, von Xenophon als die größte Stadt Mazedoniens beschrieben, verfiel – wohl auch deswegen, weil sich hier keine Christengemeinde bildete.

Durch neueste Grabungen glaubt man den Palast Philipps und Alexanders lokalisiert zu haben. Er befand sich wahrscheinlich auf einem Hügel etwas westlich vom 2 km entfernten Paläa Pella. Dort werden auch die beiden *Akropolen* der Stadt vermutet. (Die Ausgrabungen werden fortgeführt.) Von hier zog sich die Wohnstadt nach Süden, von der rechts der Hauptstraße ein Viertel mit sehr komfortablen Herrenhäusern freigelegt wurde. In ihren Höfen befanden sich prachtvolle Kieselsteinmosaiken (um 300 v. Chr. entstanden), die zum Teil an Ort und Stelle verblieben (Hirschjagd, Raub der Helena), teils in das sehr sehenswerte *Museum* jenseits der Straße gebracht wurden. Besonders bemerkenswert die „Löwenjagd", die wahrscheinlich eine historisch belegte Szene darstellt: Alexander d. Gr. wurde bei einer Jagd in der

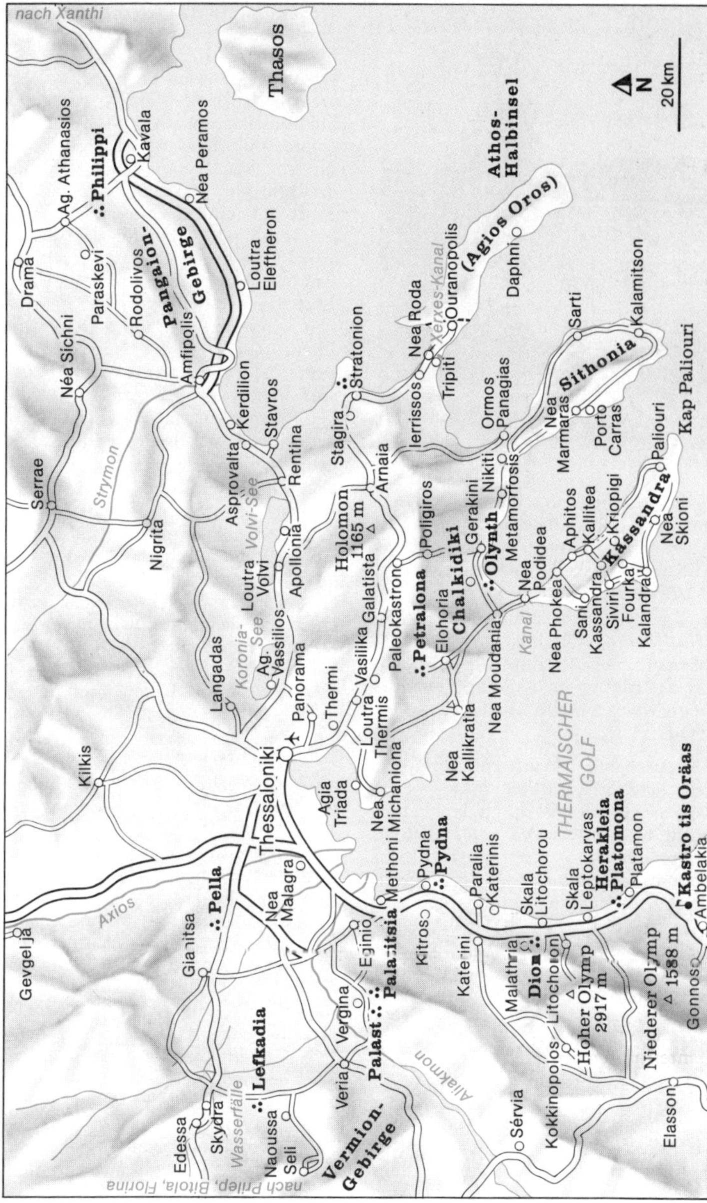
nach Xanthi
Thasos
Kavala
Ag. Athanasios
Philippi
Nea Peramos
Athos-Halbinsel
20 km
N
Drama
Paraskevi
Rodolivos
Pangaion-Gebirge
Loutra Eleftheron
(Agios Oros)
Ouranopolis
Xerxes-Kanal
Daphni
Néa Sichni
Amfipolis
Kerdilion
Stavros
Stratonion
Nea Roda
Tripiti
Ierrissos
Ormos Panagias
Sarti
Sithonia
Kalamitson
Nea Marmaras
Porto Carras
Kap Paliouri
Paliouri
Serrae
Strymon
Nigrita
Asprovalta
Rentina
Volvi-See
Stagira
Arnaia
Holomon 1165 m
Loutra Volvi
Apollonia
Galatista
Poligiros
Gerakini
Nikiti
Metamorfosis
Olynth
Chalkidiki
Petralona
Elohoria
Paleokastron
Nea Podidea
Aphitos
Kallitea
Kriopigi
Kassandra
Nea Skioni
Kalandra
Fourka
Siviri
Sani
Kassandra
Nea Phokea
Kanal
Nea Moudania
Langadas
Koronia-See
Ag. Vassilios
Panorama
Thermi
Vasilika
Loutra Thermis
Nea Kallikratia
THERMAISCHER GOLF
Kilkis
Thessaloniki
Agia Triada
Nea Michaniona
Kastro tis Oräas
Ambelakia
Platamon
Leptokaryas
Skala
Herakleia
Platomona
Litochorou
Skala
Katerinis
Paralia
Pydna
Methoni
Nea Malagra
Pella
Axios
Gevgelija
Kitros
Katerini
Malathria
Dion
Litochoron
Hoher Olymp 2917 m
Niederer Olymp 1588 m
Gonnos
Elasson
Kokkinopolos
Sérvia
Aliakmon
Eginio
Vergina
Palast
Veria
Lefkadia
Naoussa
Seli
Wasserfälle
Skydra
Edessa
Vermion-Gebirge
nach Prilep, Bitola, Florina

Ausgrabungen in Pella

Nähe von Susa von einem Löwen angefallen und von seinem General Krateros gerettet (Alexander links mit altem makedonischem Hut und Wurflanze).

2 km weiter westlich eine *antike Quellfassung* (fälschlich als „Bad des Alexander" bezeichnet) – Überbleibsel der römischen Kolonie Pella, die keine wesentliche Bedeutung erlangte.

Die nächsten 50 km führen durch ein landwirtschaftlich intensiv genutztes Gebiet (das durch Trockenlegung des Gianitsasees entstanden ist) über *Gianitsa* (in dem ein Denkmal an die Schlacht von 1912 erinnert, die zur Befreiung Salonikis von den Türken führte) nach *Edessa*, einer vielbesuchten Sommerfrische, die prachtvoll auf einer 312 m hohen Terrasse liegt.

Edessa (ΕΔΕΣΣΑ)

Bis vor kurzem hielt man Edessa für das antike *Agä*, die alte Residenz der makedonischen Könige, doch läßt sich diese Ansicht nach den Funden von Vergina (s. S. 131) nicht mehr aufrechterhalten. Durch neuere Ausgrabungen wurden in der Unterstadt (beim *Kloster Ag. Triada*) Reste der Stadtbefestigung aus dem 4. Jh. sowie einige Wohnhäuser freigelegt.

Edessa wird von vielen Bächen durchflossen, die sich im Osten der Stadt zu beeindruckenden Wasserfällen vereinigen – ein für das wasserarme Griechenland äußerst seltener Anblick. Vom (neu errichteten) *Erzbischöflichen Palais* aus hat man einen schönen Blick über Stadt und Ebene. Ganz in der Nähe die aus dem 15. Jh. stammende Kirche *Kimisistis Panagias*, die über einem antiken Tempel erbaut wurde (und dringend der Restaurierung bedürfte).

Von Edessa aus kann man über *Florina* auf landschaftlich sehr reizvollen, aber nicht immer gut ausgebauten Straßen durch das Vernon-Gebirge zu dem malerischen *Kastoria-See* und dem gleichnamigen Städtchen mit seinen vielen byzantinischen Kirchen fahren (s. S. 102).

Wir fahren auf der Straße nach Saloniki zurück bis *Skydra* und biegen dort nach rechts ab in Richtung Naoussa–Veria. Kurz vor der Abzweigung nach Naoussa geht links ein Fahrweg zu dem etwa 400 m entfernten *Großen Grab von Lefkadia* ab. Es wurde 1954/56 freigelegt, stammt aus dem 3. Jh. v. Chr. und besteht aus zwei doppelgeschoßigen Räumen. Die Fassade ist unten mit dorischen, oben mit ionischen Säulen geschmückt. Die gut erhaltenen Fresken zeigen das Totengericht, den Kampf der Lapithen gegen die Kentauren und einen Kampf zwischen Griechen und Barbaren, wahrscheinlich eine Anspielung darauf, daß der Tote – ein hoher Offizier – an den Kämpfen gegen die Perser teilgenommen hat.

In der Umgebung weitere makedonische Gräber, die wohl alle zu einem gemeinsamen großen Friedhof (der

Makedonischer Palast südöstlich von Vergina (Palatitsia)

Stadt Mieza) gehörten. Schlüssel für alle hat der Wächter beim Großen Grab. Die makedonischen Gräber wurden mit viel Aufwand errichtet, dann aber sofort zugeschüttet, damit sie den Augen (und der Begehrlichkeit) der Menschen entzogen wurden und nur den Göttern der Unterwelt sichtbar waren. Die Hügel wurden bepflanzt und so gerieten die Gräber im Lauf der Zeit in Vergessenheit.
Naoussa ist bekannt für seine guten Pfirsiche, seinen Wein und seinen Karneval (15 Tage vor den orthodoxen Pfingsten). Außerdem Ausgangspunkt für Wanderungen im Vermion-Gebirge, in dem man seit neuestem im Winter auch skilaufen kann (Skilift in Seli). Wir fahren weiter nach Veria.

Veria (BEPOIA, 30000 E.),

das seit der Antike (5. Jh.) bestehende *Beroia*, gehörte zu den wichtigen Städten Makedoniens und wurde in der Römerzeit Hauptstadt einer der makedonischen Republiken. Um 54 predigte hier der Apostel Paulus einer Judengemeinde, von der es in der Apostelgeschichte heißt, sie sei „edler gewesen denn die zu Tessalnich". Die Treppe, von der aus der Apostel predigte, wird noch gezeigt.
Außer einem neuerbauten *Museum* (in der Nähe des Hauptplatzes) mit Funden aus der Stadtgeschichte sind in Veria viele freskengeschmückte byzantinische und nachbyzantinische Kirchen sehenswert, die man allerdings ohne Führer kaum finden kann, da sie in der Türkenzeit mit Mauern umgeben wurden, um sie vor den Blicken der Eroberer (die den Bau neuer Kirchen verboten hatten) zu schützen. Da sie zudem meist verschlossen sind, fragt man am besten im Museum nach einem Führer.

Wir verlassen Veria in südöstlicher Richtung, überqueren den Aliakmon (links vor der Brücke ein makedonisches Grab aus dem 3. Jh. v. Chr.) und erreichen nach 15 km *Vergina*, das durch die Ausgrabungen von Manolis Andronikos inzwischen berühmt geworden ist.

Vergina (BERΓINA)

Andronikos entdeckte hier 1977 eine *unberührte Grabanlage*, bei der es sich mit größter Wahrscheinlichkeit um die Begräbnisstätte Philipps II.

Makedonisches Grab bei Vergina

von Makedonien und seiner letzten Gemahlin Kleopatra handelt. (Wesentliches Indiz sind die unglaublich reiche Ausstattung der Gräber sowie zwei ungleich große Beinschienen, die eigentlich nur Philipp gehört haben können, von dem man weiß, daß er hinkte, sowie Elfenbeinporträtköpfchen von Philipp und Alexander.) Wenn diese Hypotese stimmt, dann muß Vergina das antike *Ägä* sein, die alte Hauptstadt der Makedonen. Auch nach der Verlegung der Hauptstadt nach Pella (s. S. 128) blieb Ägä der Begräbnisplatz der makedonischen Könige, da nach einem alten Orakelspruch das Makedonenreich zerfallen würde, wenn einer seiner Herrscher anderswo begraben

Goldtruhe aus dem Königsgrab von Vergina (für die Gebeine Philipps II.)

würde. Der Spruch ging in Erfüllung, da nach dem Begräbnis Alexanders des Großen in Asien das makedonische Weltreich in die Diadochenstaaten auseinanderbrach.

Philipp II. wurde 336 v. Chr. ermordet. Die Hintergründe für dieses Attentat sind bis heute nicht geklärt, da der Mörder sofort von der Leibwache getötet wurde. Unmittelbar darauf wurde Alexander zum König ausgerufen.

Alle beweglichen Funde aus den Königsgräbern von Vergina wurden in das Museum von Saloniki gebracht, die Grabanlage selbst ist noch nicht zu besichtigen, da die Grabungen nicht abgeschlossen sind und die einzigartigen Fresken erst restauriert werden müssen.

Südöstlich von Vergina liegt in der *Palatitsia* genannten Flur ein großer hellenistischer Palast. Auf dem Weg dorthin etwa 50 m links von der Straße ein sehr gut erhaltenes makedonisches Grabmal *(Grab von Vergina)* aus dem 3. Jh. v. Chr. Die Fassade ist mit vier Halbsäulen geschmückt, zwei große Marmortüren führten in die Grabkammer, in der ein marmorner Sarkophag und ein steinerner Thronsessel stehen, an dem noch einige Reste der einstigen Bemalung zu sehen sind.

Die Straße führt nun weiter zu dem auf einer Anhöhe gelegenen *Palast*, der möglicherweise von Antigonos Gonatas (276–239) errichtet wurde. Von Osten her führt ein zehn Meter breiter Eingang zu einem großen Mittelhof von 44,80 m Seitenlänge, der auf jeder Seite von 16 Säulen umgeben war. Um den Hof gruppieren sich Empfangs- und Banketträume, die Nordseite wurde durch eine 104,65 m lange Halle abgeschlossen.

Rückfahrt nach Saloniki entweder über Eginio auf der Küstenstraße oder über den neuen Zubringer zur Autobahn Nordgrenze – Saloniki.

Langadas: Die Vorbereitungen der Feuertänzer (Anastenarides) beginnen bereits zu Hause, wo langsam eine Atmosphäre der Entrückung entsteht

Salonìki – (Panorama) – Amfipolis – Philippi – Kavala – Saloniki (ca. 420 km)

Der reizvollste Zufahrtsweg zu diesem empfehlenswerten Ausflug führt über *Panorama* (Stadtausfahrt in östl. Richtung über Nea Diagonios, die östliche Fortsetzung der Egnatia, Kanari, Anaximandrou, Plastira), einer beliebten Sommerfrische am Abhang des Chortiatis (1201 m, Gipfel kann nicht bestiegen werden, da militärisches Gebiet).

Panorama liegt malerisch, bietet – wie der Name sagt – schöne Ausblicke und besitzt gute Hotels und Restaurants. Ist also allein schon einen Abstecher wert.

Von Panorama aus erreichen wir auf kurvenreicher, aber guter Straße bei Ag. Vassilios am Koronia-See die Hauptstraße nach Amfipolis.

Der besondere Tip

In dem nördlich des Sees (östlich der Straße Saloniki – Serrae) gelegenen *Langadas* hat sich ein seltsamer Brauch erhalten. Alljährlich am 21. Mai (dem Fest des hl. Konstantin und der hl. Helena) und an den drei darauffolgenden Tagen tanzen die Feuertänzer *(Anastenarides)* zu einer monotonen Trommelmusik auf glühenden Kohlen, offensichtlich in Trance und ohne Schmerz zu empfinden. Auch zeigen ihre Fußsohlen keine Brandwunden. Dieser Brauch, den Flüchtlinge von Kosti aus Ostthrakien mitbrachten, ist zweifellos heidnischer Herkunft und geht wohl auf sehr frühe Zeiten zurück. Warum er am Fest des hl. Konstantin gefeiert wird, ist nicht bekannt. Er wird auch in dem Dorf *Agia Eleni* bei Serrae begangen.

Löwe von Amfipolis

Wir fahren nun am Volvi-See entlang (in *Loutra Volvi* Thermalquellen, in *Apollonia* Schwefelquellen) und erreichen nach Rentina ein malerisches Tal. An dessen Ende rechts Abzweigung nach Stavros mit ausgezeichnetem Sandstrand.
Die Straße führt nun am Meer entlang über *Asprovalta* (guter Sandstrand) und *Kerdilion*, einem aufstrebenden Seebad nach *Amfipolis*. Kurz vor der Brücke über den Strymon zwei makedonische Gräber und die mächtige Skulptur eines *Löwen* aus hellenistischer Zeit (wahrscheinlich der Überrest eines Grabmals).

Amfipolis (ΑΜΦΙΠΟΛΙΣ),

437 von Athenern gegründet, war als Kreuzungspunkt von neun wichtigen Straßen (Ennea Odoi), darunter der berühmten Via Egnatia nach Byzanz, in der Antike eine bedeutende Siedlung, von der spärliche Reste auf dem Hügel links der Straße nach Drama zu besichtigen sind. 423 ergab sie sich den Spartanern, 318 v. Chr. Philipp von Makedonien. Unter den Römern war sie Hauptstadt einer der makedonischen Provinzen.

Man kann von Amfipolis auf der neu ausgebauten Panoramastraße direkt nach Kavala weiterfahren; wir heben uns diese an der Küste entlangführende Straße für die Rückfahrt auf, biegen nach links in die Straße nach Drama ein, fahren an den Abhängen des Pangaion-Gebirges (1956 m) entlang, das wegen seiner Goldminen im Altertum zwischen Thrakiern, Athenern, Thasiern und Persern heftig umstritten war und im 4. Jh. von Philipp II. eingenommen wurde, der die Goldgewinnung systematisch organisierte. Über *Rodolivos* und *Paraskevi* erreichen wir bei *Ag. Athanasios* die Straße Drama–Kavala. Kurz vor Philippi zweigt nach rechts ein Weg ab, der (an römischen Ruinen und einer modernen Taufkapelle vorbei) zum *Bad der Lydia* führt, einem Bach, in dem der Apostel Paulus Lydia, die erste Christin auf europäischem Boden, getauft haben soll.
Paulus hielt sich mit seinen Gefährten Silas und Thimotheus in Troja auf, als ihm im Traum ein Mazedonier erschien, der ihn bat: „Komm herüber nach Mazedonien und hilf uns!“ … „So reisten wir von Troas ab und fuhren geradewegs nach Samothrake, tags darauf nach Neapolis und von da nach Philippi. Dies ist die erste Stadt im mazedonischen Gebiet und eine Kolonie“ (Apostelgeschichte 16). Nachdem Paulus die Lydia getauft hatte, trieb er einen bösen Geist aus, was ihm eine Anklage wegen Aufruhrs einbrachte. Die Missionare wurden gegeißelt und in eine Zisterne als Kerker gesperrt. Paulus erzeugte durch sein Gebet ein Erdbeben, das den Gefangenen die Türen öffnete. Die Stadtvorsteher erschraken und ließen Paulus und Silas frei, die ihnen nun eröffneten, daß sie das römische Bürgerrecht hätten. Paulus gründete (im Jahre 50) die erste Christengemeinde Europas und schickte dieser während seiner Gefangenschaft in Rom (61/62) den Philipperbrief.

Basilika B in Philippi

Philippi

wurde um 360 v. Chr. von dem Athener Kallistratos gegründet und erhielt den Namen *Krenides.* 358 erbat die Stadt den Schutz Philipps II., der den Ort stark befestigte und ihn in Philippi umbenannte. Hier ließ er die Münzen aus den nahegelegenen Goldbergwerken prägen. Die Erschöpfung der Minen und die politischen Verhältnisse in den Diadochenkriegen führten zum Niedergang der Stadt, die in der römischen Zeit als Militärkolonie ein bescheidenes Dasein fristete. Im Oktober des Jahres 42 v. Chr. kam es bei Philippi zu der berühmten Schlacht zwischen Octavian (dem späteren Augustus) und Antonius einerseits und den beiden Cäsarmördern Brutus und Cassius andererseits. Sie wurden besiegt und nahmen sich selbst das Leben. Die Sieger gründeten eine neue Kolonie, die sie mit italischem Recht ausstatten. Philippi wurde also eine römische Stadt mit römischem Recht und lateinischer Sprache. Die durch Paulus gegründete Christengemeinde entwickelte sich rasch und besaß bereits um 500 eine große Basilika.

Die heutige Straße teilt das Gebiet in zwei Teile. Etwas unterhalb von ihr verlief im Altertum der sog. *Decumanus*, die (teilweise freigelegte) Längsachse der Stadt. Südlich der Straße erstreckt sich ein großes *Forum*, das auf drei Seiten von Säulenhallen umgeben war. Wie alle heute sichtbaren Reste stammt es aus der Zeit des Kaisers Marc Aurel und wurde wohl zwischen 161 und 175 errichtet. Zu sehen sind außerdem (an der Nordwand) die Überreste einer Rednertribüne (Bema) sowie die Ruinen zweier gleicher Tempel, von denen beim östlichen mehr von den Mauern, beim westlichen mehr von der Fassade übriggeblieben ist, so daß man die ursprüngliche Ansicht rekonstruieren kann.

Südlich des Forums befand sich ursprünglich eine *Agora*, die beim Bau der *Basilika B* teilweise abgerissen wurde. Ihre weithin sichtbaren Pfeiler sind das eigentliche Wahrzeichen von Philippi. In türkischer Zeit wurde die Stätte *Direklar* = die Säulen genannt, daher auch die Bezeichnung *Direklar-Basilika.* Sie wurde um 560 erbaut und – nach dem Vorbild von Konstantinopel – in etwa 30 m Höhe von einer großen Kuppel überwölbt. Man hatte aber mit dem Kuppelbau zu jener Zeit noch wenig Erfahrung, so daß sie – wie die erste

Kuppel der Hagia Sophia 558 – einstürzte. In Philippi geschah das Unglück jedoch bereits während des Baus und im Gegensatz zu Konstantinopel (wo die Kuppel der Hagia Sophia 563 neu errichtet wurde) machte man keinen Versuch eines Wiederaufbaus. Der Bauschutt blieb jahrhundertelang liegen, wofür wahrscheinlich Geldmangel verantwortlich ist.

Westlich der Basilika befand sich eine spätrömische *Palästra* (2. Jh. n. Chr.), die beim Bau der Basilika abgetragen wurde. Reste der Ostmauer wurden aufgefunden, ebenso Spuren eines kleinen *Theaters* oder *Odeons.* Ausgezeichnet erhalten hingegen ist eine (etwas südlich gelegene) öffentliche Toilettenanlage. Nordöstlich der Basilika B (in Richtung Kavala) haben neuere (und noch nicht abgeschlossene) Grabungen einen weitläufigen Gebäudekomplex mit einem für das Griechenland der damaligen Zeit (wahrscheinlich Ende des 4. Jhs.) einmaligen *Oktogonalbau* ans Licht gebracht. Eine 14 m breite und 38 m lange Säulenhalle führt zu einem Taufbrunnen *(Baptisterium),* einem Reinigungsbrunnen *(Phiale)* und dann in den Vorraum eines außen viereckigen, innen achteckigen Raumes, der durch 20 Säulen gegliedert wurde, die das Dach trugen. In die Apsis wurde später eine kleinere Kirche eingebaut. Es ist das erste griechische Beispiel einer oktogonalen Märtyrergedächtniskirche. Im Oktogon wurde (auf tieferem Niveau) ein Mosaikfußboden gefunden, der wohl von einer früheren Basilika stammt.

Wir kehren zum Forum zurück und überqueren die Straße um die nördlich am Bergabhang gelegenen Bauwerke zu besichtigen. Die Treppe führt zunächst zu einer römischen *Zisternenanlage,* in der die Überliefe-

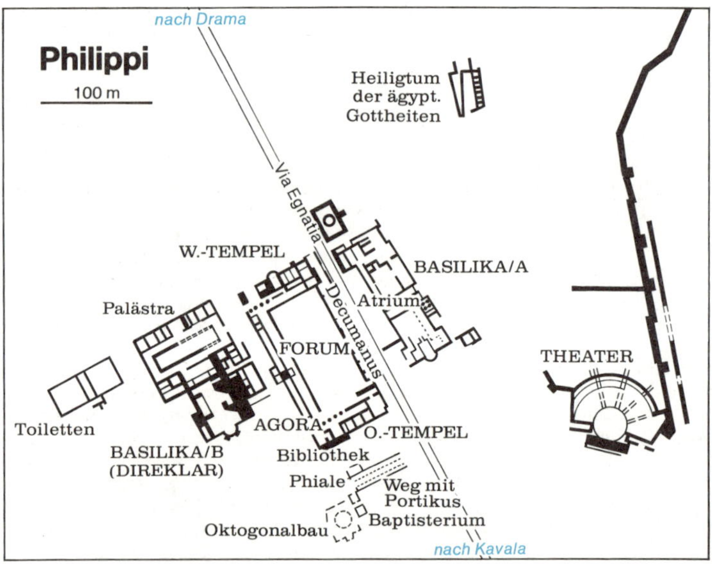

Theater in Philippi

rung das Gefängnis des Paulus sieht und dann weiter zu den Ruinen der *Basilika A*, die um 500 auf einer natürlichen Felsterrasse errichtet wurde, also etwas älter als die Basilika B ist. Vor der Basilika ein weitläufiges säulengeschmücktes *Atrium* mit vier Brunnennischen, in denen man sich vor Eintritt in die Kirche Hände und Füße wusch. Vom Atrium aus führten drei Zugänge in den Narthex und von diesem Treppen auf die Emporen und wiederum drei Eingänge in die dreischiffige 41,6 m lange Basilika. Im Querschiff befanden sich der Altar und unter diesem die Reliquien. In der Apsis kann man noch Reste der Priesterbänke und des Bischofsthrons erkennen. Die Basilika A muß kurz nach ihrer Vollendung zerstört worden sein (möglicherweise durch das Erdbeben von 518), da man schon um die Mitte des 6. Jhs. mit dem Bau der Basilika B begonnen hat.
Westlich der Basilika A wurden Reste einer weiteren frühchristlichen Basilika gefunden, östlich davon einige römische Felsheiligtümer.
Von der Basilika A führen in östlicher Richtung Wege zu dem in den Berghang eingebetteten *Theater* (das man auch direkt von der Straße aus Kavala erreichen kann). Es stammt aus dem 4. Jh. v. Chr., doch sind aus dieser Zeit nur Reste erhalten (griechisches Mauerwerk an den Zugängen zur Orchestra und an den Stützmauern für die Sitzreihen). Die Römer, die das Theater auch zu Gladiatorenkämpfen und Tierhatzen benutzten, vergrößerten den Zuschauerraum, umgaben die ebenfalls vergrößerte Orchestra mit einer Schutzbalustrade und legten eine neue Bühne an, unter der ein Gang für die wilden Tiere in die Orchestra führte. Heute werden in dem gut restaurierten Theater im Sommer antike Tragödien aufgeführt.
Vom Theater aus kann man an der byzantinischen Mauer entlang zur antiken *Akropolis* steigen, die unter Philipp etwa 365 v. Chr. errichtet wurde. Die mittelalterlichen Befestigungen sind über den makedonischen erbaut. Auf halber Höhe des Akropolishügels Reste eines *Heiligtums ägyptischer Gottheiten.*
In dem kleinen *Museum* werden örtliche Funde ausgestellt. Von Philippi sind es ca. 15 km bis *Kavala.*

Kavala mit Festung

Aquädukt von Kavala

Kavala (KABAΛA, 56 000 E.) zieht sich die Hügel hinauf und hat sich in der malerischen Altstadt seinen orientalischen Charakter bewahrt. Es ist die zweitgrößte Stadt Mazedoniens, Zentrum des griechischen Tabakexports, reger Hafen und Einschiffungsort für die Insel *Thasos.* Kavala ist das antike *Neapolis,* eine griechische Kolonie, die wahrscheinlich von Thasos aus angelegt wurde. Durch die Gründung von Philippi verlor der wichtige Handelsplatz an Bedeutung. In Neapolis, wo die Flotte des Brutus vor der Schlacht von Philippi ankerte, betrat der Apostel Paulus mit seinen Gefährten europäischen Boden. Auch der Evangelist Lukas landete hier. Die Stadt wurde frühzeitig Bischofssitz und erhielt den Namen Christopolis. Die mächtige byzantinische Burg, die im Mittelalter über den Resten der antiken Akropolis erbaut wurde, zeugt von der Bedeutung der Stadt in byzantinischer Zeit. Kavala (= Poststation) wurde 1380 von den Türken erobert und kam erst durch den Ersten Balkankrieg 1912 wieder in griechischen Besitz. Im Ersten und Zweiten Weltkrieg wurde es zeitweilig von bulgarischen Truppen besetzt.

Sehenswert sind das *Archäologische Museum* (rechts von der Einfahrt aus Saloniki) mit Funden aus Neapolis, Amfipolis und Philippi; im Stadtzentrum der 1521 unter Suleiman dem Prächtigen erbaute *Aquädukt,* die *byzantinische Festung,* die möglicherweise schon im 6. Jh. über der antiken Akropolis errichtet und mehrfach verstärkt und verändert wurde und von der aus man einen schönen Blick über Stadt und Hafen hat; darunter die malerische Altstadt mit dem *Geburtshaus von Mehmed Ali* (1769–1848), der sich zum Vizekönig von Ägypten aufschwang und die ägyptische Dynastie begründete, die erst nach dem 2. Weltkrieg mit dem Sturz König Faruks endete. In der Nähe das *Imaret,* ein Komplex von Gebäuden, Höfen und Terrassen, den Mehmed Ali für die Armen stiftete.

Die von Kavala nach Osten führende Straße nach Xanthi – Komotini – Alexandroupolis und weiter in die Türkei ist touristisch uninteressant. (Von Alexandroupolis Überfahrt nach Samothrake.)

Für die Rückfahrt nach Saloniki wählen wir die neue Panoramastraße am Meer entlang, die uns zwischen *Batis* (Campingplatz) und *Nea Peramos* zu vielen Stränden bringt. In *Loutra Eleftheron* Thermalquellen.

Badeparadies auf der Chalkidiki

Von Saloniki auf die Halbinsel Chalkidiki und auf den Berg Athos

Die Halbinsel Chalkidiki

(Betonung hart auf dem letzten i) gehörte noch vor zwanzig Jahren zum unbekannten Griechenland, was wohl damit zusammenhängt, daß sie – von dem einzigartigen Berg Athos natürlich abgesehen – kaum über archäologische Sehenswürdigkeiten verfügt, selbst die ausgedehnten Ruinen von Olynth sind eigentlich nur für den Fachmann von Interesse.

Der Tourismus der letzten Jahre hat jedoch einen anderen Schatz entdeckt: die ausgedehnten (über 500 Kilometer langen) Strände, die zweifellos zu den schönsten Griechenlands gehören.

So ist die Halbinsel Chalkidiki in den letzten Jahren nach einer stürmischen Entwicklung zu einem ausgesprochenen Touristenzentrum geworden. Schon 1980 gab es bereits 51 Hotelanlagen mit über 8000 Betten und 16 Campingplätze (mit fast 7000 Plätzen).

Die Hotelanlagen sind also durchwegs sehr modern, mit allem Komfort ausgestattet und bieten viele Sportmöglichkeiten. (Die Anlagen in Kallithea – Athos Palace/Pallini Beach – und Porto Carras je an die 2000 Betten.)

Wer einen ausgesprochenen Badeurlaub verbringen will, ist auf der Chalkidiki am richtigen Ort. Kontakt mit Einheimischen und Teilnahme am griechischen Dorfleben ist hingegen kaum möglich, da die Hotels meist ziemlich weit vom nächsten Dorf entfernt sind.

Geschichte

Wie die Funde von Petralona (s.u.) beweisen, war die fruchtbare Halbinsel schon vor 700000 Jahren besiedelt.

Die griechische Mythologie erzählt, daß hier der Kampf der Götter mit den Giganten stattgefunden habe und bald nach dem Trojanischen Krieg (ca. 1200 v.Chr.) lassen sich die ersten Ansiedler aus Südgriechenland hier nieder.

Die eigentliche griechische Besiedelung erfolgt im 8./7.Jh. hauptsächlich von Chalkis (auf Euböa) aus, woher auch der Name der Halbinsel stammt („Land der Leute aus Chalkis“). Das 5.Jh. wird beherrscht von

Halbinsel Kassandra

dem Durchzug des persischen Heeres unter Xerxes und vom Peloponnesischen Krieg, dessen Operationen die Chalkidiki sehr in Mitleidenschaft ziehen. Im 4.Jh. organisieren sich die 32 wichtigsten Städte zum „Olynthischen Bund", der sich gegen die Makedonen stellt; 348 v.Chr. werden Olynth und die wichtigen Städte daher von Philipp II. zerstört, wovon sich die Chalkidiki nur sehr langsam erholt. Im 2.Jh.v.Chr. kommen die Römer, im 1.Jh.n.Chr. der Apostel Paulus. Im 6.Jh. zerstören Barbaren alle wichtigen Siedlungen, im 10.Jh. lassen sich die ersten Mönche auf dem Athos nieder. Mit der Einnahme Salonikis 1430 fällt den Türken die Halbinsel zu. 1821 versuchen sich die Einwohner der Chalkidiki dem griechischen Aufstand anzuschließen, was zu grausamen türkischen Vergeltungsmaßnahmen führt, die die Halbinsel fast menschenleer zurücklassen. Nach der Katastrophe von Smyrna lassen sich 1922 Tausende von Kleinasienflüchtlingen auf der Chalkidiki nieder und gründen 27 neue Dörfer, noch heute kenntlich an der Vorsilbe Nea. Die meisten Siedlungen sind also sehr jungen Ursprungs.

Zu den Seebädern am Thermaischen Golf und auf die Halbinsel Kassandra

Wir verlassen Saloniki auf der Megalou Alexandrou Richtung Flugplatz, sehen rechts den Vorort Aretsou (mit zahlreichen Cafes und Restaurants), erreichen nach 16 km den Flugplatz *Mikra*; 1,5 km weiter Straßenkreuzung: links auf die Halbinsel Kassandra, rechts zu den Seebädern am Thermaischen Golf, insbesondere nach *Agia Triada*, wo von der EOT ein schönes Strandbad mit Sportanlagen eingerichtet wurde, und weiter nach *Nea Michaniona* mit gutem Strand. (Im Sommer kann man diese Badeorte auch mit Schiffen vom Weißen Turm aus erreichen.) Die (80 km lange) Westküste der Chalkidiki zwischen Mikra und *Nea Moudania* heißt nicht zu Unrecht „Kalamaria": schönes Land.

Um auf die Halbinsel Kassandra zu kommen, fährt man von der oben erwähnten Kreuzung landeinwärts, erreicht in *Nea Kallikratia* das Meer (schöner Strand). In Elohoria Abzweigung zu den Höhlen von *Petralona*, die erst seit 1979 zugänglich sind. In diesen Tropfsteinhöhlen wurden die 700 000 Jahre alten

Überreste des Urmenschen Archanthropus europäus petraloniensis gefunden, ebenso Reste von Höhlentieren, die es sich ebenfalls dort bequem gemacht hatten. Außer den Fundstellen sieht man Rekonstruktionen des Höhlenlebens.

Nach 70 km *Nea Moudania*, kleiner Hafen inmitten von Weinbergen. Nea Moudania ist das eigentliche Einkaufszentrum der Kassandra. Von hier führt (nach links) eine Verbindungsstraße nach Olynth, Poligiros und auf die Halbinsel Sithonia (s. u.). Südwärts weiterfahrend überqueren wir bei *Nea Podidea* (spärliche Überreste der antiken Stadt) einen kleinen Kanal, der Kassandra vom Festland trennt, so daß es genau genommen eine Insel ist. Doppelstrand am Thermaischen und Toronaischen Golf. Vor *Nea Phokea* nach rechts Abzweigung in das (11 km entfernte) *Sani* an der Westküste. Ab Phokea reiht sich nun ein Badeort an den anderen: *Aphitos, Kallithea, Kriopigi, Paliouri* (am gleichnamigen Kap) und an der Westküste *Nea Skioni, Kalandra, Fourka* und *Siviri*. Über Kassandra zurück nach Kallithea an der Ostküste.

Überall schöne Strände und alle Arten von Wassersport.

Nea Phokea, Kriopigi, Kallithea, Sani

Kallithea

Auf die Halbinsel Sithonia

Entweder über Poligiros (s. S. 143) oder auf der beschriebenen Strecke bis Nea Moudania, dann links. Links von der Straße nach Gerakini liegen (etwas außerhalb der neuen Ortschaft) die Ruinen von *Olynth*.

Olynth

Die auf frühgeschichtliche Siedlungen aufgebaute Stadt wurde während der Perserkriege zerstört, jedoch wieder aufgebaut und gelangte unter dem Makedonenkönig Perdikkas zu beträchtlicher Blüte. Um die Wende des 5. zum 4. Jh. wurde Olynth zur Vormacht der Chalkidiki und Zentrum des Olynthischen Bundes, zu dem sich die 32 Städte der Halbinsel zusammenschlossen. Wegen der nun erfolgten starken Zuwanderung Stadterweiterung nach systematischen Grundsätzen (s. u.). 383/379 wurde es von Sparta belagert und erobert.

Unter dem Einfluß von Demosthenes verbündete Olynth sich mit Athen gegen Makedonien und wurde deswegen 348 v. Chr. von Philipp II. erobert und zerstört. Und zwar so gründlich, daß auch die umfangreichen Ausgrabungsarbeiten nur die Grundmauern der Häuser und den Grundriß der Straßenzüge freilegen konnten.

Beeindruckende Ruinen darf man also in Olynth nicht erwarten. Doch ist dem Interessierten ein Besuch dennoch zu empfehlen, denn Olynth ist auf griechischem Boden das erste Beispiel einer nach einheitlichem Plan angelegten Stadt (nach dem Vorbild des Hippodamos von Milet). Die Häuser der Wohnstadt (Olynth mag bei seiner Zerstörung etwa 15 000 Einwohner gehabt haben) nehmen den Typ der Häuser von Delos vorweg.

Wir fahren nun ostwärts über *Gerakini* (schöner Sandstrand, Hotels mit Sportanlagen, Tennis), *Metamorfosis* (Strand mit Kiefernwald, Hotels) nach *Nikiti* am Nordwestende der Halbinsel Sithonia. (In Nikiti 8 km langer Strand, Hotels, Campingplatz.) Im Gegensatz zu der touristisch (fast zu) sehr erschlossenen Halbinsel Kassandra ist die *Sithonia* sehr dünn besiedelt und von Tourismus noch fast unberührt. Eine Rundfahrt auf

Nea Marmaras

der erst vor wenigen Jahren fertiggestellten Küstenstraße lohnt sich wegen der landschaftlichen Schönheiten. Kurz nach Nikiti Abzweigung nach links zu der Hafenbucht *Ormos Panagias* (von der die Touristenschiffe zum Athos auslaufen); von dort auf zum Teil gebirgiger Strecke am Ostufer entlang durch landschaftlich sehr schönes Gebiet mit schönen Ausblicken auf den Athos, an tief eingeschnittenen Buchten vorbei, nach *Sarti* (Strand) und über *Kalamitson* ans weniger dramatische Westufer.

Porto Carras (ΠΟΡΤΟ ΚΑΡΡΑΣ)

Südlich von *Nea Marmaras* wurde in den letzten Jahren Porto Carras errichtet, eines der größten touristischen Zentren Europas. Auf dem etwa 2000 Hektar großen Gelände stehen 2 große Hotels und ein Touristendorf, die insgesamt 2200 Gästen Platz bieten. Alle touristischen Einrichtungen für Wassersport, Tennis und Reiten.
Ein großer Teil des Geländes wird landwirtschaftlich genutzt, so daß der Gast im wesentlichen von den Erzeugnissen der eigenen Musterfarmen ernährt wird. Aus den über eine Million Rebstöcken wird ein ausgezeichneter Wein gekeltert.

Außer dem hoteleigenen Strand in der Umgebung 33 Buchten, von denen aber eigentlich nur der Autofahrer etwas hat.

Eigener Yachthafen für 200 Boote.

Großer Golfplatz mit 18 Löchern.

Mittlere bis erstklassige Restaurants.

Spielcasino

Die Straße führt dann nordwärts an vielen Stränden vorbei zurück nach Nikiti.

Nach Poligiros und auf den Berg Athos

Ausfahrt von Saloniki über die Megalou Alexandrou (s. S. 140); kurz vor dem Flugplatz (nach 13 km) Abzweigung nach links nach Poligiros und zur Athos-Halbinsel (Agios Oros). Links von der Straße *Thermi* (an der

Stelle des antiken Therme, das dem Golf seinen Namen gab); wir durchfahren *Loutra Thermis* (Thermalquellen) und *Vasilika*; kurz darauf links Zufahrt zum Kloster *Agia Anastasia*; nach 39 km das malerische, im 14. Jh. gegründete Dorf *Galatista* (an der Stelle des antiken Anthemous); 18 km weiter bei *Paleokastron* Abzweigung nach rechts und auf kehrenreicher Straße zu dem 11 km entfernten *Poligiros*.

Poligiros (ΠΟΛΥΓΥΡΟΣ)

liegt 550 m hoch und ist die Hauptstadt des Bezirks Chalkidiki. Die vor dem 16. Jh. gegründete malerische Stadt ist auch der wirtschaftliche Mittelpunkt der Halbinsel. Spezialität sind handgewebte Stoffe. Lohnenswert ist ein Besuch im neuen *Museum*, in dem neuere Fundstücke aus Olynth, Akantha, Stagira und Potidia ausgestellt sind.

A Ausflüge auf den *Berg Holomon* (1165 m, prächtiger Blick über die ganze Halbinsel), zum nächstgelegenen Strand *Gerakini*, auf die *Halbinsel Sithonia* sowie nach Olynth (s. S. 141).

Wir fahren zurück an die beschriebene Kreuzung und biegen nach rechts ein in einen der schönsten Abschnitte der ganzen Strecke. Die Straße führt an den Abhängen der Holomonberge entlang und erreicht eine Höhe von 900 m. Nach 29 km *Arnaia*, eines der schönsten Bergdörfer der Chalkidiki, bekannt durch seine Webarbeiten und Teppiche. Weiter nach *Stagira*, dem Geburtsort des Aristoteles, an den eine Statue erinnert. (Überreste der antiken Siedlung bei der Landstraße nach *Stratonion;* die neue Stadt wurde im 11. Jh. gegründet als Zentrum der örtlichen Silberminen; höchste Entwicklung im 16. Jh., aus dem auch die noch erhaltenen Türme stammen.)
Weiterfahrt zu dem Fischerhafen *Ierissos* (von hier Bootsverbindung zu den Klöstern auf der Ostseite des Athos) und auf schönem Streckenabschnitt nach Süden nach *Nea Roda.* Hier, an der schmalsten Stelle des Isthmus die Überreste des *Xerxes-Kanals.* Da beim ersten persischen Angriff auf Griechenland 491 v. Chr. die persische Flotte am Athosgebirge scheiterte, ließ Xerxes 480 v. Chr. den Isthmus durchstechen, um so seiner Flotte eine gefahrlose Durchfahrt zu ermöglichen. Für die meisten Schiffe erwies sich der Kanal jedoch als zu flach. Heute ist nur noch eine flache Senke zu sehen.
Die Straße führt am Xerxes-Kanal entlang nach Tripiti und *Ouranopolis* („Himmelsstadt"), einem kleinen Badeort, 1922 von Kleinasienflüchtlingen gegründet. Der Turm am Ufer stammt jedoch schon aus dem 12. Jh. (unter Andronikos II. als Wachtposten und Ausguck gegen Seeräuber errichtet). Ouranopolis hat einen schönen Strand und dient als Einschiffungshafen nach *Daphni* auf dem Athos (im Sommer zweimal täglich). Die Grenze zum Klosterstaat verläuft östlich des Dorfes.

Teppiche und Schwämme als Souvenirs

Kloster Stavronikita: Abendmahl (15. Jh.) des Künstlers Theophanes

Der Berg Athos

(Agion Oros, ΑΓΙΟΝ ΟΡΟΣ, Heiliger Berg)

Der Athos ist der östlichste der drei Finger, die die Chalkidiki ins ägäische Meer streckt. Die Halbinsel ist etwa 60 km lang, 8–12 km breit und hat eine Fläche von 332,5 qkm. Im nördlichen Teil ist sie flach, steigt dann immer mehr an und erreicht im südlichsten Teil mit der Marmorpyramide des Berges Athos schließlich 2033 m.

Geschichte

Nach mythischer Überlieferung ist Athos der Name eines Giganten, der den Felsblock gegen Poseidon geschleudert haben soll. Nach einer anderen Version hat Poseidon den Giganten unter dem Berg begraben.

Die antiken Siedlungen, die sich hier befunden haben sollen, wurden bis jetzt nicht entdeckt und müssen im frühen Mittelalter verödet gewesen sein. Etwa seit dem 7./8. Jh. siedelten sich hier in größerer Anzahl Mönche an, die aus den monastischen Zentren der östlichen Reichsgebiete vor den Arabern auswichen oder vor den mönchsfeindlichen Kaisern der Zeit des Bildersturms in die einsame Bergwelt flüchteten, um ihr Seelenheil zu suchen. 843 beteiligten sich Athosmönche zum erstenmal an einem Konzil und 885 bestimmte Kaiser Basileos I., daß der Athos nur von Asketen bewohnt werden dürfe. 963 gründete Athanasios der Athonit (Freund und Beichtvater des Kaisers Nikephoros Phokas) das Kloster Megisti Lavra, in dem Mönche zu einer strengen Klostergemeinschaft zusammengefaßt wurden. Auf deren Regeln beruht die erste Klosterverfassung (Typikon vom Jahre 971/72), nach der die Athosmönche im wesentlichen noch heute leben.

Zur gleichen Zeit machten sich verschiedene Auffassungen vom Wesen des Mönchstums bemerkbar. Während Athanasios die Mönche einer strengen Klosterzucht unterwarf, vertrat er andererseits die Auffassung, daß neben Gebet und Meditation auch Tätigkeit stehen solle. (Ähnlich dem „Bete und arbeite!“ der Benediktiner.) Demgegenüber steht die Ansicht, daß sich das Leben des Mönchs in völliger Abgeschiedenheit von der Welt und einsamer Zwiesprache mit Gott erfülle. Dieser Gegensatz ist immer noch spürbar. Denn von den 20 noch bestehenden Klöstern sind 13 könibitisch, d.h. gemeinsam. Wohnung, Essen, Gebet und Arbeit sind allen gemeinsam, nach strenger Regel. Fleischgenuß ist untersagt. Die übrigen 7 sind idiorrhythmisch – einzeln lebend – d.h., daß die Mönche zwar im Kloster wohnen, jedoch nur Liturgie und Gebet miteinander feiern, ansonsten aber für sich leben. Sie unterliegen weniger strengen Regeln, leben aber einsamer. Daneben gibt es die Skiten, Mönchsdörfer und die ausgesprochenen Einsiedeleien an abgelegenen Orten.

Es wurden nun immer mehr Klöster gegründet – im 11.Jh. sollen es 180 gewesen sein, wobei man wohl nicht an Großklöster im heutigen Sinn denken kann.

Piratenüberfälle auf die reichen Klöster führten zu einem gewissen Niedergang, und vlachische Hirten versuchten sich anzusiedeln und wurden wieder vertrieben; aus dem gleichen Jahrhundert stammt die Bestimmung, daß allem Weiblichem der Aufenthalt auf dem Athos untersagt ist. Der Überfall der fränkischen Kreuzritter (im Verlauf des Lateinischen Kreuzzugs 1204) führt zu schlimmen Zerstörungen und Deportationen. Anfang des 14.Jhs. widerfährt den Athosklöstern Ähnliches durch mordende und plündernde Katalanen. Das 15. und 16.Jh. bringt dagegen trotz der türkischen Herrschaft (Saloniki fällt 1430, Konstantinopel 1453) eine ausgesprochene Blütezeit, da sich die Mönche sofort unterwarfen. Hatten

Kloster Megisti Lavra

in den vorhergehenden Jahrhunderten die byzantinischen Kaiser die Klöster mit großen Privilegien ausgestattet, so machten nun die serbischen Könige, die Fürsten der Donauländer Moldau und Walachai und Ungarns, und der russische Zar reiche Schenkungen. Etwa 40000 Mönche sollen damals auf dem Athos gelebt haben.

Im 17.Jh. wird – zum Teil aus wirtschaftlichen Schwierigkeiten – in vielen Klöstern die idiorrhythmische Regel eingeführt. Während der ganzen Türkenzeit blieb der Athos das geistige Zentrum der griechischen Orthodoxie bis hin zum Aufstand von 1821, an dem sich viele Mönche auch aktiv beteiligten. 1912 wurde der Athos (nach der Befreiung Salonikis) von türkischen Truppen besetzt, doch bestätigte die Londoner Konferenz ein Jahr später seine Unabhängigkeit. Seit 1920 ist der Athos eine theokratische Republik unter griechischer Oberhoheit.

Die Mönchsrepublik verwaltet sich selbst durch gewählte Repräsentanten der 20 Klöster (Heilige Gemeinschaft), die ihrerseits die aus vier Vertretern bestehende Oberaufsicht (Heilige Epistasia) wählen. Sitz der Obrigkeit ist Karyes. Hier hat auch der griechische Gouverneur seinen Amtssitz. In geistlicher Hinsicht untersteht die Mönchsrepublik dem Ökumenischen Patriarchen in Konstantinopel (Istanbul). Heute leben auf dem Athos noch etwa 1400 Mönche. Von den 20 Klöstern sind 17 griechisch, 1 russisch, 1 serbisch und 1 bulgarisch.

Einreisebestimmungen und praktische Hinweise

Da sich die Mönche durch den zunehmenden Besucherstrom zunehmend belästigt fühlten, wurden die Einreisebestimmungen in den letzten Jahren verschärft. Frauen ist der Zutritt grundsätzlich verboten. Aber auch Männer erhalten eine Einreisegenehmigung nur, wenn sie religiöse, wissenschaftliche oder künstlerische Interessen nachweisen oder jedenfalls glaubhaft machen können. Also im wesentlichen Professoren und Studenten der Theologie, Archäologie, Byzantinistik, Kunstgeschichte. Man benötigt ferner ein Empfehlungsschreiben der deutschen Botschaft in Athen (Karaoli und Dimitriou-Str. 3) oder des deutschen Konsulats in Thessaloniki (Karolus-Diehl-Str. 4a). Mit diesem Schreiben begibt man sich in Athen zur Kirchendirektion des griechischen Außenministeriums (Zalokosta-Str. 2) oder in Saloniki zum Ministerium für Nordgriechenland (Platia Diikitiriou), wo man die Einreisegenehmigung bekommt. Im allgemeinen erhalten nur 10 Personen gleichzeitig eine Einreisegenehmigung. Es ist also ratsam, frühzeitig einen Antrag zu stellen. Die Aufenthaltsdauer ist gewöhnlich auf vier Tage begrenzt. Geistliche aller Konfessionen benöti-

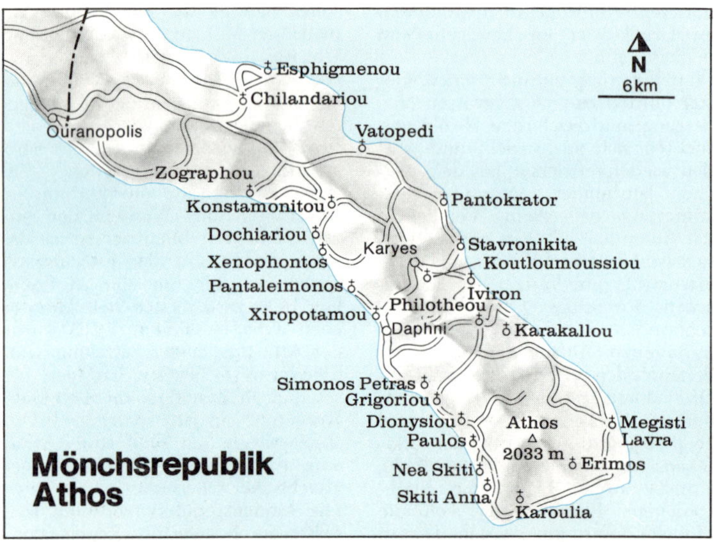

Pantaleimonos-Kloster

gen außerdem eine Bestätigung ihres Oberhirten und eine Genehmigung des Ökumenischen Patriarchats in Istanbul. Eine Genehmigung des Patriarchats ist ebenfalls erforderlich, wenn man in den Bibliotheken der Athosklöster arbeiten will. Personen unter 21 Jahren ist der Besuch nur in Begleitung eines verantwortlichen Erwachsenen über 30 Jahren erlaubt. Indezent gekleidete Personen (z. B. kurze Hosen, lange Haare) werden zurückgewiesen.

Man landet in Daphni, wo man Paß und Einreisegenehmigung vorzeigen muß. Dann begibt man sich zum kirchlichen Verwaltungszentrum bzw. zur Polizeistation in *Karyes*, wo man die eigentliche Aufenthaltsgenehmigung (Diamonitirion) bekommt, die bei jedem Kloster vorzuzeigen ist. Photographieren ist erlaubt, jedoch ist das Mitführen von Filmkameras und Tonbandgeräten, Transistorradios und Kassettenrekordern verboten.

Da es nur eine gepflasterte Straße gibt (zwischen Daphni und Karyes, 1963 zur Tausendjahrfeier erbaut, Busverkehr), reist man von Kloster zu Kloster zu Fuß oder allenfalls mit dem Esel. (Es ist jedoch üblich, vor dem Kloster abzusteigen.) Man nehme also nur leichtes Gepäck mit. Etwas Proviant ist jedoch (vor allem in der ausgedehnten Fastenzeit) zu empfehlen, da man in den Klöstern zwar freundlich bewirtet wird, jedoch kaum eine vollständige Mahlzeit bekommt, zumal die Mönche selbst nur wenig (und meistens fleischlos) essen. Beim Verlassen der Klöster wird (für die kostenlose Unterkunft und Verpflegung) eine milde Gabe erwartet. Die Klöster sind zwischen 12 und 15 Uhr und nach Sonnenuntergang geschlossen. Eine Besichtigung ist erst nach der Morgenmesse erlaubt.

Die Klöster richten sich nach dem Julianischen Kalender, der im allgemeinen gegenüber dem europäischen um 13 Tage im Rückstand ist. Der Tag wird in drei mal 8 Stunden eingeteilt, die dem Gebet, der Arbeit und der Ruhe gewidmet sind. Sie ändern sich mit den Jahreszeiten. Die Stunde Null bedeutet Sonnenuntergang (nur im Kloster Iviron Sonnenaufgang).

Kloster Dochiariou

Die Klöster der Westküste
(von Nord nach Süd)

Zographou (koin.), bulgarisch, auf 160 m Höhe, 30 Min. vom Meer entfernt. Im 10. Jh. gegründet, mehrfach verwüstet und abgebrannt, im 19. Jh. erneuert.

Konstamonitou (koin.), in 200 m Höhe, 40 Min. vom Meer entfernt, im 10. Jh. gegründet, im 13., 15. und 16. Jh. abgebrannt, im 19. wiederaufgebaut.

Dochiariou (idior.), im 10. Jh. gegründet, im 16. Jh. wieder aufgebaut. Fresken der kretischen Schule aus der gleichen Zeit. Zum Kloster (das eine wundertätige Gorgoepikoos-Ikone bewahrt) gehören noch zehn Kapellen.

Xenophontos (koin.), im 10. Jh. gegründet (möglicherweise auf einer früheren Ansiedlung), im 13. und 16. Jh. abgebrannt, im 19. wiederaufgebaut. Im alten Katholikon Fresken des 16. Jhs.

Pantaleimonos (koin.), russisch. Im 11. Jh. gegründet, im 14. abgebrannt, im 19. Jh. wiederaufgebaut, 1968 durch einen neuerlichen Brand fast völlig zerstört. Die Bibliothek wurde jedoch erhalten. Das Kloster wird wieder aufgebaut. Die Messe wird griechisch und russisch gelesen. Der russische Chorgesang erlangte Berühmtheit.

Xiropotamou (idior.), zwischen Daphni und Karyes gelegen, wurde der Legende nach im 5. Jh., den Dokumenten nach im 10. Jh. gegründet. Im 13. und 16. Jh. abgebrannt (und von Sultan Selim I. wieder aufgebaut). Im 14. Jh. war es eines der reichsten Athosklöster; das Katholikon wurde im 18. Jh. erbaut; aus der gleichen Zeit auch seine Wandmalereien.

Simonos Petras (koin.), steht eindrucksvoll auf einem Felsen von 300 m Höhe. Im 14. Jh. gegründet, dreimal abgebrannt. Im 19. Jh. wieder errichtet, wieder abgebrannt, wieder errichtet. Keine alten Erinnerungen.

Grigoriou (koin.), im 13. Jh. gegründet, im 16. und 18. Jh. abgebrannt, wieder aufgebaut. Wandmalereien im Katholikon von 1779 und 1840. Große Bibliothek.

Dionysiou (koin.), auf einem 80 m hohen Felsen, im 14. Jh. gegründet, im 16. Jh. abgebrannt und wiederaufgebaut. Fresken der kretischen Schule aus der gleichen Zeit. Innerhalb und außerhalb des Klosters 15 Kapellen. Wertvolle Bibliothek.

Paulos (koin.), am Fuß des Athos gelegen, wurden im 13. Jh. gegründet, im 14. zerstört und vom Bischof von Serbien Georg Bragowitz wieder restauriert. Dessen Tochter, Gattin des Sultans Murat I. und Mutter von Mehmed II. (dem Eroberer Konstantinopels) beschenkte das Kloster reich (u. a. mit Reliquien und Meßgeräten aus dem eroberten Konstantinopel). Die neue Kirche wurde 1817 erbaut. 9 Kapellen; in der des hl. Georg Fresken aus dem 16. Jh. Wertvolle Bibliothek.

Der Südteil des heiligen Berges gehört den Mönchsbruderschaften, die in Skiti, Dorfgemeinschaften, leben *(Nea Skiti, Skiti Anna)*, und den Asketen und Eremiten, die sich bis in eine Höhe von 800 m in Höhlen und Hütten zurückgezogen haben, die oft genug nur über Leitern oder Aufzüge erreichbar sind. Die Ortsbezeichnungen *Karoulia* = Zugwinde und *Erimos* = Einöde sagen genug.

Die Klöster der Ostküste
(von Süd nach Nord)

Megisti Lavra (idor.), wurde 963 von Athanasios gegründet, gilt als das älteste Athoskloster, ist das erste in der Hierarchie und vielleicht auch das schönste. Die große Kuppelkirche wurde 1004 vollendet und diente vielen späteren Athoskirchen als Vorbild. Die Fresken im Katholikon wurden um 1535 von dem kretischen Mönch Theophanes gemalt, prachtvolle Beispiele der kretischen Schule und wohl die wertvollsten auf dem ganzen Athos. Im Refektorium und in der Nikolaoskapelle Fresken von Kastellanos (1560). In der Märtyrerkapelle das Grab des Gründers. Innerhalb des Klosters weitere 15 Kapellen. Lavra besitzt die größte und wertvollste Bibliothek.
Von Megisti Lavra aus kann man den Athos besteigen (ca. 10 Stunden, ebenso lang der Rückweg nach Lavra oder Karyes; Übernachtung in der Panagia-Kapelle).

Karakallou (koin.), 200 m hoch gelegen, im 11. Jh. gegründet, verödete im 13. Jh. Das Katholikon wurde 1548 gebaut (Wandmalereien 18. Jh.). Im 19. Jh. abgebrannt und wieder restauriert.

Philotheou (koin.), liegt eine halbe Stunde landeinwärts im Wald. An der Stelle eines antiken Asklepieions wurde es im 11. Jh. gegründet. Im 14. Jh. hauptsächlich von Serben und Bulgaren besiedelt. Das Katholikon wurde 1746 erbaut und anschließend mit Malereien ausgeschmückt. (Das

Paulos-Kloster

Refektorium mit Resten von Wandmalereien stammt aus dem 16. Jh.). 1871 brannte fast das ganze Kloster nieder (mit Ausnahme des Katholikons) und wurde vollständig erneuert.

Iviron (idior.), wurde im 10. Jh. gegründet. Das Katholikon aus dem 11. Jh. wurde im 16. Jh. renoviert und vom 16.–19. Jh. mit Wandmalereien geschmückt. Nach Bränden von 1845 und 1865 wurde es wieder aufgebaut. Innerhalb des Klosters 16 Kapellen. In der Kapelle der Panagia Portaitissa (Muttergottes der Pförtnerin, neben dem alten Eingang zum Kloster) wundertätige Ikone der Gottesmutter.

Koutloumoussiou (koin.), landeinwärts, in der Nähe von Karyes, wurde im 11. oder 12. Jh. gegründet, wahrscheinlich von einem Türken oder Araber, der sich taufen ließ. Nach Zerstörungen wurde es im 14. Jh. durch Unterstützung der Fürsten der Donauländer wieder errichtet. Nach einem Brand von 1497 wurde das Katholikon 1540 neu aufgebaut. Die Fresken der Erbauungszeit sind größtenteils übermalt. Weitere Brände 1856 und 1870, von denen Katholikon und die wertvolle Bibliothek jedoch verschont blieben.

Karyes, das Verwaltungszentrum, liegt in der Nähe und ist vom Hafen Daphni aus mit Bus erreichbar. Man muß es in jedem Fall besuchen, um die Aufenthaltsgenehmigung zu erhalten (s. o.). Sehenswert die Kirche des *Protaton-Klosters,* das möglicherweise auf Konstantin d. Gr. zurückgeht und durch Julian Apostata zerstört wurde. Die Kirche stammt aus dem 10. Jh., ihre Fresken von Manuel Panselinos (1540) sind prachtvolle Beispiele der makedonischen Schule und gehören zu den bedeutendsten Wandmalereien des Athos.

Stavronikita (koin.), wurde wohl schon im 11. Jh. gegründet, verödete aber dann und wurde 1542 durch den Patriarchen Jeremias von Konstantinopel wieder aufgebaut. Aus dieser Zeit stammt das Katholikon mit wertvollen Wandmalereien des Kreters Theophanes und seines Schülers Symeon. Ikonostase von 1743. Nach mehrfachen Bränden wieder aufgebaut.

Pantokrator (idior.), im 14. Jh. gegründet, erhebt sich auf einem Felsen am Meer. Die beiden Stifter sind in der Kirche begraben. Das Kloster wurde nach Bränden 1773 und 1948 restauriert. Die ursprünglichen Fresken sind durch die Brände und durch Übermalung weitgehend zerstört.

Vatopedi (idior.), im 10. Jh. gegründet. Das Katholikon stammt aus dem 11. Jh., die Bronzeportale (von der Hagia Sophia in Saloniki) aus dem 15. Jh. Fresken der makedonischen Schule aus dem 14. Jh. Außerdem einige byzantinische Mosaiken. Nach Bränden (der letzte 1966) immer wieder restauriert. Wertvolle Bibliothek, sehr reichhaltiger Klosterschatz. – Zum Kloster Vatopedi gehört auch die russische *Skite des hl. Andreas,* die heute fast ganz verlassen ist. Die große Kirche (19. Jh.) zeugt von der früheren Bedeutung.

Esphigmenou (koin.), am Meer gelegen (und deswegen häufig das Ziel von Piratenüberfällen), wurde im 11. Jh. gegründet und erlebte eine wechselvolle Geschichte. Das heutige Katholikon wurde in den Jahren 1806/10 errichtet und anschließend ausgemalt.

Chilandariou (serbisch, idior.), eine halbe Stunde vom Meer entfernt, wurde im späten 12. Jh. von dem serbischen Fürsten Stephan Nemanja und seinem Sohn Rastko gegründet (der unter dem Namen Savvas selbst Mönch wurde).

Die serbischen Könige, die byzantinischen Kaiser und die Fürsten der Donauländer beschenkten das Kloster immer wieder. Das Katholikon wurde Anfang des 14. Jhs. erbaut; aus der gleichen Zeit stammen die ausgezeichneten Wandmalereien, die leider im frühen 19. Jh. übermalt wurden, jetzt aber freigelegt und restauriert werden. Schöner marmorner Bodenbelag und geschnitzte Ikonostase von 1774. Im Refektorium Wandmalereien des 14. und 17. Jhs. In den 13 Kapellen des Klosters Fresken des 13.–18. Jhs. In der reichen Schatzkammer hervorragende Ikonen; sehr wertvolle Bibliothek.

Wer keine Erlaubnis zum Besuch der Athoshalbinsel bekommt – oder wem die ganze Sache zu mühsam ist –, kann an organisierten Ausflugsfahrten teilnehmen. Sie starten in Ormos Panagias auf der Sithonia (s. S. 142), fahren zur Südspitze des Athos und fahren dann in sehr geringer Entfernung die ganze Westküste entlang bis nach Ouranopolis. Mit Ferngläsern kann man gut sehen, mit Teleobjektiven gut photographieren.

Privatyachten, die den Athos umfahren wollen, bemühen sich bei der Polizei in Ouranopolis um eine Erlaubnis.

Olymp von Katerini aus

Von Saloniki zum Olymp und nach Larissa

Sie verlassen Saloniki auf der Monastirou-Straße in Richtung Westen und erreichen so die südliche Zufahrtsstraße zur Autobahn, die bei *Nea Malagra* einmündet und kurz darauf den Axios, später den Aliakmon überquert. Bei *Methoni* links Zufahrt zum Strand, rechts Straße nach Eginio und damit zum neuen Ausgrabungsgelände von *Vergina/Palatitsia* (s. S. 131 f.); später rechts Ausfahrt nach *Kitros* und zum antiken *Pydna,* von dem jedoch nur geringe Spuren erhalten sind. (168 v.Chr. besiegten die Römer bei Pydna Perseus, den letzten Makedonenkönig.) In *Katerini,* einem lebhaften Landstädtchen zweigt nach links eine Straße zu dem vielbesuchten Badestrand *Paralia/Katerinis* ab, nach rechts eine malerische Gebirgsstraße, die sich in vielen Kurven am Westabhang des Olymposmassivs nach *Elasson* schlängelt. *Katerini* ist einer der Ausgangspunkte für die Besteigung des Olymp (über *Kokkinopolos*). Südlich von Katerini rechts Abzweigung nach *Malathria* und zu den interessanten Ruinen des gesamtmakedonischen Heiligtums *Dion* (Funde im neuen Museum). Auf der Hauptstraße weiter nach links Abzweigung zum Strand *Skala Litochorou* und etwas später nach rechts nach *Litochoron,* dem Hauptausgangsort für die Besteigung des Olymp. Auskünfte beim Hellenic Alpine Club (EOS) am Hauptplatz.

In der Nähe der Hütte Agapitos befindet sich ein Skizentrum der griechischen Armee, das auch Touristen zugänglich ist. Gute Schneeverhältnisse von Dezember bis April. Den Skifahrern steht auch die in 1900 m Höhe gelegene Hütte Vrysopoules zur Verfügung.

Die ganze Küstengegend zwischen Skala Litochorou über Skala Leptokaryas bis nach Platamon ist in den letzten Jahren touristisch sehr entwickelt worden und verfügt nicht nur über schöne Sandstrände (beson-

Der besondere Tip

Besteigung des Olymp: Das Gebirgsmassiv des Olympos (bis 1912 in türkischem Besitz und vielfach Räuberbanden als Unterschlupf dienend) erstreckt sich von Nord nach Süd an die 40 km, von West nach Ost an die 30 km. Der *Niedere Olymp* (1588 m) besteht aus leicht begehbaren bewaldeten Bergkuppen, auf denen Almwirtschaft betrieben wird. Durch eine Schlucht getrennt erhebt sich nördlich davon der *Hohe Olymp* mit den Hauptgipfeln Mytikas (oder Pantheon 2917 m), der höchste Berg Griechenlands, Stefani (oder Thron des Zeus, 2908 m), Skolio (2912 m), Prophitis Ilias (2787 m), Toumba (2785 m), Ag. Antonios (2813 m) und Kalogiros (2701 m). Eine neue Fahrstraße von *Litochoron* (275 m) aus verkürzt den Anstieg um etwa 4 Std. Sie führt bis nach *Prionia* (1100 m, Quellen, Hütten). Von dort in 4 Std. zur Hütte S. Agapitos in 2100 m Höhe (von Mai bis Oktober bewirtschaftet, 60 Schlafstellen). Von dort ca. 3 Std. bis zum Gipfel des Mytikas. Die Route ist markiert. Von der Hütte Agapitos kann man in etwa 2 Std. zu einer weiteren unter dem Gipfel des Prophitis Ilias gelegenen Hütte in 2650 m Höhe gelangen (20 Schlafstellen, unbewirtschaftet). Etwas höher liegt eine Hütte des SEO-Thessaloniki (30 Schlafstellen).
Für Kletterfahrten an den höchsten Gipfeln eignen sich besonders die Hütten auf der Götterwiese in 2650 m Höhe unter den Ostwänden des Stefani. Alle Hütten können ganzjährig benützt werden (Schlüssel im EOS-Büro Litochoron). Für eine Besteigung der Hauptgipfel braucht man in jedem Fall zwei Tage. Beste Monate sind Juni und Juli. Von allen Gipfeln grandioser Rundblick.

ders bei Platamon), sondern auch über gute Hotels und Sportanlagen. *Platamon* liegt an der Stelle des antiken *Herakleia Platomona* und wird von einer Kreuzritterfestung aus dem 13. Jh. beherrscht.
Südlich von Platamon verläßt die Schnellstraße die Küste und führt landeinwärts in das *Tempetal,* eine 10 km lange, eindrucksvolle Schlucht zwischen Olymp und Ossa. (Am Eingang der Schlucht die *Daphniquelle,* dann passiert man eine nur begehbare Hängebrücke über den Fluß und sieht links auf einem Felsen *Kastro tis Oräas,* die Ruine einer fränkischen Festung, von der das Volkslied sagt, daß hier eine schöne Jungfrau wohnte, die von den Türken geraubt wurde; an der südlichen Ausfahrt die *Aphrodite-Quelle.*)
Das Tempetal, eine der wichtigsten Einfallspforten nach Mittelgriechenland, spielte auch im Mythos eine wichtige Rolle. Apollon soll sich hier nach der Tötung des Python in den Wassern des Peneios gereinigt haben und später alle acht Jahre wieder gekommen sein. Aus diesem Grund kam in jedem achten Jahr von Delphi aus ein Pilgerzug in das dem Apollon heilige Tal, um Lorbeerblätter zu pflücken.
Am Südausgang des Tempetals liegt *Tempi* und – jenseits des Pinios – *Gonnos* mit Resten einer antiken Siedlung, die schon auf vorgeschichtliche Zeiten zurückgeht. (Reste einer befestigten Stadt, die Philipp II. auf den Ruinen einer archaischen Siedlung errichten ließ.) Hinter Tempi Abzweigung nach *Ambelakia,* einer in 600 m Höhe gelegenen Sommerfrische, und nach *Spilia,* einem der Ausgangspunkte für die Besteigung des *Ossa* (1978 m). Die Hauptstraße führt nun durch die ostthessalische Ebene nach *Larissa* (s. S. 106). Von dort Verbindung nach Volos und Ioannina.

Was man gerne wissen möchte

Anreise

Mit dem Flugzeug: tägliche Flugverbindung nach Athen und Thessaloniki von den großen deutschen Flughäfen, Wien und Zürich aus (Flugzeit München – Athen ca. 2½Stunden). In der Saison zusätzlich Charterflüge.
Mit der Eisenbahn: Die Züge verkehren mehrfach täglich und fahren über Jugoslawien. Schnellste Verbindung bietet der Akropolis-Expreß (München – Saloniki 27 Stunden).
Mit dem Europabus (nur in der Saison), der von Frankfurt/München nach Saloniki/Athen verkehrt, braucht man für die Strecke München – Saloniki etwa 2½Tage.
Mit dem Auto: die kürzeste Verbindung führt über den (allerdings zu Recht gefürchteten) jugoslawischen Autoput (Frankfurt – Athen ca. 2600 km). Schöner, aber wesentlich länger ist die Strecke über die jugoslawische Küstenstraße. Die Durchreise durch Jugoslawien ist eigentlich nur den Touristen zu empfehlen, die mit dem eigenen Wagen Nordgriechenland erforschen wollen. Ab dem Grenzübergang Evzoni (Tag und Nacht geöffnet) führt eine ausgebaute Nationalstraße nach Saloniki und Athen. Wer Athen und Südgriechenland bereisen will, kann es sich wesentlich bequemer machen und in Ancona die Autofähre nach Patras nehmen, Nicht ganz billig, aber man spart Benzin, Zeit und Kraft. Kürzeste Fährverbindung: Brindisi – Igoumenitsa (für diejenigen, die nach Westgriechenland wollen).
Mit dem Schiff fährt man am gemütlichsten nach Griechenland (Venedig – Piräus ca. 2½Tage). Nicht alle Schiffe nehmen Autos mit. (Für die Fähren ab Venedig und Ancona in der Saison unbedingt frühzeitige Buchung!)

Einreiseformalitäten, Zoll- und Devisenbestimmungen

Für Deutsche genügen Paß oder Kennkarte. Die Einfuhr von Kraftfahrzeugen ist (bis zu 4 Monaten Aufenthalt) problemlos. Deutscher Führerschein genügt. Die Grüne Versicherungskarte ist obligatorisch. Da die griechischen Fahrzeuge unterversichert sind (und Rechtsstreitigkeiten langwierig sind und oft zu nichts führen), schließt man am besten für die Dauer des Aufenthalts eine Vollkaskoversicherung ab.
Die Zollbestimmungen entsprechen den international üblichen. Zollfrei können eingeführt werden allen Gegenstände zum persönlichen Ge-

brauch: 200 Zigaretten (75 Zigarren, 150 Zigarillos, 200 g Tabak); 1 Fl. Spirituosen; 1 Photoapparat, 1 Filmkamera (mit einer vernünftigen Menge von Filmen).
Die Einfuhr von Devisen ist frei, jedoch müssen Beträge über 500 US-Dollar an der Grenze deklariert werden (ausgenommen Reiseschecks). Die Ein- und Ausfuhr von griechischen Drachmen ist nur bis zu einer Höhe von 1500 Dr. pro Person erlaubt (nur in kleinen Banknoten). Die Ausfuhr von Kunstgegenständen und Ikonen (auch korrekt gekauften!) ist nur mit spezieller Genehmigung der griechischen Verwaltung für Altertümer (Athen) erlaubt, wird sonst schwer bestraft.

Währung, Geldwechsel

Grundeinheit der griechischen Währung ist die Drachme, eingeteilt in hundert Lepta. Der Umrechnungskurs schwankt entsprechend der internationalen Währungssituation.
Geldwechsel ist kein Problem: natürlich in allen Banken, aber auch in den größeren Hotels (mit einem kleinen Abschlag).
Reiseschecks sind wegen der größeren Sicherheit zu empfehlen, werden in den Hotels und Geschäften meist direkt in Zahlung genommen (und von den Banken höher honoriert als Bargeld).
Griechenland ist dem Euroscheck-Verfahren angeschlossen. Man kann also (nur bei Banken!) deutsche Euroschecks (gegen Vorlage der Scheckkarte) im Gegenwert bis zu DM 300,– pro Scheck umwechseln.

Klima

Das Klima ist im Küstengebiet und auf den Inseln mittelmeerisch, mit heißen, trockenen Sommern und milden, regenreichen Wintern; landeinwärts herrscht mehr kontinentales Klima.

Unterkunft

Die griechischen Hotels sind in folgende Kategorien eingeteilt: L (Luxus), A (1. Kl.), B (2. Kl.), C (3. Kl.) D und E (einfach). Die Preise werden von der Regierung kontrolliert. Privatunterkünfte (wesentlich billiger und durchaus empfehlenswert) werden durch die EOT, die Touristenpolizei oder den örtlichen Bürgermeister vermittelt. Die Preise für Jugendherbergen (nur für Inhaber des internationalen Ausweises I. Y. H. F.) sind beim Verband der griechischen Jugendherbergen, Athen, Draganziou 4, Tel. 323.441.07 und bei der EOT zu erfahren.
Griechenland ist kein billiges Land mehr. Wer einen Pauschalaufenthalt bucht und nicht nur am Strand liegen will, bucht am besten Halbpension (in den größeren Hotels obligatorisch), denn viele Ausflüge brauchen einen ganzen Tag.

Vorbereitende Einkäufe in Deutschland

In Athen und Saloniki bekommt man alles, was man braucht oder wünscht. Wer über Land reist, nimmt sich am besten alles mit, was er braucht. Badeutensilien und Sportartikel erhält man auch in den größeren Touristenzentren (allerdings teurer als in Deutschland). Photomaterial und Medikamente nimmt man besser mit (siehe Photographieren, Reiseapotheke).

Trinkgelder

werden natürlich erwartet und machen wie überall auf der Welt das Leben leichter. Bei Pauschalreisen klammere man sich nicht daran, daß das Trinkgeld im Preis eingeschlossen sei. Wie man auch bei uns über die Inklusivpreise hinaus guten Service und Freundlichkeit durch ein spezielles Trinkgeld honoriert (10–15%), so sollte man das auch in

Griechenland tun, zumal die „dienstbaren Geister“ in der Regel schlecht bezahlt sind (und von dem Saisoneinkommen – samt ihrer Familie! – das ganze Jahr leben müssen). Ißt man in einfachen Tavernen, so darf man auf keinen Fall den „Mikrós“ vergessen, den kleinen Jungen, der die Getränke und das Besteck bringt. Das Trinkgeld ist meist sein einziges Einkommen. Der erfahrene Reisende gibt sein Trinkgeld nicht am Schluß, sondern während des Aufenthalts.

Versorgung bei Krankheit

Zwischen der Bundesrepublik Deutschland und Griechenland gibt es ein Abkommen, das Mitgliedern gesetzlicher Krankenkassen (AOK und Ersatzkassen) kostenlose medizinische Versorgung im Krankheitsfall sichert. Man erkundige sich vor Antritt der Reise bei der eigenen Kasse und nehme einen Krankenschein mit. Privatversicherte schließen evtl. eine kurzfristige Zusatzversicherung ab. Rückholung per Flugzeug bei akuten Notfällen kann sehr teuer werden und ist durch die Versicherung nicht gedeckt. Es gibt dafür eigene Zusatzversicherungen. Die Hotelrezeption vermittelt einen Arzt.

Reiseapotheke

In Athen und Saloniki bekommt man alle international üblichen Mittel. Die Landapotheken sind nicht immer ganz so gut assortiert (können Medikamente aber meist kurzfristig beschaffen). Wer spezielle Medikamente braucht, nimmt sich einen Vorrat für die ganze Reise mit. Ansonsten kann man sich auf Mittel gegen Magen- und Darmstörungen (die durch das ungewohnte Essen anfangs leicht auftreten können), Kopfwehtabletten, evtl. ein leichtes Schlafmittel beschränken. Wichtig sind auf jeden Fall gute Sonnenschutzmittel.

Öffnungszeiten

Behörden haben in der Regel von 8 bis 13.30 geöffnet, Geschäfte Mo., Mi., Sa. von 8.30–14.30, Di., Do., Fr. von 8.30–13.30, 17.30–20.30 Uhr, Kioske bis spät in die Nacht. Banken sind geöffnet Mo.–Fr. 8.45–13.30 Uhr, in Touristenorten oft auch nachmittags.

Deutsche Zeitungen und Zeitschriften

bekommt man auf den Flugplätzen, in den größeren Städten, während der Saison in allen größeren Hotels, oft auch in Souvenirläden.

Strom

Im allgemeinen 220 V Wechselstrom; auf dem Land allenfalls 110 V. Die neueren Hotels haben Steckdosen, die für Eurostecker geeignet sind (auch bei dreipoligen Dosen). Ältere Hotels haben teils noch Schlitzstecker (wie in Amerika), für die man in Deutschland Zwischenstecker kaufen kann.

Post, Telephon

Der Postverkehr einerseits und der Telephon- und Telegraphenverkehr andererseits sind in Griechenland getrennt. Da man Briefmarken auch an den Kiosken kaufen kann, braucht man die Postämter eigentlich nur für postlagernde Sendungen und für alle Arten von Postzahlungsverkehr. Die Athener Hauptpost befindet sich in der Nähe des Omonia-Platzes, die von Saloniki in der Tsimikis 43. Jeder etwas größere Ort hat ein eigenes Telephon- und Telegraphenamt (OTE, Hinweisschilder), die meist bis in die Abendstunden geöffnet sind. Von sehr vielen Kiosken aus kann man nicht nur Stadtgespräche, sondern auch Fern- und Auslandsgespräche führen. Vorwahl für Deutschland 0049.

Photographieren

Alle üblichen Farb- und Schwarzweißfilme kann man in den Städten und Touristenorten bekommen (allerdings meist zu etwas höheren Preisen). Vorsichtshalber bringt man sich den nötigen Vorrat mit, insbesondere wenn man auf irgendwelche Spezialfilme eingeschworen ist.

Wegen der starken Sonneneinstrahlung benützt man einen leichten Skylight-Filter und eine Sonnenblende. Mittagslicht meidet man nach Möglichkeit.

Photographieren ohne Stativ ist an den archäologischen Stätten und in den Museen (gegen Entrichtung einer Gebühr) erlaubt, abgesehen von einzelnen, eigens gekennzeichneten Gegenständen (die noch nicht veröffentlicht sind). Zum Photographieren und Filmen mit Stativ ist für die Museen und archäologischen Zonen eine eigene Genehmigung erforderlich. Auskünfte im Kultusministerium, Athen, Aristidou 14.

Öffentliche Verkehrsmittel, Taxis, Mietwagen

Griechenland verfügt über ein dichtes Flugnetz und von Athen aus sind fast alle größeren Städte und Inseln mit dem Flugzeug zu erreichen, oft mehrmals am Tag. Auskünfte Olympic Airways. Innergriechische Flüge sind billig.

Von den internationalen Strecken abgesehen, sind die griechischen Bahnen nicht unbedingt zu empfehlen. Die Griechen bedienen sich im allgemeinen der Busse, die inzwischen bis in die entlegensten Winkel führen (allerdings dort oft übernachten, so daß man nicht am gleichen Tag zurückkommen kann).

Taxis sind billig und in den Großstädten (vor allem Athen!) das Hauptverkehrsmittel, da man für den eigenen Wagen sowieso keinen Parkplatz finden kann. (Die griechische Polizei schleppt falsch geparkte Wagen – auch von Ausländern! – erbarmungslos ab oder entfernt die Kennzeichen. Es kann Tage dauern, bis man den eigenen Wagen wieder bekommt.) Vom Taxifahrer wird ein kleines Trinkgeld zu dem angezeigten Preis erwartet. Für längere Fahrten macht man vorher einen Preis aus.

Mietwagen (die nicht billig sind) kann man sich von Deutschland aus über die internationalen Agenturen (oder auch Reisebüros) an den Flugplatz bestellen, ansonsten über die Rezeption an das Hotel kommen lassen. Auf jeden Fall Vollkaskoversicherung abschließen, Wagenzustand und Km-Stand kontrollieren.

Freier Eintritt bzw. Ermäßigungen

In archäologischen Stätten und Museen ist der Eintritt sonn- und feiertags frei (ausgenommen geführte Gruppen). Ermäßigte Karten erhalten ausländische Studenten nach Vorlage ihres Studentenausweises. Freien Eintritt erhalten: ausländische Künstler (UNESCO-Ausweis), Professoren und Studenten der klassischen Fächer (Bescheinigung ihrer Universität und Genehmigung durch das Kultusministerium), Journalisten (internationaler Presseausweis), Führer mit Lizenz der EOT.

Zeitrechnung

Griechenland hat osteuropäische Zeit, die Uhren zeigen eine Stunde später an als mitteleuropäische (z. B. deutsche) Zeit. Vom 29. 3.–27. 9. ist Sommerzeit, die Uhren werden eine Stunde vorgestellt.

FKK

Nacktbaden ist nur an den besonders dafür zugelassenen Stränden erlaubt. Zuwiderhandlungen werden mit Geld- und Haftstrafen geahndet.

Camping

Freies Zelten ist im ganzen Land verboten. Die EOT hat eine Reihe von ausgezeichneten Camping-Plätzen eingerichtet (vor allem auf der Chalkidiki). Verzeichnis bei der EOT und den deutschen Automobilclubs.

Automobilclub, Pannenhilfe

Der griechische Automobilclub (ELPA, Athen, Messogion 2, Tel. 779.1615; Saloniki, Vassilissi Olgas Str. 228 und Egeou Str., Tel. 426.319/20) hat einen Straßendienst, der die wichtigsten Straßen überwacht und bei Pannen hilft (Aufschrift OVELPA Assistance Routière). Gegen Gebühr, für Mitglieder ausländischer Automobilclubs kostenlos. Notruf der OVELPA in Athen und Saloniki Tel. 104

Touristenpolizei

Sie hilft immer, ist eigens dafür eingerichtet worden und hat in allen größeren Städten und (während der Saison) auch in den wichtigeren Fremdenverkehrszentren Dienststellen. (Athen, Singrou-Allee 7, Tel. für Auskünfte 171.)

Tauchsport

Die griechischen Küsten bieten ideale Voraussetzungen zum Tauchsport. Unterwasserfischen ohne Preßluftgerät ist überall gestattet. Wer mit Preßluftgeräten tauchen, harpunieren oder Unterwasserphotographie betreiben will, braucht eine Genehmigung der örtlichen Hafenpolizei. Unterwasserarchäologie ist verboten, die Ausfuhr getauchter Antiken wird schwer bestraft.

Yachten

müssen sich im ersten griechischen Hafen melden. Alle erforderlichen Informationen enthält die Drucksache *Greece for the Yachtmen* der Griechischen Zentrale für Fremdenverkehr. Von dort können auch die Karten des Hydrographischen Instituts der griechischen Marine bezogen werden.

Diplomatische Vertretungen

In Deutschland:
Griechische Botschaft, 5300 Bonn 2 (Bad Godesberg), Rheinallee 76. (Griechische Konsulate in Berlin, Dortmund, Düsseldorf, Frankfurt/M., Hamburg, Hannover, Köln, München, Nürnberg, Saarbrücken, Stuttgart.)
In Griechenland:
Deutsche Botschaft, Athen, Karoli kai Dimitriou 3 (besser bekannt unter dem alten Straßennamen Loukianuou 3), Tel. 369.4111. *Deutsches Konsulat,* Thessaloniki, Karolou Dil 4a, Tel. 236.315. (Außerdem Konsulate in Ioannina, Patras, Volos.)
Österreichische Botschaft, Athen, Leoforos Alexandras 26, Tel. 821.1036. *Österreichisches Konsulat,* Thessaloniki, Desperé 3, Tel. 228.184.
Schweizer Botschaft, Athen, Iasiou 2, Tel. 723.0364.
Schweizer Konsulat, Thessaloniki, Vasileos Konstantinou 55, Tel. 234.442.

Griechische Zentrale für Fremdenverkehr

In Deutschland:
6 Frankfurt/M., Neue Mainzer Str. 22, Tel. (069) 236.562: 8 München 2, Pacellistr. 2, Tel. (089) 222.035
In Griechenland:
(EOT) Zentrale Athen, Amerikis 2, Tel. 322.3111. Außerdem Auskunftsbüros am Syntagma-Platz und am internationalen Flughafen Athen.
Nordgriechenland: Thessaloniki, Platia Aristotelous 8, Tel. 222.935; Flughafen 425.011 (App. 215). Kavala, Philellinon 2, Tel. 222.425, 228.762.
Die Büros der Griechischen Zentrale für Fremdenverkehr (in Griechenland abgekürzt EOT) erteilen alle Auskünfte.

Kleiner Sprachhelfer

Auch wenn man in Griechenland in den größeren Städten und Touristenzentren, auf Schiffen, in Reisebüros, bei der Touristenpolizei und in Hotels immer jemanden finden wird, der englisch spricht, so sollte man sich doch wenigstens die griechischen Schriftzeichen und die allerwichtigsten Wörter und Redewendungen einprägen. Dafür empfehlen wir den Polyglott-Sprachführer „Neugriechisch“, dem das Alphabet und unsere Auswahl der wichtigsten Wörter entnommen ist. Wer es noch genauer wissen möchte, der kaufe sich den Langenscheidt-Sprachführer und das Langenscheidt Universal-Wörterbuch „Neugriechisch“.

Das griechische Alphabet

Α	α	alfa	[a]	Ι	ι	jota	[i]	Ρ	ϱ	ro	[r]
Β	β	wita	[w]	Κ	κ	kapa	[k]	Σ	σ ς	ßigma	[ß]
Γ	γ	ghama	[gh]	Λ	λ	lambda	[l]	Τ	τ	taf	[t]
Δ	δ	delta	[ð]	Μ	μ	mi	[m]	Υ	υ	ipsilo(n)	[i]
Ε	ε	epsilo(n)	[ä]	Ν	ν	ni	[n]	Φ	φ	phi	[f]
Ζ	ζ	sita	[s]	Ξ	ξ	xi	[x]	Χ	χ	chi	[~~ch~~, ch]
Η	η	ita	[i]	Ο	ο	omikro(n)	[o]	Ψ	ψ	psi	[ps]
Θ	ϑ	thita	[θ]	Π	π	pi	[p]	Ω	ω	omega	[o]

Ja / Nein	nä *oder* ma'lißta / o'jchi	Ναί *oder* Μάλιστα/"Οχι
Bitte	parakalo'	Παρακαλῶ
Danke	äf~~ch~~arißto'	Εὐχαριστῶ
Guten *Morgen (Tag)*	kalimä'ra	Καλημέρα
Guten Abend	kalißpä'ra	Καλησπέρα
Gute Nacht	kalini'~~ch~~ta	Καληνύχτα
Auf Wiedersehen	chä'rätä	Χαίρετε

Ausstellung	ä'kθäßiß	Εκϑεσις
Museum	mußi'on	Μουσειον
Griechische Altertümer	archäo'titäß tiß äla'ðoß	Αρχαιοτητες της ελλαδος
Zimmer zu vermieten	änikja'sätä ðoma'tjon	Ενοικιαζεται δωματιον
Hotel	xänoðojchi'o	Ξενοδοχειον
kalt	kri'o	Κρυο
warm	θärmo'	Θερμο
Eingang	i'ßoðoß	Εισοδος
Ausgang	ä'xoðoß	Εξοδος
Toilette	apo~~ch~~oriti'rjon	Αποχωρητηριον
Herren	anðro'n	Ανδρων
Damen	jinäko'n	Γυναικων
Briefkasten	ghramatokiwo'tjon	Γραμματοκιβωτιον
Postamt	tajchiðromi'on	Ταχυδρομειον
Bank	tra'päsa	Τραπεζα
Arzt	jatro'ß	Ιατρος
Krankenhaus	noßokomi'on	Νοσοκομειον
Apotheke	farmaki'on	Φαρμακειον

Register

Nio-Topf von Sus

Bildnachweis: Hirmer Fotoarchiv, München: S. 6 o., u.l. und u.r., 7 o.r. und u.r., 28, 42 u.r., 51, 52, 53, 76, 79, 80, 81 l.; Prenzel, Gröbenzell-München: S. 16, 17, 106, 113, 114, 139, 143; Griechische Zentrale für Fremdenverkehr, Frankfurt a.M.: S. 18 l. und r., 115 l. und r., 116, 133, 140, 142, 151; Bavaria-Verlag, Gauting: S. 35, 55, 56, 82; Archiv Robert Pfützner GmbH, München: S. 100, 104 r., 105, 144; Touropa-Archiv, München: S. 40, 45; alle weiteren von Dr. Wolf Seidl, München.

Farbfotos: Gunda Amberg, Gröbenzell: Osios Loukas, Argolis, Golf von Argolis, Folklore; Ursula Pfistermeister, Fürnried: Meteora-Klöster, Mani, Bergdorf; José F. Poblete, Frankfurt: Mistra, Vase, Gythion, Netzeflicken, Olivenhain; Prenzel-IFA, München: Priester, Korinth, Athen, Urlaub, Bäuerin, Piräus, Platamon; Dr. Wolf Seidl, München: Monemvasia, Bronzebecher, Poseidon; alle weiteren von Bildagentur Mauritius, Frankfurt und Mittenwald.

Karten: Gert Oberländer, München · Illustrationen: Ulrik Schramm, Feldafing

Druck: R. Oldenbourg, Graphische Betriebe GmbH, München